KB213784

TWILIGHT OF
THE ELITES

CHRISTOPHER
HAYES

엘리트주의는 어떻게 사회를
실패로 이끄는가

똑똑함의
숭배

크리스토퍼 헤이즈 지음

한진영 옮김

갈라파고스

이 책이야말로 우리가 기다리던 바로 그 책이다. 참신하고 정확하며 노련하다. 저자 헤이즈는 젊은 진보주의자들 중 가장 박식하고 가장 집요한 비평가다. 최고다.

– 레이첼 매도 (〈레이첼 매도 쇼〉 진행자)

이 책에는 '실패의 시대'가 만들어진 과정, 그리고 냉소주의가 필연적인 가치관이 된 과정이 그려져 있다. 크리스 헤이즈는 시종일관 번득이는 의견뿐 아니라 날카로운 통찰력을 과시한다. 우리가 살고 있는 세상을 이해하고 싶다면 반드시 읽어야 할 책이다.

–토마스 프랭크(『왜 가난한 사람들은 부자를 위해 투표하는가』 저자)

헤이즈는 이 위기를 포착하여 우리 정치와 사회를 재건하고 개혁하려면 어떻게 해야 하는지 참신하고 의미 있는 제안을 내놓는다. 정치적 성향에 관계없이 우리 주류 정치의 구조적 병폐를 치유할 시간이 아직 남아 있다고 믿는 사람이라면 반드시 이 책을 읽어야 한다.

– 카트리나 반덴 휴벨, 《네이션》 편집장 겸 발행인

냉소주의자든 이상주의자든 독창적이고 흠 잡을 데 없는 이 비평서를 읽고 나면 이 사회가 어떻게 작동하고 있는지, 과연 작동은 하고 있는지 다시 생각하게 될 것이다. 미국인들이 유일하게 믿는 것은 능력주의다. 헤이즈는 대담하게 그 믿음을 뿌리째 뒤흔든다.

−《커먼 웰스》

전반적인 사회 시스템의 실패를 주제로 삼은 레이첼 카슨의 『침묵의 봄』이나 마이클 해링턴의 『또 다른 미국』처럼, 이 책은 사회 전반에 영향을 미칠 문제작이다. 미국이 이 선각자의 말에 귀 기울이지 않는 다면 위험천만한 상황에 몰릴 것이다.

−릭 펄스타인(『닉슨랜드』 저자)

내용에 빨려든다. 미국의 지배계층이 어떤 잘못을 저지르고 있는지를 철저히 비판한 책이다.

−《애틀랜틱》

이 책은 술술 읽히면서도 통찰력이 담겨 있다. 나는 만 하루가 다 가기도 전에 이 책을 다 읽어버렸다. 독자들도 꼭 읽어보길 바란다.

-《포브스》

눈부신 역작. 헤이즈의 책은 진보라는 정치적 기반에서 나왔지만 실제로는 민주당과 공화당이 공유하는 공통의 논리에 문제를 제기한다. 그는 온건주의자처럼 부드럽게 돌려서 말하지 않고, 버락 오바마와 밋 롬니 양측이 당연하게 생각하는 능력주의라는 원칙에 본질적인 비판을 가한다.

-타네히시 코츠,《볼티모어 선》

대단한 책이다. 이 책은 폭넓은 학술논문과 언론자료를 인용하여 엘리트 사회의 실패로 가장 큰 피해를 입은 계층을 상세하게 그리면서, 사회 전반을 심도 있고 균형 있게 비판한다.

-마이크 콘잘,《디센트》

능력주의의 폐해를 통찰력과 철두철미함을 무기로 분석한 책.

-《포린 어페어》

인상적인 저서로 등장한 저자는, 여러 분야를 종횡무진하며 현 사회 불만의 근본적인 원인에 대해 논쟁이 될 만한 주장을 열정적으로 토해낸다.

-《커커스 리뷰》

이 책에서 헤이즈는 주택담보 대출자들이 받지 못한 금융구제를 투자 은행들은 받은 이유, 이라크전의 예고에 여론이 무용지물이었던 이유, 그리고 가톨릭교회가 아동 성추행 사제들을 비호한 이유에 공통적으로 존재하는 이유를 알려준다. 그것은 우리의 핵심 기관들이 이제 자정 능력을 상실했고 무슨 수를 써서라도 내부자들을 보호하는 데 헌신하게 되었다는 사실이다. 분노할 준비를 하고 이 책을 읽으라.

-클레이 셔키, 『많아지면 달라진다』 저자

나에게 세상 보는 눈을 키우게 해준
어머니와 아버지께 바칩니다.

차례

1장

똑똑한 사람들?
알고 보니 벌거벗은 임금님!

이제 당신들의 실수가 낳은 슬픈 결과를 보라.

당신들이 자초한 충격을 느껴보라.

– 라신*

/

미국 국민들은 지금 완전히 망한 기분이다.

미국의 위대함과 성장에 익숙해진 국민들은 지난 10년 동안 갑자기 휘청거리며 후퇴하는 경제에 적응해야 했다. 1999년부터 2010년까지 가구중위소득**은 7퍼센트나 하락했다.[1] 계층이 하락하는 사람들도 최근 어느 때보다 늘어나고 있다. 잇따른 여론 조사에서 절대다수의 미국인들이 이 나라가 '잘못된 방향'으로 가고 있다고 답변했다. 그리고 부모 세대보다 더 잘 살 거라는 젊은 세대의 낙관적 전망은 이 설문을 처음 시작한 1980년대 초 이후 최저치를 기록하고 있다.[2]

---

* 1639 ~ 1699. 프랑스의 극작가

** 소득을 기준으로 최상위 가구부터 최하위 가구까지를 한 줄로 세웠을 때 제일 중간에 위치한 가구의 소득을 의미한다. 한 국가의 전체 소득을 인구 수로 나눈 평균 소득과는 다른 개념이다.

독자가 이 책을 읽고 있는 시점에서는 이런 추세가 바뀌었을 가능성도 없진 않다.* 하지만 지난 10년 동안의 추세와 현 위기를 초래한 집단적인 무능력을 생각해 보면, 고대하던 경제성장이 반짝 나타났다고 해도 그것이 이 나라를 옥죄고 있는 깊은 불안을 몰아내지는 못했을 것이다.

우리가 느끼는 극심한 환멸은 주로 답답하게 반복되는 뉴스에서 그 결과가 드러난다. 뉴스를 통해 이런 환멸이 대통령 지지율에 어떤 영향을 미치는지, 그런 환멸로 어떤 당이 이익을 얻고 어떤 당이 손해를 보는지를 알 수 있는 것이다. 우리 대부분은 이 나라에 문제가 있음을 알게 되었다. 그것이 반대 이념을 가진 쪽의 정책 때문이든 정치적 불능 상태때문이든, 분명한 사실은 우리 사회가 마비 상태고, 온통 '언쟁'뿐이며, 유권자들과 정치인들 사이는 극단적으로 멀어지고 있다는 것이다.

그런데 지난 10년 동안 우리가 느낀 것은 정치적 무능력뿐만이 아니다. 그보다 더 깊고 실존마저 위태롭게 하는 그 문제는 바로 우리 사회를 지탱하는 기둥들이 일거에 붕괴할 수도 있다는 위기감이다. 가장 최근에 드러난 엘리트의 실패인 금융위기로 경제가 지속적으로 악화되면서 우리는 고통을 겪고 있다. 하지만 금융위기는 갑자기 벌어진 사태가 아니라 연달아 이어진 부패와 무능이 불러온 결과였다.

---

* 이 책은 2013년 6월 미국에서 처음 출간되었다.

만약 이 말이 지나치게 비관적이라고 느껴진다면, 21세기의 첫 10년 동안 미국 사회가 그린 궤적을 잠깐 떠올려보자.

엄밀하고 이성적이며 엘리트적인 사고를 대표하는 연방대법원은 과반을 차지하는 5명의 대법관 성향에 따라 좌지우지되었다. 그들의 법 논리는 법원이 예전의 역할을 할 수 없음을 공공연히 인정할 정도로 뒤틀렸는데 말이다. 그리고 세계 최대 규모인 미국의 안보 집단은 남자 19명이 일반 칼과 문구용 칼로 미국 역사상 가장 참혹한 학살을 저질렀는데도 그것을 막지 못했다. 그리고 그 단 한 번의 사건으로 미국은 역사상 최장기간의 전쟁에 들어갔다.

불과 몇 달 후에는 바로 자신의 토대를 흰개미 떼처럼 갉아먹은 사기 행위로 인해 엔론과 아서앤더슨* 사태가 터졌다. 당시 엔론 사태는 미국 역사상 최대 규모의 기업 파산이었다. 그 후 2008년 금융위기의 대혼란으로 대중의 관심에서 다소 멀어지기는 했지만 말이다. 한때 미국에서 가장 혁신적이었던 기업이 알고 보니 전 세계에서 가장 신뢰받는 회계법인의 부추김과 지원을 받아 교묘한 사기극을 벌이고 있었던 것이다.

엔론이 파산 법원에서 헐값에 매각되고, 부시 대통령과 엔론

---

* 엔론은 미국 텍사스 주 휴스턴에 본사를 둔 미국의 에너지, 물류 및 서비스 회사였다. 2001년 말, 엔론의 부실한 재정 상태가 체계적이고도 치밀하게 계획된 회계 부정으로 은폐되어 왔다는 사실이 밝혀졌으며, 이것이 잘 알려진 엔론 사태다. 이 사건으로 엔론의 회계 감사를 담당했던 미국의 거대 회계법인 아서앤더슨도 해체되었다.

의 최고경영자 켄 레이가 절친한 사이임이 언론에 크게 보도될 무렵 이라크 악재가 시작됐다.

이라크 전쟁은 미국인 약 4,500명과 이라크인 10만 명 이상의 목숨을 앗아갔고, 8천 억 달러를 사막에서 기름 태우듯 태워버렸다.[3] 이런 중동의 음울한 풍경은 영원히 끝날 것 같지 않았다. 그러다가 2005년 뉴올리언스라는 대도시가 홍수 속에 잠겨가는 충격적인 장면을 온 국민이 속수무책으로 바라볼 수밖에 없는 사태가 벌어지고 나서야 우리의 관심에서 멀어졌다.

전쟁을 끝내지 못하고 질질 끄는 동안, 느닷없이 주택 가격에 거품이 끼기 시작했고 결국 80년 만에 최악의 금융위기가 닥쳐왔다. 2008년 9월 리먼 브라더스*가 파산을 신청한 후 미국의 전체 금융시스템은 정말 붕괴할 것만 같았다. 월급 지불과 신용카드 결제가 불가능해지고, 현금자동기기가 모두 쓸모없어지는 금융 정전 말이다.

당시의 비상시국에 나는 연방준비제도 이사회 의장인 벤 버냉키와 재무장관 행크 폴슨이 발 디딜 틈 없이 빽빽하고 소란스러운 상원 청문회실에서 부실자산구제 프로그램이 담긴 세 쪽짜리 제안서를 옹호하는 모습을 지켜보았다. 상원 은행위원회 의원들이 상세한 질문을 던지며 압박할 때도 버냉키와 폴슨은 이리저리 즉답을 회피했다. 어떤 식으로, 그리고 왜 구제금융 액수를 그

---

* 1850년에 설립된 국제 금융 회사. 2008년 9월 15일, 약 6천 억 달러에 이르는 부채를 감당하지 못하고 파산 신청을 했다.

만큼 계산했는지 두 사람도 모르는 것 같았다(어느 재무부 직원이 한 기자에게 밝힌 바에 따르면, 그 수치는 그들이 '어마어마한 액수'[4]를 얻어내야 했기 때문에 무작위로 산정한 것이나 마찬가지였다). 두 사람의 태도로 보아 둘 다 자신들이 무슨 말을 하는지도 모르거나 진짜 의도를 들키지 않기 위해 일부러 애매하게 답변한다는 직감이 들었다. 그들은 전 세계 금융시스템이 무너지지 않게 지켜야 하는 책임자였다. 그러나 간단한 질문에도 모호하고 말도 안 되는 답변을 해대는 것으로 보아 그들은 무능력하거나 수상한 사람들이었다.

우여곡절 끝에 정부는 금융 부문에 대한 구제금융안을 통과시켰다. 그 덕에 월가는 즉시 예전의 영광과 부와 수익을 되찾았지만, 나머지 국민들은 섬뜩한 깨달음을 얻었다. 이 사회를 번영시킨 원천은 사실 인류 역사상 가장 규모가 큰 폰지 사기*였음을.

이런 추문과 실패가 반복되면서 전 국민이 피로감과 절망, 배신감을 느낀 것은 당연한 결과였다. 여러 차례의 여론 조사를 보면 현재의 정치 상황에 대한 불만은 누그러지지 않고 계속되고 있다. 2006년에 시작된 지난 세 차례의 선거는 반격의 연속이었다. 2006년과 2008년에는 민주당이 카트리나 사태, 막대한 비용을 들이면서도 수많은 희생자만 양산한 이라크전의 수렁, 그리고 요동치며 무너지는 경제에 대한 정부의 어처구니없는 대응을 공

---

* 투자 사기 수법의 하나로 실제 아무런 이윤 창출 없이 투자자들이 투자한 돈을 이용해 투자자들에게 수익을 지급하는 방식.

격했다. 2010년에는 공화당이 근 30년 만의 최고 실업률[5]—그리고 대공황 시대에 필적하는 장기 실업률—을 지적하며 공화당이 그 문제를 해결할 수 있다고 공언했다.

선거 당일 저녁 톰 브로코*는 2010년 중간선거 투표 결과를 분석했다. 그리고 거짓말에 근거한 이라크 전쟁과 거품경제의 파산이 결국 기관들에 대한 국민들의 불신으로 이어졌음을 암시했다. "국민들이 듣던 대로 굴러가는 분야는 거의 한 군데도 없습니다.[6] 정부가 문제의 해결책을 찾았다고 발표하곤 했지만 매번 그것이 거짓임이 드러났죠."

2010년 중간선거에서 민주당이 '완패'한 다음날 기자회견에서 오바바 대통령은 한 시민과의 만남에 대해 이야기했다. 그 시민은 앞으로 건전한 입법 과정이 보장되는지, 자신이 내일 다시 마음을 다잡고 일하러 가도 되는지, 정치인들이 현재 닥친 문제들을 해결할 능력이 있는지 묻고는 만일 그렇다는 대답을 듣는다 하더라도 지금은 그 말을 못 믿겠다고 했다는 것이다.[7]

누군들 그렇지 않겠는가? 학계에서 재계에 이르기까지, 위기의 시대에서 발견되는 가장 실망스러운 공통점이 정부의 무능인 데 말이다.

세계에서 가장 부유한 국가의 시민으로서, 우리는 정부가 수행하는 무수히 많은 필수적이고 일상적인 업무에 대해서는 별로

---

* 미국의 유명 언론인. 1982~2004년까지 〈NBC 나이틀리 뉴스〉의 앵커로 활동했다.

걱정하지 않는다. 도로가 건설되고, 하수도 시설은 잘 관리되며, 우편물도 이상 없이 배달된다. 고층 빌딩들이 건축 법규를 어겨서 무너질지도 모른다는 걱정은 하지 않고, 핵무기가 테러리스트의 손에 넘어갈지도 모른다며 전전긍긍하지도 않고, 세무직 공무원이 뇌물을 요구할 거라는 생각도 하지 않는다.

그것은 바로 정부의 실패가 일부 영역에 불과할 뿐, 우리의 일상을 관리하는 능력에는 문제가 없을 거라고 생각하기 때문이다.

"지금 상황은 정부에 대한 우리의 불신이 한계를 넘어서면서 생긴 겁니다."[8] 루이지애나 호마라는 해변 도시의 해산물 식당에서 이보르 반 헤르덴이 한 말이다. 몇 년 동안 반 헤르덴은 루이지애나 주립대학 허리케인 센터의 부소장으로 근무했다. 이 센터에서는 카트리나의 전조 증상이 있었을 때 그 지역의 제방 구조가 굉장히 취약하다는 사실을 여러 차례 발표했다. 카트리나가 닥친 후 반 헤르덴은 루이지애나 주립대학에서 해임됐다. 그의 짐작으로는 자신이 미 육군공병대를 거침없이 비판했기 때문이다.

"이 불신 풍조를 이용하는 정치인들도 있습니다." 민주당 정부의 명백한 무능력에 대해 끊임없이 과장하는 공화당 정치인들을 가리키는 말이다. "하긴 연방정부가 당최 한 일이 없긴 하죠."

민간 분야라고 상황이 더 나은 것도 아니다. 기술거품*에서 엔

---

* 새로운 기술이 발명된 후, 그 부문에 지나친 투자가 이뤄지는 현상.

론 사태, 월드컴*과 글로벌크로싱**, 3대 자동차 회사인 지엠, 포드, 크라이슬러 그리고 리먼 브라더스, 서브프라임 모기지***, 신용파산스왑****, CDS, 버니 매도프*****까지 지난 10년 동안 민간 분야에서도 정신을 차리기 힘들 정도로 대형 사건이 연달아 터졌다. 이들 사건의 원인은 상식을 벗어난 인센티브 제도, 판단력을 흐리는 집단 순응 사고방식, 기만과 사기, 불투명한 경영, 경제위기 등이었다. 이러한 실패들은 너무 범위가 넓고 극단적이어서 이념적으로 대기업에 호의적인 사람들까지도 그들의 잘못을 지적한다. 유타 주의 티파티****** 운영자 수잔 사우스윅은 나에게 이렇게 털어놓았다. "저는 항상 기업을 옹호하는 쪽이었어요. '당신들은 그 기

---

* 미국에서 두 번째로 큰 정보통신 회사였으나 38억 달러라는 미국 사상 최대의 회계 부정을 저지른 사실이 발각되어 파산했다. 회사가 망한 후에는 임원진이 2,500만 달러의 보너스를 챙겨갔다.

** 미국, 유럽, 아시아를 잇는 광통신망 업체. 과잉 투자로 2002년에 파산 신청을 했다.

*** 일반 주택 담보 대출에서 심사에 통과하지 못하거나 신용 등급이 낮은 사람들을 위한 대출. 대출에 비해 채무 이행 신뢰도가 낮아 금리가 높다. 미국에서 2001년부터 2006년경까지 계속된 주택 가격의 상승으로 신용 평가사에서는 이 증권에 높은 등급을 부여했지만 2007년 여름부터 주택 가격이 하락하기 시작하자 상환 연체율이 상승하면서 서브프라임 모기지 사태로 이어졌다.

**** 기업이나 국가의 파산 위험 자체를 사고팔 수 있도록 만든 파생 금융상품을 말한다. 거래 당사자 중 한쪽이 상대방에게 수수료를 주는 대신, 특정 기업이나 국가가 부도나거나 채무가 불이행될 경우 상대방으로부터 보상을 받도록 설계된 일종의 보험이다.

***** 미국 증권 중개인과 투자 상담사. 나스닥 외부 이사를 역임하였으며 역사상 최대 규모의 폰지 사기를 저질렀다. 사기로 벌어들인 돈을 포함하여 고객 계좌의 손실 총액은 650억 달러에 이른 것으로 알려졌고, 이로 인해 그는 2009년 6월 29일 최고 150년 형을 선고받았다.

****** 2009년 미국에 여러 길거리 시위에서 시작한 보수주의 정치 운동 단체. 버락 오바마 행정부의 의료보험 개혁정책에 반발하여 등장했고, 사회보장제도, 복지 프로그램 등에 대해서도 비판적이다. 대표적인 인물로 2008년 대통령 선거에서 존 매케인 대통령 후보의 부통령 러닝메이트로 지명되었으나 낙선한 세라 페일린이 있다.

업가들이 국민들에게 피해를 줄 것을 알면서도 그랬다고 생각해요? 제정신이 아니군요'라고 하면서요. 하지만 상황 파악을 못한 제가 제정신이 아니었던 것 같아요."[9]

위기의 시대에 드러난 무능함은 정부와 포춘 500대 기업뿐만이 아니다. 가톨릭교회에서는 상습적으로 아동 성폭행을 자행한 사제들을 조직 차원에서 비호하고 심지어 범행을 계속할 수 있는 환경을 만들어줬다. 펜실베이니아 주립대학은 인기 풋볼 코치에 이어서 대학 총장까지 해고해야 하는 처지가 됐다. 당시 풋볼 코치 제리 샌더스키가 교내에서 어린 학생들을 성폭행하고 학대했다는 의혹이 제기되었는데도 체육부와 대학 임원들은 모른 척했던 것이다. 국민 스포츠인 야구에서마저 스타선수들이 체력을 강화하는 불법 약물을 매주 복용했음이 드러났다. 이러한 상황은 일반적인 부정부패의 정도를 넘은 것으로 보인다. 그동안에도 구단주와 선수들과 선수노조 임원들은 서로 결탁하여 사건을 덮는 데에만 급급했다고 한다.

펜실베이니아 주립대학의 성추문이 터지고 나서 며칠 뒤, 토마스 데이는 이렇게 썼다. "나는 서른한 살, 이라크 전쟁에 참전했고, 펜실베이니아 주립대 졸업생이며, 가톨릭 신자이고, 스테이트 칼리지*에서 나고 자랐다. 또한 제리 샌더스키와 아는 사이이며, 그가 불우아동을 돕기 위해 세운 세컨드마일 재단의 수혜

---

* 펜실베이니아 주에 속하는 자치구.

자이기도 하다. 그런 내가 우리 부모 세대의 지도력에 대한 믿음을 완전히 버렸다."[10]

지금은 미국 국민으로서 함께 하는 삶의 기반—우리가 기도하는 곳, 월급을 저금하는 곳, 응원하는 팀, 워싱턴에서 정치하는 사람들—이 눈앞에서 서서히 무너지고 있는 것 같다. 우리는 너무 놀란 나머지 아무것도 하지 못하고 그저 이 기반이 언제 완전히 무너질 것인지 시간만 재고 있다.

이 책을 쓰는 동안 나는 디트로이트에서 뉴올리언스까지, 워싱턴에서 월가까지, 제도의 실패가 가장 극심한 지역을 찾아가서 그 실패를 예언한 외로운 선각자들과 그 실패의 직격탄을 맞은 사람들, 그리고 사태가 천재지변처럼 걷잡을 수 없이 확산되는 동안 책임자로 있던 사람들을 만나 이야기를 나눴다. 그들 중 실패의 시대를 겪고 난 후 이전의 믿음을 그대로 간직한 사람은 아무도 없었다. 허리케인 카트리나가 닥쳤을 때 무너져버린 제방 때문에 급진적인 시각을 갖게 된 뉴올리언스의 샌디 로젠탈은 미 육군공병대에게 책임을 묻기 위해 레비스라는 단체를 만들었다. 그녀는 자신이 얼마나 환멸을 느꼈는지 설명하며 인상적인 표현을 썼다. "우리는 세상이 얼마나 빨리 붕괴될 수 있는지 목격했어요. 말 그대로 모든 게 눈 깜짝할 새에 붕괴되더군요."[11] 당연한 일이지만 칼날 위를 걷는 듯한 위기감은 경제적 파탄이 가장 극심한 지역에서 가장 뚜렷이 감지되었다. 2008년 1월의 얼어붙을

듯이 추운 어느 날 밤, 나는 존 에드워즈*의 선거운동 버스에 동행했다. 뉴햄프셔를 향해 36시간이나 달려야 했지만 분위기는 내내 열광적이었다. 예비선거 당일 자정이 지난 새벽에 우리가 도착한 곳은 벌린이라는 쇠락한 공업 도시였다. 그 지역 철강노조 위원장이자 정리해고된 노동자이기도 한 머리 로저스는 선거운동원 버스가 새벽 두시에 벌린 소방서 마당으로 진입할 때 우리를 맞아준 사람들 중 한 명이었다. 내가 왜 그 자리에 왔느냐고 물었더니 그는 뉴햄프셔 공장 노동자의 처지를 걱정하는 정치인은 에드워즈밖에 없는 것 같다고 말했다. 다니던 공장이 문을 닫자 로저스는 민주당 대통령 후보들에게 편지를 보냈었다. "그런데 에드워즈만이 힘을 보태러 오겠다고 했습니다. 그분은 우리가 받게 될 퇴직수당이 형편없이 적다며 사장에게 편지도 써주었어요. 다른 후보들은 와보겠다는 말도 없더군요."[12] 에드워즈의 충격적인 사생활**이 언론에 대서특필됐을 때 나는 머리 로저스가 퍼뜩 떠올랐다. 이제 로저스는 누구한테 의지해야 한단 말인가?

제도의 실패로 타격을 입은 대표적인 도시 디트로이트에서는 배신감과 소외감이 서민들의 삶에 만연해 있다. 2010년에 만난 현지 활동가 아바요미 아지키웨이는 이렇게 설명했다. "차를 타고 잠깐만 둘러봐도 블록마다 버려진 집과 문 닫은 상점이 즐비

---

* 미국의 정치인. 2004년 대통령 선거의 민주당 부통령 후보였다.
** 암 투병 중인 아내 엘리자베스를 두고 바람을 피웠던 사건. 이 사건으로 그는 2008년 대선 민주당 경선에서 도중하차했다.

합니다.[13] 공식적으로는 실업률이 28퍼센트라고 하지만 실제로는 50퍼센트 가까이 됩니다.[14] 이 나라의 경제위기는 여기가 시발점입니다. 정치인들은 경기 부양책으로 일자리 200만 개를 만들어냈다던데, 그 일자리는 다 어디에 있는 겁니까?" 디트로이트처럼 경기 침체의 영향을 크게 받은 곳은 (맨해튼의 증권가를 제외하면) 연방정부의 개입으로 많은 혜택을 받기도 했을 것이다. 여러 면에서 자동차 제조사는 큰 성과를 거뒀지만, 오바마 행정부가 거둔 다른 성공과 마찬가지로 반대 상황과 비교했을 때만 그렇다. 상황이 더 악화될 수도 있었지만 그렇지 않았다는 뜻이다. 그런데 그것이 성공이라면 나머지 지역은 무슨 희망이 있겠는가?

"나라의 미래에 대해 진심으로 낙관적으로 말하는 사람을 언제 봤는지 기억도 나지 않는다."[15] 2011년 봄, 퓰리처상 수상 시인 찰스 시믹이 어느 글에 쓴 말이다. "친구들과 만날 때 이 나라의 상황에 대한 얘기가 나오면 우리는 일부러 주제를 바꿔서 손자들이나 예전의 추억에 대해, 또는 영화 얘기를 한다. 하지만 결국 오래 가지 못하고 결국 희망과 사기를 꺾는 말만 주고받다가 헤어진다. 현재의 사회 상황에 분노하는 것은 우리의 점잖은 모임에는 안 맞는 주제라도 되는 양 어찌할 바를 모르다가 괜히 화가 난 채로 말이다."

현재 상황을 불안하게 여기는 정서는 정치적으로 좌파냐 우파냐에 따라 그 범위가 다르지만, 이념과 상관없이 공통적으로 느끼는 것이 있다. 바로 이 나라를 이끌고 있는 엘리트에 대한 소외감과 분노, 배신감이다. 어느 티파티 활동가는 내게 이렇게 말했다. "저는 대중의 불안감을 대신 표출하는 대리인이에요. 그리고 티파티 운동도 전체적으로 보면 불안감을 대신 보여주는 활동이죠."[16] 딕비라는 아이디를 쓰는 진보 성향의 블로거 헤더 파튼은 국민들에게 자신들의 생각을 주입하려는 워싱턴의 정치인들을 '부락민'이라는 별명으로 부른다. 그는 이라크 전쟁과 그 후의 경제위기라는 재난을 불러온 것이 바로 이 부락민 사고방식, 즉 지위에 대한 비열한 집착과 권력을 장악하는 방식이 위험하게 결합한 결과라고 봤다. 파튼의 주장에 의하면, 부락민은 "워싱턴에서 오랫동안 지배계층으로 살아온 이들로 자신들은 소박하고 도덕적으로 엄격한 중산층 시민이자 농장주라고 생각하지만, 사실은 백만장자 명망가로 세계에서 가장 강한 이 정부에 힘을 행사하는 사람들"이다.[17]

엘리트의 실패를 인식한 사람들은 좌파와 우파의 활동가들만이 아니다. 엘리트 계급에 속한 사람들도 자신들의 책임을 차츰 깨닫고 있다. 이런 계급 배반자들의 가장 좋은 예가 롭 존슨이다. 프린스턴 대학에서 경제학 박사학위를 받고 그 악명 높은 소로스 퀀텀 펀드에서 몇 년 동안 일한 존슨은 누구보다 미국 엘리트의 실패에 대해 잘 알고 있다. "몇 년 동안 우파는 시장을 숭배했지만 지금은 회의적인 입장에 설 수밖에 없는 상황입니다." 그가 내게 말했다. "그동안 좌파는 정부의 힘을 과대평가했지만 이제는 회의적인 입장에 설 만한 상황이고요. 그래서 지금 우리 국민들은 누구를 믿어야 할지 몰라 혼란에 빠진 상태죠."[18]

빌 클린턴은 2011년 다보스에서 열린 세계경제포럼에서 전 세계에서 몰려든 부호들에게 이런 강연을 했다. "역사를 살펴보면 알 수 있듯이, 오래 전 수메르 문명 때부터 훌륭한 문명들은 모두 대중들에게 희망을 주고 훌륭한 행동에 대해 보상해주며 제대로 작동하는 기관을 설립했습니다. 그런데 그런 문명들을 하나씩 보면, 사회에 이롭게 작용하던 그 기관들이 노후해지며 삐걱거리게 됩니다. 그 기관의 지배층이 자신의 임무보다는 권력을 잡는데 더 관심을 갖게 되기 때문입니다. 현재 우리의 공공기관과 민간기업이 그런 현상을 보이고 있습니다."[19]

보기 드물게 솔직한 말이었지만, 다보스포럼 참가자들은 별로 느끼는 바가 없는 것 같았다. 하지만 그 해의 다보스는 왠지 모르게 어리석음과 거만함, 그리고 억누른 수치심이 섞여 있는 분위기였다. 클린턴이 그런 연설을 하고 나서 몇 시간 후였다. 미국의 주요 투자 은행에 30년 동안 컨설팅을 해주던 유럽 경제학자가 내게 털어놓기를, 그는 이제 자신의 직업에 대해 어떤 자부심도 느낄 수 없고 주변에서 칵테일을 맘껏 마시는 전 세계 지도자들의 능력도 믿지 못하겠다는 것이다. "돌아보면 우리는 모두 문맹이었어요! 저도 마찬가지고요. 래리 서머스*와 밥 루빈**은 자신들이 이 세계를 다스리는 지성인이라고 생각했죠. 앨런 그린스펀***도요. 하지만 지금 보니 그들은 벌거벗은 임금님이에요!"[20]

이러한 자기 불신과 의혹이 전 국민적으로 확산된 계기는 1970년대 초반 베트남 전쟁과 워터게이트 사건이었다. 그때부터 갤럽과 종합사회조사에서는 주요 기관들—대기업, 공립학교, 대법원 등 10여 기관—에 대한 국민의 신뢰가 어느 정도인지 조사하기 시작했다.

1970년 4월 8일 《뉴욕 타임스》에 기고한 글에서 제임스 레스턴은 "정치, 이념, 성격에 대한 모든 의구심 뒤에는… 이 나라의 기관에 대한 대중들의 확신과 믿음이라는 더 중요한 문제가 있다…. 그 믿음이 이제는 존재하지 않는다. 정부의 권위, 교회, 대학, 심지어 가정의 권위도 전체적으로 흔들리고 있다. 그리고 연령, 계층, 정치적 신념에 상관없이 모든 사람들이 이 신뢰의 위기를 이 시대의 가장 치명적인 문제로 인식하고 있다."[21]

하지만 대중의 신뢰가 바닥까지 떨어졌다고 생각했던 그때가 알고 보니 신뢰가 추락하기 시작한 시점이었다. 갤럽과 종합사회조사에 의하면 금융위기가 오기도 전인 2007년에는 이미 거의 모든 주요 기관들에 대한 대중의 신뢰는 거의 사상 최저치였

---

* 1954~ . 미국의 경제학자로 재무장관을 지냈다.

** 1938~ . 골드만삭스에서 일하다 클린턴 정부 때 재무장관을 지냈다.

*** 1926~ . 1987년부터 2006년까지 연방준비제도 이사회 의장을 지냈다.

던 것이다.[22] 갤럽이 조사한 기관 16곳 중에서 12곳은 2000년대 들어 사상 최저치를 기록했고, 7곳은 1970년대 이후 신뢰도를 한 번도 회복하지 못했다. 가장 신뢰도가 낮은 곳들은 국가의 가장 핵심적인 기관이기도 했다. 은행, 대기업, 언론사가 여기에 속했고, 가장 심각한 곳은 의회였다.

갤럽에 의하면 의회는 국내에서 가장 신뢰도가 낮은 기관이었다. 응답자 중 12퍼센트만이 의회를 '매우 신뢰한다'고 답했다. 선거운동 재정과 의회의 부패에 대해 연구한 하버드 법학대학원 교수 로렌스 레식은 식민지 시대 독립운동이 일어나던 시기의 영국 의회에 대한 신뢰도가 오히려 더 높았다고 지적한다.[23] 의회에 대한 호감도는 패리스 힐튼이나 미국에서 현재 활동 중인 공산주의 세력보다도 낮다.

퓨리서치센터의 조사에 의하면 2010년 정부에 대한 전반적인 신뢰도는 1978년에 조사를 시작한 이후 가장 낮았다. 이 조사 기관은 "정부에 대한 반감은 이념적 성향이나 정당에 따라 편차를 보였지만 다른 주요 기관들에 대한 불만은 공통적이었다. 의회에 대한 점수는 대기업(25퍼센트)과 은행 및 기타 금융기관들(22퍼센트)만큼이나 낮았으며, 언론사(31퍼센트), 노조(32퍼센트) 그리고 연예계(33퍼센트)는 그보다 아주 조금 높을 뿐이었다"고 분석했다.[24]

가장 낮은 점수를 준 연령은 2000년에서 2010년 사이에 성인이 된 이들이었다. 하버드정치학연구소의 2010년 연구에서는 1980년대에 태어난 3만 명에게 다양한 기관들의 역할 수행에 대해 '아주 잘함 / 대체로 잘함 / 가끔 잘함 / 못함'으로 나누어 답변해 달라고 했다. 이 조사에서 군대, 대법원, 대통령, 유엔, 연방정부, 의회, 기존 언론, 케이블 뉴스, 월가 임원들 중 오직 군대만이 응답자의 과반수로부터 '아주 잘함 / 대체로 잘함'이라는 평가를 받았다.[25]

신뢰도가 이렇게까지 증발한 이유는 많을 것이다. 가장 많이 꼽히는 이유는 24시간 내내 방송되는 뉴스와 광적으로 파고드는 인터넷이 기관들의 실수를 선정적으로 보도하고 악의적인 방향으로 강조함으로써 대중의 믿음을 갉아먹었다는 것이다. 이는 특히 대중에게 가장 많은 불신을 받고 분노의 대상이 된 사람들이 자주 내세우는 이유다.

공화당 상원의원을 지낸 밥 베넷은 부실자산구제 프로그램을 지지했다는 이유로 티파티 운동가들의 반발을 사 낙선했는데, 자신의 처지에 대해 그도 정확히 이런 주장을 했다. "이 사건에서 배울 점은 이겁니다. 만약 국민들이 책임 있는 언론의 발표와 시사평론가들의 글을 읽는다면 여러 기관에서 일하는 사람들을 존경할 거라는 거죠. 그럼 아무 문제가 없을 겁니다. 하지만 모든 정보를 블로그에서 얻기 때문에 우리가 거짓말을 한다며 무조건 분노하죠."[26]

확실히 우리는 그 어느 시대보다 많은 정보를 얻을 수 있다. 24시간 방송되는 케이블 뉴스와 쇄도하는 인터넷 정보는 사안을 명백히 보여줄 수도, 더 흐리게 할 수도 있다. 휴대전화기에서 스파이 역할을 하는 카메라 렌즈와 인터넷 커뮤니티가 폭발적으로 증가함에 따라 모든 실패와 모든 실수가 ―아무리 사소하고 인간적이고 가슴 아픈 것이라도― 공개될 수 있고 실제로 자주 알려지며 과도한 관심의 대상이 된다. 다른 시대였다면 우리는 아마 앤서니 와이너*의 사타구니 사진을 볼 일이 없었을 것이다. 그리고 솔직히 말해서 공화당 의원들이라고 다르지 않았을 것이다.

뉴스 생산자가 급증하면서 정치 지형이 분할되는 것은 당연한 결과다. CBS 방송국의 월터 크롱카이트**의 경우, 전성기 때는 매일 밤 2천만 명이 그의 뉴스를 시청했는데, 이는 2010년 NBC, CBS, ABC 세 방송국의 저녁 뉴스 시청자를 모두 합한 수보다도 많다. 청취자가 여러 매체로 흩어지면서 언론에 대한 불신은 치솟았다. 1979년에는 신문이 신뢰도 50퍼센트 이상으로 미국에서 가장 신뢰받는 기관이었다. 하지만 지금은 신뢰도 최하위 집단에 속한다. 사정은 텔레비전 뉴스도 마찬가지다.[27]

주류 언론의 신뢰도 하락은 지난 10년간 언론이 제 역할을 못했기 때문이기도 하다. 대부분의 언론이 그 10년 동안 일어난 가

---

* 민주당 연방하원의원이었으나 트위터 성추문으로 물의를 빚고 사임했다.
** 미국의 저널리스트이자 뉴스캐스터로 1960년대와 70년대에 진행한 〈CBS 이브닝 뉴스〉로 유명하다.

장 중요한 두 가지 사건을 제대로 보도하지 않은 것이다. 이라크 전쟁을 촉발한 정보가 조작됐다는 사실, 그리고 경제위기의 원인이 된 주택 가격 거품과 금융권의 결탁 사기 말이다.

하지만 이런 이유들은 실패의 시대가 남긴 잔해를 조사한 후, 이 난관에 대해 대중매체와 배은망덕한 대중에게 책임을 돌리기 위해 끌어들인 의도적인 망상에 불과하다. 우리가 기관들을 믿지 못하는 것은 그들이 믿지 못할 존재임이 드러났기 때문이다. 기관의 실패라는 북소리가 대중들 사이에서 회의주의라는 메아리로 울린 것이다. 불신의 범위와 깊이가 이 정도라면 우리는 정부의 위기나 자본주의의 위기만이 아닌 훨씬 더 심각하고 위태로운 상황에 처해 있는 것이 분명하다. 어디라 할 것 없이 모든 권위가 무너지면서 사회가 황폐해지고 있으니 말이다.

자동차에서 수상한 잡음이 들리면 우리는 정비소로 간다. 그 이유는 정비사가 차에 어떤 문제가 발생했는지 알아낼 지식이 있고 우리에게 바가지를 씌우지 않을 정도로 정직하다고 믿기 때문이다. 차에 관한 한 정비사는 권위자다. 대중의 삶에서 주요 기관과 그 기관을 운영하는 엘리트는 정비사 역할을 한다. 그들이 맡은 임무는 국정을 운영하고, 시장이나 사회에 생기는 문제점을 진단해 해결하는 것이다. 정비사건 자금관리인이건 상원의원이건, 우리가 권위자에게 바라는 것은 능력이 있을 것—똑똑하고,

지식이 풍부하고, 수완이 있을 것—과 권위를 이용해 다른 속셈을 관철시키거나 사익을 추구하지 않는 것이다.

하지만 우리는 권위자들의 능력도 윤리 의식도 믿지 못하는 시대에 살고 있다. 막바지로 치달은 침울하고 불성실한 이 시대에, 이러한 분명하고 절망적인 깨달음의 여파는 우리 삶의 뚜렷한 특징을 이루고 있다. 엘리트의 실패와 그로 인한 대중의 불신은 현 정치와 사회 분위기에 가장 강력한 영향을 미쳤으면서도 가장 알려지지 않은 요인이다. 하지만 이 불신 때문에 우리는 스스로 자료를 모으고, 여론을 형성하고, 자율적인 행동에 나섰다. 그리하여 다다른 결론은 이라크 전쟁과 금융위기, 티파티, 무브온*, 해고되고 절망에 빠진 디트로이트의 자동차 회사 노동자들, 라스베이거스에서 쫓겨난 원주민들, 뉴올리언스의 로어나인스 워드 거주자들이 모두 하나의 원인으로 엮여 있으며, 그 원인이란 '제대로 돌아가는 기관이 없다'는 것이다. 그런데 그렇게 똑똑하다는 사람들이 나라를 망쳤는데도 책임지겠다는 사람은 보이지 않는다.

버락 오바마의 정치적 성공은 국민의 배신감에 공감하는 능력 덕분이었고, 정치적 실패는 그 배신감을 해소시키지 못한 무능력 때문이었다. 오바마의 2008년 선거운동은 혼란과 어둠의

---

* 2008년 대선에서 오바마 민주당 후보를 지원하면서부터 전국적인 주목을 받은 진보 성향의 단체. 온라인 단체로 출범한 무브온은 인터넷의 장점을 최대한 활용함으로써 디지털 유세의 개막을 알렸다. 티파티와 함께 좌우의 대표적인 풀뿌리 정치조직으로 꼽힌다.

숲에서 헤매고 있던 유권자들의 손을 잡고 희망찬 새 시대의 빛 속으로 나오겠다는 약속이었다. 능력주의가 최우선시되던 당시에 오바마는 그런 약속을 할 자격이 있는 유일한 사람이었는데, 그가 살아온 삶과 경력이 사회시스템의 정당성을 입증했기 때문이다.

오바마가 후보로 지명될 가능성이 높았던 이유는 2002년 가을 상원 선거 유세에서 이라크 침공을 비판하는 연설로 대중의 신뢰를 얻었기 때문이다. 연설에서 그는 임박한 침공을 '어리석은 전쟁'으로 규정했다. 민주당 대통령 후보 경선에 나선 경쟁자들을 포함하여 '똑똑한 사람'들이 다들 잘못 알고 있을 때, 오바마는 제대로 알고 있었다. 대통령 후보자들 중 혼자만 임금님이 벌거벗고 있다는 사실을 알아차린 것이다. 힐러리 클린턴과 빌 클린턴이 기성 권력의 상징이 된 상황에서 버락 오바마는 그 권력을 대체하려 했다. 그는 미국의 역사적인 변혁 운동, 기존의 부당한 사회체제를 공격했던 사회운동을 여러 차례 언급했다. 그리고 부시 정권 말기, 난장판을 초래한 근본적인 불능 상태, 계층 분열, 그리고 권력의 독점이 심화되고 있던 미국 정치를 비판했다.

이라크 전쟁에 대해서는 '단순히 전쟁을 끝내는 게 아니라 애초에 전쟁을 일으키려 한 사고방식을 끝내고 싶다'고 했다. 또한 로비스트와 선거운동자금 기부자들이 '사회체제를 농락'하고 있다고 하면서, 그가 대통령에 출마하는 것은 바로 그런 행태에 맞서 싸우기 위해서라고 했다. 그는 '정치권이 돌아가는 방식을 근본적으로 개혁하겠다'고 맹세했고, 선거운동 방향도 그 약속과 맞아 떨어지는 것 같았다. 실제로 오바마의 선거운동은 권위 의식을 버리고 자원봉사자들에게 전례 없이 많은 권한을 줌으로써, 그리고 그 과정에서 무능한 기관들과 스러진 희망에 염증을 느낀 대중의 관심을 마침내 진심으로 믿을 만한 후보자에게 돌림으로써 선거운동 방식에 혁신을 가져왔다.[28]

뿐만 아니라 오바마는 재건과 혁신에 대한 국민의 열망에 부응했으며 부시 행정부에 혐오감을 느끼고 진절머리가 난 엘리트층의 지지도 이끌어냈다. 이들은 기층 민중으로부터의 혁신보다는 기존의 권위를 회복시켜야 한다고 생각하는 사람들이었다. 사실 오바마는 지역 활동가로 일한 젊은 시절을 여러 차례 언급했지만, 하버드 법학대학에서 보낸 시간도 그만큼 많았다. 하버드 법학대학에서 보낸 시간이 지역 활동가로 보낸 시간보다 많지는 않을지라도 오늘의 오바마를 만드는 데 그만큼 기여한 것이다.

대통령이 되어 맨 처음 한 연설에서 오바마는 기존 권력을 맹렬하게 비난하던 논조를 바꿔 국민들에게 다시 한 번 기존 권력을 믿어달라고 촉구했다. 그는 '사회 전체적으로 신뢰가 무너지고 있고, 미국의 쇠퇴는 불 보듯 뻔한 일이어서 다음 세대는 어쩔 수 없이 기대를 낮춰야 한다는 두려움'이 있음을 인정했다. 그런데도 그는 기존 권력에 대한 신뢰가 왜, 어떻게 무너지고 있는지를 설명한 것이 아니라 굳건한 의지와 결단력이 무너진 신뢰를 회복하는 열쇠라고 강조했다. "현상을 유지하려는 고집, 소수의 이익을 보호하려는 고집, 그리고 내키지 않은 결정을 미루려는 고집의 시대는 분명히 지나갔다"고 하면서 그는 "오늘부터 우리는 일어나서 먼지를 털고 미국을 다시 건설하는 작업에 돌입하자"고 호소했다.[29]

그런 다음 오바마는 최고의 권위를 상징하는 성서를 인용하여 '이제는 미숙함에서 벗어날 때다'라고 선언함으로써 비굴하게 기존의 체제에 고개를 숙였다. "우리의 과제는 새로운 것일 수 있습니다. 우리의 도전에 함께할 기관들도 새로울 수 있습니다. 하지만 우리의 성공을 뒷받침할 가치들, 즉 정직함과 근면, 용기와 공정한 경쟁, 인내와 호기심, 의리와 애국심은 오래된 것입니다. 이 가치들이 참된 것입니다."

권위와 그것의 재구성을 향한 오바마의 집념은 재임 기간 동안 계속되었다. 2010년 국정연설에서는 권위의 위기를 정면으로 언급했다. "안타깝게도 너무 많은 국민이 이 사회의 가장 중요한 기관들인 대기업과 언론, 그리고, 네, 정부에 대한 신뢰를 잃었습니다. 냉소주의가 만연한 상황도, 절망에 가까운 실망감도 당연합니다." 같은 해 오바마 정부의 여론 조사 연구원 조엘 베넨슨은 《뉴욕 타임스 매거진》 기자에게 대통령 지지율이 50퍼센트가 안되지만, 기존의 수많은 기관보다는 높다고 말했다. "지금 국민들은 무슨 기관이든 깊이 의심합니다. 하지만 오바마 대통령은 그보다 높은 지지를 받고 있습니다."[30]

2008년 오바마 시대가 막을 올릴 때는 낙관주의의 물결이 휩쓴 덕분에 기관에 대한 신뢰도가, 특히 대통령에 대한 신뢰도가 치솟았다. 하지만 1년 동안 하나의 기관으로서 50퍼센트를 웃돌던 대통령에 대한 신뢰도가 2010년 무렵에는 허리케인 카트리나의 여파로 급락한 부시 대통령의 지지율과 비슷하게 떨어졌다.

신뢰도가 하락한 요인 중 하나는, 오바마가 선거운동 때 '체제'를 손보겠다고 약속했으면서 그 체제 안에 안주했다는 것이다. 무능한 기관들에 대해 오바마는 굳은 결의를 통해 그 기관들을 제자리로 회복시키려는 방식을 취했다. 기관들의 임무수행 능력이 개선되면 신뢰도와 참여도가 높아지고, 그로 인해 기관들의 임무수행 능력이 더 나아질 거라는 선순환을 기대하면서 말이다. 그러나 이 기대는 아직도 현실화되지 않았다. 분명한 사실은 노력이 부족했기 때문은 아니라는 것이다.

기관들의 임무수행 능력이 나아지지 않은 이유는 30년 동안 가속화된 빈부격차가 비정상적인 사회질서를 낳았고, 그런 사회에서 무기력하게 타락해버린 일군의 엘리트 계층을 양성했기 때문이다. 하지만 이런 식으로 상황을 이해하는 사람은 거의 없다. 엘리트를 잘못 이해하고 있기 때문이다. 우리는 인정하지 않지만 대부분의 사람들이 사회를 운용하는 가장 바람직한 방식은 당연히 엘리트주의라고 생각한다. 우리 대신 결정해줄 적임자들이 있을 것이고, 그 적임자들만 찾으면 사회가 매끄럽게 굴러갈 것이라고 믿는 것이다.

권위의 위기로 인한 폐해를 극복하기 위해서는 국가를 재건하고 혁신해야 할 것이며, 어떻게 보면 그 과정은 이미 시작됐다. 2011년 어느 가을 저녁, 나는 월가 점령 시위에서 활동한 앤드류 스미스를 만났다. 그는 월가 점령 시위를 '좌우의 대립이 아니라 위아래의 대립'이라고 규정했다.[31] 북소리에 맞춰 외치는 "우리가! 99퍼센트다!"라는 구호를 배경으로 그가 내게 속삭였다. "저 소리가 두려운 사람들이 있을 겁니다."

'좌파와 우파를 넘어서'는 단순한 구호가 아니다. 사회 개혁 운동에 참여하는 사람들은 그들이 기존의 좌파나 우파에 속하지 않음을 고집스럽게 강조했다. 엘리트의 실패가 낳은 피해자들—버니 매도프에 의해 파산한 팜비치의 은퇴자들이나 어머니의 집이 은행에 넘어가 집 없이 남겨진 아이들—을 좌파와 우파로 구분할 수 없듯이, 엘리트의 실패에 공감하는 사람들도 좌파와 우파로 구분하기는 힘들다. 그래서 나는 그들을 혁명파(insurrectionist)와 개혁파(institutionalist)로 구분하려고 한다.

폴 크루그먼은 혁명파의 대표 주자다. 한때 대중 중심의 정치를 외치는 세력에 맞서 엘리트의 능력과 신자유주의 기술관료제를 옹호했던 그는 이 나라의 지도자들에게 심각한 문제가 있음을 깨달았다. 2004년에 쓴『대폭로』에서 그는 이렇게 말했다. "2000년대가 시작되면서 우리는 미국의 성숙하고 유능한 경제계 지도자들이 능력을 발휘할 것이라 생각했다. 즉 위기가 발생했을 때 적절한 대책을 세워 실행하는 사람들을 믿은 것이다. 그들이 책임 있는 재정 정책을 제안하여 신속하게 조처를 취할 줄 알았다…. 자신을 비관주의자로 자처하는 사람들도 내면 깊은 곳에서는 낙관주의자들이다. 그래서 많은 사람들은 어리석은 투자자들이 별안간 상황을 깨닫고 놀라긴 하겠지만, 결국은 모든 것이 잘 풀리리라 생각했다."³² 하지만 실패의 시대를 겪고 난 뒤 크루그먼은 자신이 냉소적으로 일컫는 '아주 진지한 사람들'이나 엘리트에 대해 근본적인 의구심을 갖게 되었다. 그래서 이제는 나오미 클라인 같은 급진적인 작가들을 포함한 혁명파를 긍정적인 시각으로 인용한다. 10년 전만 해도 생각지도 못한 변화다.

혁명파는 현재 우리나라의 기관들과 그것들이 떠받치고 있는 사회질서가 근본적으로 엉망이라고 여길 뿐 아니라, 엘리트들에게 책임을 묻는 유일한 방법은 그들로부터 권력을 몰수하는 것이라고 주장한다. 그리고 공공기관에 대한 신뢰도 추락은 대변혁에 박차를 가할 수만 있다면 바람직한 현상이라고 본다. 정부나 대기업, 시민 단체 같은 주요 기관들도 재평가의 대상이 된다.

혁명파의 반대편에는 개혁파가 있는데, 이들은 권위의 하락과 대중의 불신을 두려운 현상으로 본다. 에드먼드 버크*처럼 개혁파들은 주요 기관이 무식한 군중에 의해 타락하고 방탕한 곳으로 공격받는 현실에 아연실색한다. 1790년 영국 의회에서 밝혔듯, 프랑스혁명에 대해 버크가 경악한 이유 중 하나는 그 혁명이 구체제라는 기관들의 전체 풍경에 오물을 뒤집어씌웠다는 것이다. 그는 혁명론자들이 "그들의 군주제, 교회, 귀족, 법, 미술품, 국세청, 육군, 해군, 상무부, 그리고 그들의 업적을 폄하한 다음, 비이성적이고 원칙도 없이 금지하고 압수하고 약탈하고 피를 부르는, 흉포한 폭군 같은 민주주의에 문을 열어주었다"고 탄식했다.[33]

개혁파는 수많은 권위가 중심을 이루는 사회가 아니면 언제든 폭도들의 통치 아래 무너질 거라며 두려워한다.《뉴욕 타임스》의 칼럼니스트 데이비드 브룩스는 개혁파들의 가장 친근한 대변자(이 신문의 칼럼란에 그의 의견을 피력한 글이 여러 차례 실렸다)인데, 2009년에 자신의 견해를 그 지면에 상세히 펼쳐보였다. 『제도에 대해 생각하다』를 쓴 정치학자 휴 헤클로의 말을 인용하며 브룩스는 "개혁가들은 이전 세대가 수립한 규범을 존중하며, 그 규범을 후세대에 물려줘야 한다고 생각한다. 기존의 제도를 무시하는 사회는 냉소주의를 낳고 올바른 행동 양식을 무너뜨린

---

* 1729~1797. 아일랜드 더블린 출신의 영국 정치인이자 정치철학자, 연설가. 그가 주장한 대의 정부, 자연적 귀족, 사유재산, 소집단의 중요성은 보수주의 기본 특징이 되어 '보수주의의 아버지'로 불린다.

다"고 주장한다.[34]

브룩스처럼 주요 기관들의 탐나는 자리를 차지한 사람들은— 대학 총장에서 대기업 최고경영자에 이르기까지— 기질적으로 개혁파다. 공화당이든 민주당이든, 미국의 상원의원들도 거의 다 개혁파다(미국 상원만큼 제 역할을 못하면서 그 구성원들에게 사랑받는 기관도 없을 것이다). 은퇴한 민주당의 크리스 도드 코네티컷 주 상원의원은 상원 의사당에서 남긴 고별사에서 이렇게 개탄했다. "국민들이 정치인을 불신하면서 상원의원들도 서로를 불신하게 되었다. 그리하여 상원을 얕보게 되었으며, 정책을 수립하는 과정을 등한시하게 되었다."[35] 정치인을 비판하는 사람들은 의회가 가진 특성 때문에 자치가 불가능하다고 주장한다. 하지만 도드는 정치인들이야말로 그런 주장에 넘어가지 말고 오히려 의회가 가진 특성을 소중히 해야 한다고 당부했다.

도드 의원의 옹호 발언에서 나타나듯 개혁파가 신봉하는 절대 진리에서 중요한 것은 정치인들이 주어진 임무보다 일을 더 잘하고 있다고 자부심을 가지는 것이다. 2011년 다보스포럼에서 클린턴이 엘리트의 실패에 대해 에둘러 지적했건만, 제이피모건체이스의 최고경영자 제이미 다이먼은 국민들의 분노로부터 금융업자들을 감싸며 이렇게 말했다. "후렴구처럼 끝없이 읊어대는 '금융업자들, 금융업자들, 금융업자들', 그런 비난은 정말이지 아무런 도움도 안 될 뿐 아니라 인간에 대한 예의도 아니라고 생각합니다. 이제는 제발 그만했으면 좋겠습니다."[36]

개혁파는 혁명파와 달리 현재 우리에게 가장 큰 위험 요인은 불신이라고 주장한다. 즉 현 상황은 사회규범과 질서가 무너지면서 발생한 암울하고 허무주의적인 현상이라는 것이다. 그들은 이 사회의 가장 큰 병폐는 다름 아닌 주요 기관들의 불법 행위와 부패라는 혁명파의 주장에 동의하지 않는다.

하지만 아무리 열렬한 개혁파라도 현 상황이 비정상적이라는 것은 인정할 수밖에 없다. "정치 지도자들에 대한 내 믿음은 개인적인 차원이다. 실제로 나는 그분들을 잘 알고 있고 그들을 좋아한다. 다만 장점을 묻어버리고 단점을 발현시키는 시스템 안에서 그들이 옴짝달싹 못하는 거라고 생각한다." 데이비드 브룩스가 2010년《타임즈》웹사이트에 쓴 말이다.[37]

결국 개혁파인지 혁명파인지는 오늘날의 주요 기관들이 얼마나 부패했다고 생각하는지에 따라 결정된다. 기관들이 서서히 회복할 시간이 있다고 생각하면 개혁파이고, 기관들을 철저히 정비하거나 전면 해체해서 재구성해야 하다고 생각하면 혁명파다.

버락 오바마는 철저히 정비하려는 쪽으로 보였으나, 결국은 개혁파처럼 국정을 운영했다. 이것이 많은 사람들이 그에게 절망했던 가장 큰 이유다. 선거운동을 할 때는 혁명파였는데 나라를 다스릴 때는 개혁파로 돌변한 것이다. 하긴 현재 명백한 위기에 처한 바로 그 개혁파의 산물인 그가 달리 어떻게 할 수 있었겠는

가. 1960년대 이후 능력주의라는 시스템이 내부에서 붕괴되려는 바로 그 시점에 오바마 대통령의 당선이 능력주의의 가장 눈부신 성과로 기록되었다는 것은 무엇보다도 서글픈 아이러니다.

모든 통치 질서처럼, 능력주의는 그로부터 가장 큰 혜택을 받은 사람들이 적극 헌신하는 이념이다. 훗날 역사에서 고통의 시대로 기록될 이 시대에 가장 탁월하다고 주목받는 사람들은 대부분 능력주의라는 엘리트 양성과정의 산물이다. 사회에서 가장 명석하고 가장 성실하고 가장 야심찬 구성원들을 뽑아 지도자로 키운다고 하는, 서로 연관된 기관들이 배출한 오바마 같은 이들이다. 사우스캐롤라이나의 약사와 임시 교사의 아들로 태어난 벤 버냉키, 미주리 주의 목사와 농사꾼 사이에서 나고 자란 켄 레이, 브롱크스 출신의 정육업자 아들이면서 직계가족 중 처음으로 대학을 나온, 그리고 컨트리와이드의 최고 경영자가 된 안젤로 모질로, 루마니아 이민 1세대로서 밀워키의 렌터카 사업자 아들로 태어나 메이저리그 총재가 된 버드 셀릭, 브루클린 공영주택단지에서 자랐으나 골드만삭스의 최고경영자가 된 로이드 블랭크페인, 버밍햄에서 목사의 딸로 태어난 콘돌리자 라이스가 그 산물이다.

능력주의의 맨 꼭대기에 진입한 사람은 동료 실력자들을 믿고 권력자의 측근들이 내세우는 의견에 귀를 기울이는 경향이 강하다. 엘리트의 전문성과 판단력에 대한 맹신은 오바마 행정부의 아킬레스건이었다. 조나단 알터는 오바마의 임기 첫해를 기록한 『약속』에서 다음과 같이 주장했다. "오바마는 엘리트를 굳게 믿었다. 그는 전후 미국의 강력한 능력주의에서 덕을 본 사람이었다. 그래서 그는 자신이 오른 계층 사다리의 꼭대기에서 세상을 바라보는 방식을 완전히 버리지 못했다."[38]

　나는 이 책에서 엘리트 위주의 체제가 흑인 대통령을 선출함으로써 스러져가는 아메리칸 드림을 기적처럼 회생시킨 것 같았지만, 바로 그 체제가 어떻게 지금의 위기를 낳았는지 이야기하고자 한다. 이 논의의 출발점은 지금보다 앞선 권위의 위기 시대, 즉 우리가 '60년대'라고 부르는, 사회 대변혁의 상징이 된 시대다. 60년대의 가장 두드러진 특징은 국민들의 경제적 평등이었다. 노조의 영향력은 강력했고, 급료는 꾸준히 올랐으며, 역사상 그 어느 때보다 더 많은 가구가 중산층의 삶을 이루는 기본 혜택―의료보험, 주택보급, 고등교육―을 누렸다.

　하지만 인종과 성, 성적 취향에 따른 불평등은 심각했고, 상대적으로 소수인 백인 남성들이 지배계층을 이루고 있었다. 그 시대 사회운동의 업적은 베트남 전쟁과 가부장 사회, 인종차별을 옹호한 기존 체제를 끈질기게 공격해 미국 사회를 더 나은 쪽으로 영원히 바꾸어놓은 것이다.

　미국은 백인 앵글로색슨 개신교도를 지배계층으로 하는 낡은 체제를 버리고 능력주의, 즉 이 공화국을 세우던 당시의 이념을 끌어안았다. 자기결정권과 근면이라는 오래된 원칙에 능력주의와 관련된 몇 개의 항목을 새로 추가한 것이다. 늙음보다는 젊음을, 조직에 순응하는 조용한 덕목보다 개인의 재능을 더 가치 있게 보면서도 미국 사회는 여성과 소수인종에게 기회를 줌으로써 1960년대의 사회운동이 요구하는 가치를 받아들였다. 하지만 시대의 대변혁을 가져온 그 사회운동이 그토록 평등을 부르짖었건만, 먼지가 가라앉은 후 드러난 것은 예전보다 개방적이지만 여전히 불평등이 뿌리 깊은 사회질서였다.

능력주의는 인종, 성, 성적 취향에 따른 부당한 차별을 철폐하겠다는 약속이지만, 그 대신 인간은 능력과 진취성에서 근본적으로 평등하지 않다는 인식하에 새로운 계급을 인정하는 신념이다. 능력주의의 이상적인 모델은 똑똑한 사람과 둔한 사람, 부지런한 사람과 나태한 사람에 대해 보상에서 엄청난 차이를 두는 사회다. 극단적인 경우, 이러한 사회 정신은 '재능의 귀족'을 찬양한다. 그런데 지배계층의 자격에 대한 이 이상은 근본적으로 우리의 민주주의적 서약과 상충한다. 크리스토퍼 래시*가 말했듯이 능력주의는 '민주주의에 대한 희롱'인 것이다.[39]

지난 30년간 이 민주주의에 대한 희롱에 우리가 바친 헌신은 남북 전쟁이 끝나고 이어진 대호황 시대 이후 범위와 규모에서 무서운 속도로 경제적 불평등을 심화시켰다. 빈부격차가 폭발적

---

* 1932~1994. 미국의 역사학자이자 사회 비평가.

으로 증가한 원인은 세계화, 과학기술의 발전, 선거운동자금 운용의 부패, 노동조합의 급격한 파괴까지 수없이 많다. 하지만 이 모든 현상의 철학적 토대, 그것이 뿌리내린 비옥한 토양은 우리 모두가 동의한 능력주의다. 근본적으로 우리는 아직도 선발된 소수가 나라를 다스려야 한다고 생각한다. 그러한 소수가 되려면 어떤 자격이 필요한지 그 기준을 새로 정해버린 것이다.

결과적으로 우리는 전체 사회에 불평등을 용인함으로써 판단력은 흐리고 사익을 추구하면서도 특권을 누리는 엘리트 계층을 양산하고 말았다. 제도의 연속적인 실패와 그로 인한 권위의 위기를 초래한 장본인이 바로 그 엘리트 계층이다. 개별적인 제도의 실패—메이저리그, 엔론 사태, 이라크 전쟁—에는 특정한 원인, 때로는 우연한 원인이 작용했겠지만 그 모든 사건의 이면에 있는 공통적인 원인은 엘리트의 불법 행위와 부패이다.

나는 혁명파에 충분히 공감하지만, 한가지 떨치지 못하는 두려움이 있다. 신뢰할 수 없는 엘리트와 기관들이 권력을 유지하고 있는 현 상태는 변화와 개혁의 원동력이 될 수 있지만, 자칫하면 파괴적이고 반사회적인 충동을 낳을 수도 있다는 점이다. 그 두려움을 내면의 데이비드 브룩스라고 하자. 대중이 모든 공식적 권위를 부정한다면 훌륭한 통치는 불가능해지고, 직권 남용과 냉소라는 악순환이 시작된다. 또한 제 역할을 하는 기관도 없고, 삶의 질도 낮으며, 개선의 가능성이 요원한 사회에서는 대중의 불신이 만연해진다. 2010년 봄, 나는 텍사스 주의 노동운동 조직인 남서부 노동조합의 활동가 제나로 렌던을 만나러 갔다. 샌안토니아에 있는 사무실을 찾아갔을 때, 그 단체는 그 해에 있을 인구조사에 인근 지역의 미등록 거주자들을 등록시키는 활동에 매진하고 있었다. 그런데 주민들의 불신 때문에 난관을 겪고 있었다. 렌던은 그 이유를 이렇게 설명했다. "정부에서 집까지 찾아와 문을 두드리고 인구조사를 한다고 하면 누가 마음이 편하겠습니까? 주민들은 그게 뭔지, 왜 자기들이 그 양식을 작성해야 하는지 모릅니다. 그런 작업을 해야 현재의 인구 구성이 더 잘 반영된다는 것을 이해하지 못하는 겁니다."[40] 정부에 대한 불신으로 인해 그 지역의 통계상의 인구는 실제보다 더 적게 잡힌다. 그 결과 지역을 대표할 사람들이 적어지고, 대표자가 적어지면 그곳 주민들에게 유리한 정책이 시행되지 못한다. 그로 인해 애초부터 있던 불신이 더 강화된다.

미국에서는 가난하고 소수민족이 모여 사는 지역일수록 미해결 살인사건 수가 평균보다 훨씬 많다. 여기에는 그곳 주민들이 경찰 조사에 비협조적이라는 사실이 한몫한다. 주민들 입장에서는 경찰에 비협조적으로 나오는 나름의 이유가 있다. 하지만 경찰과 주민들이 서로 불신함에 따라 살인범들은 활개를 치고 폭력과 복수는 반복된다.

시카고의 저소득층을 위한 공공주택 단지는 악명이 높다. 그곳에서는 주민들이 독자이면서 기자이기도 한《레지던트 저널》이 발간되는데, 이 신문의 편집장 메리 존스도 자기 경험상 기관들을 믿을 수 없다고 했다. 그녀는 사춘기를 대부분 거리에서 보내다 스물아홉의 나이에 아이 다섯을 데리고 공공주택에 살게 되었다. 그녀는 집이라도 갖게 돼서 다행이라고 생각했지만 집의 상태는 충격적이었다. "수도관이 터지는 바람에 물이 발목까지 찼어요. 우리 식구들은 겨울에 이 물속을 걸어 다녀야 했어요."[41] 그녀는 수리를 요청한 다음 아파트를 비웠다. 그러나 돌아와 보니 상황은 그대로였다.

변명의 여지가 없는 한심한 행태를 겪었다면, 기관들의 의도에 의구심을 갖는 건 당연한 일이다. 분명 시카고 공공주택 당국은 마음만 먹으면 누수를 해결할 수 있었을 것이다. 그런데 해결하지 않았다는 것은 해결하고 싶지 않았다는 뜻밖에 안 된다. 말하자면 그들이 담당하는 거주자들에게 일부러 물벼락을 내린 셈이다. 이런 음모론적인 의심은 기관들에 대한 불신을 키우고, 엘리트의 불법 행위를 경험하면서 불신은 계속된다. 이처럼 기관들의 형편없는 업무 처리에 이골이 난 사람들 사이에서는 필요 이상의 반발심이 자리 잡는다.

수십 년 동안 빈곤층과 소외 계층에게 끝이 안 보이는 절망감은 일상과도 같았다. 그런데 2000년대 후반에 시작된 대불황*은 이러한 절망감을 중산층에게까지 확산시켰다. 이처럼 권위의 위기는 오랜 세월 빈민 지역에서는 일상이었던 엘리트의 부패와 무능함을 모든 국민들에게 드러냈다. 수도관 파열은 이제 공공주택 거주자들만 겪는 일이 아니다. 우리 모두가 발목까지 차오른 물 속을 걸어 다니고 있다.

이러한 배신이 누적되면서 국민들은 정당한 자치 사업까지 지독하게 회의적인 시각으로 바라보게 되었다. 개발 사업을 다룬 믿을 만한 보고서에 의하면, 다른 나라의 경우에도 당국의 허술한 업무 처리와 그런 당국에 대한 대중의 불신, 부실 작업과 탈세 같은 비열한 부패가 서로 맞물려 악순환의 고리를 이룬다. 이런 상황에 처하면 국민들은 종종 독재적인 해결책에 눈을 돌린다. 민주적인 방식이지만 문제투성이인 시스템을 거부하고, 강압적이지만 제대로 굴러가는 시스템을 요구하는 것이다. 부패한 패거리 정부가 통치하고 생활필수품이 항상 부족한 파키스탄에서는 군대만큼 신뢰받는 조직이 없다. 그래서 예전에는 많은 국민들이 군사 쿠데타를 해방의 기회로 여겨 환영했다.

미국의 경우는 어떨까. 아니나 다를까, 신뢰도에 관한 여러 조사에서는 지난 10년 동안 대중으로부터 신뢰를 얻은 군대가 현재 가장 지지율이 높은 조직이 되었다. 2009년 종합사회조사에

---

* 1929년에 시작된 대공황과 비교하여, 2000년대 후반부터 2010년대 초반까지의 세계적인 경제 침체를 가리킨다. 약한 불황이나 장기 침체로 표현하기도 한다.

서 대다수의 미국인들은 군대에 대해 '매우 신뢰한다'고 답했다. 그 외에 대다수 국민들이 '매우 신뢰한다'고 답한 조직은 경찰뿐이었다. 이처럼 국민을 대표하는 공식 기관이자 국가를 떠받치는 의회가 바로 국민들로부터 가장 많은 불신을 받는 동안 군대와 경찰 조직은 가장 신뢰받는 조직이 되었다. 다시 말하면 국민들은 정장 차림인 사람들보다 총을 든 사람들을 더 믿는 것이다.

이 나라를 세운 건국의 아버지들이 무덤에서 벌떡 일어날 일이다. 권력에 대한 불신 외에도 암암리에 커지는 다른 위험도 있다. 엘리트 사회에 만연한 무능함이 대중에게 허무주의를 유발하는 것이다. 불신이 전염병처럼 조직에서 조직으로 퍼져나가면, 대중이 정보를 얻는 전반적인 사회조직은 무용지물이 될 수 있다. 다시 말해 전문가 집단 전체가 불신을 받는다면 대중은 수많은 가짜 정보에 둘러싸이게 된다.

이 경우 일어날 수 있는 사소해 보이지만 중대한 사례가 바로 미국에서 아동 백신 접종이 급감하고 있는 현실이다. 의학계에서 백신이 안전하다고 한목소리로 주장하는데도 이런 일이 벌어지는 이유는 백신이 자폐를 일으킨다는 두려움 때문이다. 캘리포니아에서는 자녀들의 백신 접종을 거부한 학부모가 1997년에서 2008년 사이에 2배로 늘었다.[42] 1970년에서 2000년까지는 백신 덕분에 전국에서 백일해에 걸린 아동 수는 한 해 평균 5천 명 내외였다. 그런데 2010년에는 그 수가 2만 7,500명으로 치솟았다.

2010년에는 캘리포니아에서만 백일해로 10명이 목숨을 잃었다.[43]

유사한 상황으로 지구온난화에 대한 가공할 만한 무관심을 들 수 있다. 어떤 정치문제는 굳이 엘리트가 개입하지 않아도 이해할 수 있다. 예를 들어 실업문제의 경우 노동부에서 발표한 최근 수치를 읽지 않더라도 그것이 심각한 수준임을 알 수 있다. 우리가 알고 있는 누군가가 실직 상태일 확률이 매우 높기 때문이다. 하지만 내가 보기에 전 세계인에게 닥친 가장 중대한 문제인 지구온난화는 이런 경우가 아니다. 한 개인이 지난 수십 년간 지구의 평균 기온이 지속적으로 상승하고 있음을 알아낼 능력은 없기 때문이다. 이런 문제에서는 그런 일이 벌어지고 있고 위험한 사태를 막기 위해 조처를 취해야 한다고 말해줄 엘리트와 전문가 집단이 필요하다. 그리고 문제를 효과적으로 해결하기 위한 필수 조건은 탄소 감축 정책을 지지하는 기후학자들과 정치 지도자들의 말이 진실임을 절대다수의 국민들이 확고하게 믿는 것이다.

하지만 기관이 신뢰를 잃으면 이것은 불가능해진다. 실패의 시대인 2000년대가 끝날 무렵, 기후변화를 둘러싼 학계의 기본적인 합의에 대해 미국인들의 신뢰는 곤두박질치고 있다. 2009년 10월에 실시한 퓨리서치의 광범위한 여론 조사에서 지구온난화의 증거가 있다고 생각한 국민은 57퍼센트에 불과했다.[44] 1년 전에는 71퍼센트였으니 14퍼센트나 떨어진 것이다. 또한 기후변화를 중대한 문제로 여기는 국민은 35퍼센트밖에 되지 않았다. 기후변화와 관련된 정보를 의심한다는 것은 과학자와 정부 당국자, 언론인 수천 명이 합심해서 엄청난 규모의 사기행각을 벌이고 있다고 믿는다는 뜻이다. 말도 안 되는 일 같지만 실제로 그렇게 어이없는 주장을 하는 유명 언론인이 있다. 2010년 러시 림보*는 1,500만 명의 청중들에게 믿을 수 없는 기관들의 목록에는 앨고어** 외에도 많다고 주장했다. 그는 정부, 학계, 과학계, 언론을 4대 거짓말쟁이라고 명명하며 이렇게 말했다. "이 기관들은 부패했지만 속임수로 살아남았습니다. 속임수로 자신들을 선전하고, 위에서 번창하는 겁니다."**45**

정부와 학계와 과학계와 언론에서 나오는 정보를 단 하나도 믿지 못하면서 어떻게 시민의 의무를 다할 수 있겠는가. 1929년 대공황과 베트남 전쟁이 일어났을 때도 권위의 위기는 있었다. 그리고 그런 위기는 변혁의 시대를 맞이하는 조건으로 작용했다. 사회 변혁은 두 단계의 과정을 거친다. 1단계에서, 변화를 모색하는 사람들은 대중에게 현 계급제도와 권력이 집중된 시스템은 잘못됐다고 설득한다. 1960년대에 반전 운동을 벌이던 학생들은 대중에게 베트남 전쟁을 벌이는 최고사령관의 발표가 거짓이라

---

* 미국의 연예인, 라디오 진행자이자 보수 성향의 정치평론가.

** 1993~2001. 미국 부통령을 지냈으며 2007년 기후변화에 관한 정부간 패널과 함께 노벨 평화상을 공동 수상했다. 지구온난화의 심각성을 경고하는 다큐멘터리 〈불편한 진실〉을 제작했다.

고 주장했다. 민권운동가들은 남부의 인종차별정책이 도덕적인 파탄 행위라고 대중을 설득했다. 페미니스트들은 여성들이 가부장적 사회의 명령에 복종할 필요가 없다고 설득했다.

기존 사회질서의 권위를 약화시키는 데 성공했다면, 2단계에서는 현실에서 그 힘을 진압할 사회적 · 법적 구조를 만들어낼 수 있다. 그것은 미국 역사에서 사회 개혁이 일어날 때마다 거의 항상 일어난 일이다. 국가 안보기관의 권위가 하락한 것도 베트남 전쟁이 종료되고 징병제가 철폐되면서 처치위원회*에서 국가 정보 및 비밀공작들에 대해 감시제도를 새로 제정한 덕분이었다. 가부장제는 여성들이 대규모로 경제활동에 진출하면서 힘을 잃었고, 셀마 다리를 건넌 행진에 힘입어 흑인들의 투표권도 인정되었다.

현재 우리는 1단계와 2단계 사이의 애매한 국면에 있다. 국민들의 삶에 중요한 역할을 하는 기관들은 거의 예외 없이 깊은 의심을 받고 있지만, 애초에 그 기관들을 망친 엘리트들이 여전히 방향키를 잡고 있어서 개혁이 진행되지 않는 상황인 것이다. 야구 선수들의 스테로이드 추문으로 시끄럽던 시기에 고위직에 있던 책임자들은 아직도 스포츠계를 장악하고 있다. 상습적으로 미성년자를 성추행한 사제들을 덮어주고 거짓말을 하던 주교들은

---

* 정부의 정보활동을 조사하기 위해 1975년에 만들어진 위원회로서, 위원장은 상원의원 프랭크 처치였다. 미 상원 정보위원회의 전신인 이 조직은 워터게이트 사건 이후 백일하에 드러난 CIA, 국가안보국, FBI의 불법적인 정보 수집을 조사하기 위해 구성되었다.

여전히 전국에서 교구를 관리하고 있다. 백악관에서는 국가적 재앙을 기획한 바로 그 장본인들—이라크 전쟁의 정당성을 주장하던 전문가들, 규제 완화를 외치던 사람들, 부패하고 평판 나쁜 로비스트들, 권력을 파는 사람들—이 터미네이터처럼 끈질기게 권력의 자리로 돌아오고 있다. 우리는 선거 때마다 세 번 연속 여당을 교체했으나, 이 나라의 핵심을 이루고 있는 선출되지 않은 파워브로커들은 여전히 활동 중이다.

월가는 상황이 더 심각하다. 전례 없이 막대한 정부 지원금 덕택에 금융계는 정치적, 경제적으로 힘을 키웠다. 로비활동 자금이나 선거운동 자금과 마찬가지로 이 금융 세력이 차지한 보너스와 수익은 거의 사상 최고를 기록했다.[46] 그리고 불과 1년 후, 그들은 80년 만에 최악의 금융위기를 가져왔다. 일리노이 주 상원의원 딕 더빈은 한 인터뷰에서 금융권이 의회에 미치는 거대한 영향력에 대해 "사실상 그들이 의회를 장악했다"[47]며 격분했다.

미국은 병들어 있다. 우리는 열에 들뜬 환자처럼 이 상황이 잘못됐다는 미칠 것 같은 두려움을 떨칠 수가 없다. 어찌 됐든 나라는 돌아가고 있기 때문에—현금인출기가 제대로 작동하고, 비행기를 타고 원하는 곳으로 갈 수 있고, 수십 년 만에 범죄율이 최저로 떨어지는 등—머지않아 정상화되리라 믿고 싶은 마음은 간절하지만, 권위의 위기가 길어질수록 미국인들이 삶에서 가장 소중히 여기는 가치는 위태로워질 것이다. 아무리 힘겹더라도 어떻게든 이전보다 더 나은 사회를 만들어왔던 우리의 자정 능력을 잃을 수도 있다는 뜻이다.

2장

하버드는 썩어도
준치이니 우대하라?

상류층의 존재는

그들의 장점이 기반이 될 때에만 해롭지 않다.

-랄프 왈도 에머슨

/

깊이 생각하든 안 하든, 우리는 모두 능력주의 사회를 믿는다. 이 신념은 우리가 사용하는 언어에서도 드러난다. 어떤 조직이나 기업, 기관이 '능력'을 중요시한다고 하면 그것은 대단한 칭찬인 반면, '관료적'이라고 하면 상당히 심한 비판이 된다. 골드만삭스는 자사 웹사이트의 인재 모집 안내문에 미래의 사원들에게 이렇게 설명한다. "골드만삭스는 능력주의 기업입니다."[1] 이것이 첫 문장이다.

미국에서 능력주의에 대한 믿음은 계층과 이념에 상관없이 고루 퍼져 있지만, 그중에서도 크게 성공하거나 높은 자리에 오른 사람들이 특히 능력주의를 신봉한다. 승자들이 자신을 특별히 대우해준 시스템을 가장 우수한 시스템이라 주장하고 싶은 유혹이 드는 것은 당연하다. 그렇기 때문에 능력주의 사회가 예상과 달리 불신받는 조직, 극심한 빈부격차, 대중과 괴리된 엘리트층을 만들어내면서도, 능력주의를 옹호하는 권력자와 지배층을 계속 양산하는 것이다.

이런 사회 풍조에서 들려온 저스틴 허드슨의 이야기는 내게 깊은 인상을 남겼다. 2010년, 열여덟 살의 허드슨은 맨해튼에 있는 헌터 중고등학교 졸업식에서 연설을 했다. 그 학교는 국내의 어떤 기관들 못지않게 능력주의를 중시하며 그 신념을 구현하는 곳이다. 공립학교라 뉴욕 시 5개 자치구에 속하는 학생이면 누구든 입학할 수 있지만 들어가기는 하늘의 별따기다. 심지어 해마다 초등학교 5학년 학생들을 대상으로 표준 평가를 시행하는데, 이는 6학년 때 헌터 중고등학교 입학시험을 치를 학생들을 선발하기 위해서다. 이 시험에서 3천~4천 명이 합격선을 넘지만 입학 정원은 185명뿐이다(맨해튼 전체에서 45명만 유치원 때 입학시험을 거쳐 헌터 초등학교에 들어가는데, 이들만이 자동으로 헌터 중고등학교 입학 허가를 받는다).[2]

헌터는 국내 최우수 중고등학교를 뽑을 때 거의 빠지지 않고 등장한다. 2003년에는《워스》에서 선정한 최우수 공립학교로 뽑혔고, 2008년에는《뉴스위크》에서 선정한 '18개 명문 공립 고등학교'에 포함됐다. 2007년에는《월스트리트 저널》에서 명문 대학 입학생 수를 기준으로 전국적으로 실시된 고등학교 평가에서 2위를 차지했다. 그 해에는《저널》이 분석을 위해 연구한 8개 명문 대학에 헌터 졸업생의 거의 15퍼센트가 합격했다. 헌터 중고등학교는 유명한 민권 운동가들뿐 아니라 배우 루비 디, 작가 신시아 오지크와 오드리 로드, 토니상 수상자 로버트 로페즈(뮤지컬 〈몰몬의 책〉, 〈애비뉴Q〉 작사·작곡자)와 린매뉴얼 미란다(뮤지컬 〈인 더 하이츠〉 작사·작곡자), 드라마 〈웨스트 윙〉 작가이자 프로듀서인 엘라이 에터, 대법원 판사 엘리나 케이건에 이르기까지 동문들의 진용이 눈부시다.

헌터 중고등학교는 학생들이 이미 광적으로 성적에 집착하고 있어 별다른 자극책이 필요 없기 때문에 등수를 매기지 않는다. 졸업생 대표도 없다. 대신 지원자들이 제출한 원고를 교직원위원회에서 검토하여 졸업식에서 연설할 학생을 뽑는다. 2010년에 위원회는 브루클린 출신으로 가을에 컬럼비아대학교에 입학할 흑인 학생 허드슨에게 졸업생 대표 연설을 맡겼다. 허드슨은 졸업식에서 빠지지 않는 감사와 그리움의 심경을 토로하며 연설을 시작했다. 그러다가 어조를 바꿔 졸업식 참석자들에게 자신의 심경을 밝혔다.

"행복감과 안도감, 두려움, 슬픔보다 제가 느끼는 것은 죄책감입니다."[3]

다음은 이어진 내용이다.

죄책감이 드는 이유는 제가 이런 혜택을 받을 자격이 없기 때문입니다. 그건 여러분도 마찬가지입니다. 우리가 무료로 우수한 교육을 받은 것은 우리가 네 살 때 혹은 열한 살 때 치른 시험 성적, 오직 그 한 가지 때문입니다. 우리는 '타고난 인재'라는 지위를 부여받아 훌륭한 선생님들의 가르침과 그 외 많은 지원을 받았습니다. 그런 지원이 우리보다 훨씬 더 절실한 다른 친구들은 그동안 엉망진창이 된 사회체제에서 허우적대고 있었지요. 그런데 순전히 운과 환경 덕분에 우리가 원하던 삶을 살아온 우리는 지금 인생의 절정에 서 있습니다. 여러분이 정말로 우리 학교의 구성원 분포가 뉴욕 시의 인구 분포를 반영한다고 믿는다면, 어퍼 웨스트사이드, 베이사이드, 플러싱 출신들은 사우스브롱크스, 베드퍼드-스타이브센트, 워싱턴하이츠 주민들보다 원래 머리가 좋다고 믿어야 합니다. 저는 그렇게 생각하지 않습니다.

  … 우리는 지금 열한 살 아이들에 대해 이야기하고 있습니다. 우리 사회는 아이들에게 기회도 주지 않고 그들의 운명을 결정짓습니다. 마치 신이라도 되는 양 말이죠. 오히려 우리는 아이들이 대학에 갈 기회, 직업을 가질 기회를 빼앗고 있습니다. 아무도 그들에게 유치원생 때 배우는 색깔 이름과 초등학교 때 배우는 '큰수 나눗셈'을 가르쳐주지 않았기 때문입니다. 헌터 중고등학교는 지적 능력과 창의력이 아직 드러나지 않은 잠재력 있는 아이들이 쓰레기처럼 버려지는 체제를 영속시키고 있습니다. 그리고 우리는 우리가 그들보다 영리하다는 이유로 뻔뻔하게도 그런 상황을

당연하게 여깁니다.

당연히 연설을 듣던 학부모들은 약간 당황했고, 교사들은 기립 박수를 보냈다. 그 학교의 졸업생이자 헌터칼리지 총장인 제니퍼 라브는 그대로 앉아 있었다.

허드슨의 비판은 헌터의 부족한 점을 지적하는 간접적인 공격이 아니라 급소에 가한 일격이었다. 그 학교의 생명은 학생들의 재능과 열정에서 모두가 느끼는 기쁨, 노력으로 얻은 우수함에 대한 전반적인 자긍심이다. 1982년에 헌터 졸업생 한 명이 《뉴욕 타임스 매거진》의 '즐거운 엘리트'라는 기고란에 학교를 소개하면서 '헌터의 가장 두드러진 특성'은 '발랄하고 자부심 강한 학생들의 소속감'이라고 했다.[4]

소속감은 헌터가 능력주의가 철저히 적용되는 몇 안 되는 기관이라는 확신이 깊이 뿌리내린 결과다. 추천서, 이력서, 에세이, 동문 부모를 둔 학생에게 주는 가산점, 인터뷰 같은 온갖 주관적인 요소로 학생들을 뽑는 명문 대학들과 달리, 헌터 중고등학교는 오직 한 가지 '객관적인' 기준에 따라 입학을 결정한다. 바로 세 시간 동안 치르는 단 한 번의 시험이다. 합격 점수를 받으면 합격이고 그렇지 않으면 불합격이다. 부모가 헌터 졸업생이어도, 학교 임직원 중 친한 인맥이 있어도 입학할 수 없다. 마이클 블룸버그*의 딸이라도 시험 점수가 부족하다면 입학은 불가능하다. 이렇게 자신할 수 있는 학교가 미국에는 몇 군데 되지 않는다.

헌터는 공립이고 학비가 무료이기 때문에 뉴욕 시의 어떤 초등학생이든 끌어올 수 있다. 입학생 중 많은 수는 이민 1세대의 자녀들, 즉 한국이나 러시아, 파키스탄에서 이주해 열심히 사는 이민자들의 자녀들이다. 학생들 절반은 부모 중 한 명 이상이 다른 나라에서 태어났다. 학교 관계자들이 보기에, 이런 모든 이유로 헌터는 의욕과 머리만 있으면 누구나 맨해튼 바깥의 보잘 것 없는 노동자 계층에서 미국의 엘리트라는 영광스러운 사회 구성원으로 거듭날 수 있는 곳이다. "저는 가족 중에서 처음으로 대학에 갔어요. 워싱턴하이츠 북쪽의 가난한 동네에서 자랐죠. 하지만 대학에 입학하고 나니 정말 뭐든지 해낼 것 같았어요." 라브 총장의 고백이다. 현재의 학생 구성을 살펴보며 그녀가 말했다. "아메리칸 드림이 정말 실현된다고 생각하면 감격스러워지죠. 이 아이들은 어디에도 뒤지지 않는 훌륭한 교육을 받고 있거든요. 출신 성분과 아무 상관도 없어요."[5]

1990년, 열한 살이었던 나도 저스틴 허드슨처럼 맨해튼 어퍼이스트사이드의 무기고를 개조한 위풍당당한 건물 밖에서 나의 미래가 달린 시험을 불안하게 기다리며 다른 6학년들과 함께 줄을 서 있었다. 입학하고 보니 헌터 중고등학교의 생활은 그동안

---

* 미국의 기업인이자 정치가이며, 전 뉴욕 시장.

대중매체를 통해 보고 들은 고등학교와 완전히 달랐다. 그곳에는 풋볼 팀도 없었고 치어리더도 없었다. 물론 파벌이나 사회적 계급은 있었다. 하지만 공부만 파고드는 습성은 특이한 것도 아니었고 문젯거리도 아니었다. 성적이 뛰어나야 지위가 보장됐기 때문이다. 불안감과 하극상은 헌터에선 당연한 것이었으니 견뎌야 했고, 심지어 그것이 암묵적으로 지지를 받는 자유분방한 요새였다. 연장자나 선배를 우대하는 분위기도 없었다. 헌터에서 가장 중요한 덕목은 명석함과 재능과 자신감이었다. 질서와 규칙, 그 밖의 가치는 부차적인 요소였다.

내가 현재 지배층의 강력한 시대정신인 개방적 사고와 자신감이 깃든 세계 시민주의를 흡수한 곳도 헌터였다. 그곳에서 나는 마음만 먹으면 세상이 내 것이고, 원하는 곳은 어디든 갈 수 있으며, 적절한 문화 자본만 있으면 무엇이든 할 수 있음을 알게 됐다. 중학교 1학년 때 처음으로 오전 수업만 하고 끝난 9월 어느 날, 새로 사귄 친구들(친구들의 부모님은 맨해튼에서 전문직 일자리에 계셨고, 지금도 몇몇은 내가 일하는 분야에서 활동하신다)이 우리를 택시에 태우고 스필버그 감독의 〈후크〉를 상영하는 극장으로 데려갔다. 열 블록밖에 안 되는 거리인데 말이다. 그 전까지 나는 택시를 타본 적이 없어서 요금이 100달러는 나올 거라고 생각했다. 그때의 기분은 마치 버뮤다에서 주말을 즐기기 위해 전세기에 올라탄 것 같았다.

헌터의 교육 방침에는 두 가지 기본 전제가 있다. 첫째, 아이들은 똑같지 않다. 다른 아이들보다 훨씬 똑똑한 아이들이 있다는 뜻이다. 둘째, 명석함은 인종이나 빈부, 특권 같은 사회적 계층과 전혀 상관이 없다. 어쨌든 그것이 학교의 관점이었다. 하지만 지난 10년간 뉴욕의 빈부격차가 극심해지고 엘리트 교육을 향한 경쟁이 병적으로 과열되면서, 단 한 번의 입학시험으로 결정되는 헌터의 입학제도는 능력주의라는 정원을 바깥세상의 습격으로부터 지키기에는 너무나 허약한 성벽임이 드러났다. 뉴욕 시 초등학생의 사회 경제적 구성, 그리고 시 전반적으로 천차만별인 학교 수준, 계급, 인종을 고려해볼 때, 헌터 재학생 비율이 뉴욕 시의 다양한 인구 비율을 그대로 반영한 적은 한 번도 없었다. 시 전체의 인구 비율에 비해 백인과 아시아계 학생들이 항상 많았고, 내가 입학한 1991년에도 분명히 그런 상황이었다. 이 문제는 최근에 더욱 심해져서 교직원들은 현재의 추세가 계속된다면 오래지 않아 학교 역사상 처음으로 신입생 중 흑인이나 라틴계 학생이 단 한 명도 없는 사태가 벌어질 거라며 우려하고 있다.

《뉴욕 타임스》에 의하면, 1995년 기준으로 중학교 1학년 중 흑인 12퍼센트, 라틴계 6퍼센트였던 비율이 2009년에는 흑인은 3퍼센트, 라틴계는 1퍼센트로 급감했다.[6] 나머지는 아시아계와 백인이 반씩 차지했다. 흑인이 25퍼센트, 라틴계가 27.5퍼센트를 차지하는 뉴욕인지라 많은 교사들 심지어 이사들도 흑인과 라틴계 학생들이 점점 줄어드는 추세를 걱정하게 되었다. 급기야 2010년에는《뉴욕 타임스》1면에 '다양성 논란, 엘리트 명문 학교에 파란을 일으키다'라는 제목의 기사까지 실릴 정도였다. "교사들은 불안함을 느낍니다."[7] 사회 교사 어빙 케이건(대법원 판사이자 이 학교 졸업생인 엘레나 케이건의 남동생이기도 하다)의 말이다. 하지만 이사회와 (어떻게 보면 당연하게도) 재학생들은 개혁에 대해 신중한 입장을 보인다. 라브는 학생들이 수업 시간에 얼마나 비범한 능력을 보여주는지 그 사례를 줄줄이 읊으며 말했다. "수업 중인 교실을 들여다보면 명석한 학생을 뽑는 데는 시험이 최고라는 데 누구도 이의를 제기하지 못할 겁니다."[8] 2010년 학교 신문인《왓츠왓》에도 비슷한 입장의 기사가 실렸다. 고등학교 2학년인 한 학생은 '논란의 도화선이 된 졸업 연설'이라는 제목의 글에서 이렇게 주장한다. "솔직히 말해 입학은 순전히 실력을 기준으로 결정되고 있고, 또 그래야 한다. 여기에 들어오려고 혈안이 된 학생들이 너무 많기 때문이다."[9]

카일라 쿠퍼스타인 토레스도 헌터 출신이지만 그녀는 실력이라는 문제가 그렇게 간단하지 않다고 본다. 뉴욕의 다양한 사립 학교와 입시 대비 학원에서 근무하는 동안, 환경이 열악한 동네의 똑똑한 흑인과 라틴계 학생들을 발굴하여 교육시킨 그녀는 얼마 후 모교의 입학 처장으로 채용되었다. 그녀는 헌터의 입학시험이 '완벽한 능력주의'를 뒷받침한다는 주장을 일축한다. "능력주의가 뭔데요?" 그녀가 묻는다. "완벽하게 수평인 경기장 같은 건 없어요. 현실은 항상 어떤 식으로든 누군가에게 유리하게 기울어져 있죠."

그러더니 표준 평가와 그것의 애초 목적을 읽어주었다. 그녀의 설명은 니콜라스 레만이 쓴 『중요한 시험』에서 설파한 내용과 일맥상통한다. 이 책은 미국 교육평가원(ETS)과 그곳의 대표적인 시험인 대학수학능력시험(SAT)의 역사에 대한 가장 권위 있는 자료다. SAT가 생기기 전, 미국의 명문 대학들은 이민자나 가톨릭교도, 유대인들에게 닫혀 있었다. 지원자들을 '실력'으로 평가하는 것이 아니라, 하버드나 예일, 프린스턴 같은 대학의 입학위원회가 '적성' 등 애매하고 주관적인 기준을 적용하여 그 학생이 정말 '우리 대학'에 들어올 자격이 되는지를 판단했던 것이다. 그 결과 명망가 집안의 자제들은 평균 학점이 C라도 하버드에 합격하고, 탁월한 실력을 갖춘 브루클린 출신의 유대인 학생들은 불합격하는 사태가 벌어졌다. SAT가 생긴 후로는 이 시험이 지원자의 '실력'을 측정하는 객관적인 역할을 했으므로, 합격 여부를 가리는 과정에서 모호한 주관성은 제거되고 공평하고 적용하기 쉽고 객관적인 평가가 가능해졌다.

초반에는 그 시험 제도가 담과 참호로 방어된 엘리트 세계에 민주주의적 타격을 가하는 역할을 했다. 하지만 거기까지였다. 레만은 책에서 다음과 같이 주장했다. "ETS의 탄생에 따라다니던 미사여구는 대중에게 열린 기회라는 것과 무계급성이었다. 하지만 그 시험의 1차 목적은 대중의 삶을 개선하는 게 아니라 소수의 인원을 선발하는 것이다."[10] 목적은 실현되었다. 처음에는 유대인이, 그 다음에는 다른 비백인 인종이 아이비리그 대학으로 흘러들어갔다. 그리고 그렇게 유입된 새로운 구성원들은 미국 엘리트의 지형을 완전히 바꿔 놓았다.

단 한 번의 시험 성적으로 합격을 결정하는 헌터 중고등학교는 SAT를 처음 창안한 사람들의 야심을 화석처럼 간직하고 있다. "우리는 지금도 학생들을 뽑을 때 이른바 '실력'을 기준으로 합니다."[11] 쿠퍼스타인 토레스가 말한다. 그리고 그 관행은 예측 가능한 결과를 낳았다. "우리 학교의 시험제도를 통해 합격한 학생들은 대다수가 아시아계와 백인들입니다."

나는 토레스에게 헌터에서 흑인과 라틴계 학생의 수가 점점 줄어들고 있는 이유를 물어봤다. "분명한 요인이 몇 가지 있어요." 그녀는 헌터에서 '적극적 평등화 조치'*를 폐지한 것과 기회의 불평등이 지속적으로 증가하는 뉴욕 시의 현실을 꼽았다. 그리고 덧붙여 말했다. "30년 전에는 시험 대비 학원이 없었어요. 캐플런 입시 학원을 설립한 스탠리 캐플런도 아마 그때는 개인

---

* 소수 집단 우대 정책이라고도 한다. 인종, 성별, 종교, 장애 등의 이유로 불리한 입지에 있는 사람들에게 혜택을 줌으로써 차별을 줄이기 위한 조치를 말한다. 대학 입시, 취업, 승진 등의 여러 분야에서 광범위하게 적용되고 있으나, 이 제도에 대해서는 다양성을 존중하기 위해 필수적인 제도라는 주장과 평등을 침해하는 악법이라는 주장이 엇갈린다.

지도를 한 명밖에 못했을 거예요.”

　SAT 같은 전국 표준 시험에 대비하는 입시 학원이 수백만 달러 규모로 성업 중인 요즘은 학생의 SAT 점수를 예측하는 좋은 방법이 (천차만별인 학교 수준과 부모의 학력과 더불어) 부모의 수입을 알아보는 것이다. 수입이 높을수록 자녀의 점수도 높을 가능성이 크다.[12]

　내가 열한 살 때는 헌터 고등학교 입시 대비반이 없었지만, 지금은 시대가 변했다. ‘엘리트 아카데미’는 퀸즈에 있는 입시 학원으로 초등학교 6학년들이 헌터 고등학교 입학시험을 준비하기 위해 방과 후, 토요일, 그리고 겨울방학 동안 그곳에서 단어를 외우고 어려운 수학 문제 풀이를 배운다. 《뉴욕 타임스》에 따르면, 엘리트 아카데미 같은 학원은 “동아시아에서 수입한 1년 과정의 특별 학습 프로그램을 운영하며, 시험에 대비하여 학생들의 저녁 시간, 주말, 여름방학, 겨울방학을 박탈하고 있다.”[13] 헌터 고등학교 입시 대비반은 14주 과정에 2,550달러이고, 5일 동안의 특강은 540달러다. 학원이 내세우는 모토는 ‘명석함이 더 명석해지는 곳’이다. 2010년에 학원 웹사이트에서는 헌터 중고등학교 입시 대비반에 등록한 8명 전원이 그 학교에 합격했음을 자랑했다 (참고로 입시생 중 합격 비율은 6.5퍼센트에 불과하다). 한편 맨해튼의 더 부유한 지역에서는 개인 교습이 대성황을 이루고 있는데, 시간당 90달러를 지불할 능력이 있는 부모들이 개인 교사를 고용해 자녀들에게 일대일 수업을 맡기는 방식이다.

헌터에서 내가 만나본 많은 사람들은 요즘에는 헌터 학생들의 과반수가 어떤 식으로든 입시학원 덕을 봤다고 전한다. 쿠퍼스타인 토레스는 그들을 탓할 것도 없다고 생각한다. "그들은 학업 과정이 끝나면 받기로 한 보상을 위해 당연한 일을 하고 있는 거예요. 우리가 그들에게 가르친 것은 오로지 시험을 잘 보라는 거잖아요."

저스틴 허드슨이 졸업식 연설에서 헌터의 입학과 운영 방침을 비판한 일은 교사와 이사들, 동문들 사이에 암암리에 존재하던 갈등이 표면화되는 계기가 됐다. 어떤 이들에게 입학시험은 헌터를 헌터답게 만드는 수단이다. 그래서 그 외의 대안은 모두 이 특별한 학교를 오염시키고 훼손할 거라고 생각한다. 하지만 또 다른 이들에게는(나도 여기에 속한다) 흑인과 라틴계 학생이 들어가기에는 바늘구멍 같은 공립 명문 학교를 운영하는 것은 말도 안 된다고 생각한다. 다른 곳도 아닌 뉴욕 시에서 말이다.

재밌는 것은 역사와 전통의 입장에서 보면 입학 과정을 수정해야 한다는 주장이 합당하다는 것이다. 1965년 뉴욕시립대학교 이사회는 학교 측에 빈민 지역의 우수한 학생들을 선발하여 교육시키라고 지시했다.[14] 입학 절차에 대한 학교의 공식 문서는 사실상 남아 있지 않지만, 1982년에《뉴욕》이라는 잡지에서 특집으로 다룬 헌터의 입학 절차를 보면, 학교에서는 일정한 인원을 합격점에 아깝게 미달한 유색 인종 몫으로 배정해 놓았다. 그리고 부족한 실력을 보충하기 위해 그 학생들에게 합격점을 넘지 못한 다른 초등학생들과 함께 여름방학 특별 수업을 듣게 했다.

그러나 지금은 그 절차가 사라졌다. 전반적인 교육제도, 더 넓게는 전체 사회처럼 퇴보한 헌터는 다양성과 공평한 결과를 도외시한 채 평등한 기회라는 단순하고 원시적인 모델, 즉 '누구나 똑같은 시험을 본다. 특혜는 없다'는 원칙만 고수하고 있다.

한눈에 봐도 이런 상황은 역설적이다. 불평등이 지금보다 심하지 않던 1980년대에는 그 불평등을 완화시키려 많은 노력을 했는데, 그 어느 때보다 불평등이 심한 지금 헌터는 능력주의라는 원칙을 훨씬 더 엄격하게 고수하다. 이런 면에서 헌터는 능력주의 사회가 결국 어떤 방향으로 발전하는지를 보여주는 거의 완벽한 모델이다. 헌터는 입학 절차에서 소위 엄격함을 지킴으로써 주관적인 기준을 조금도 허용하지 않지만, 단 한 번의 시험으로 판단하는 강경한 입장은 학교 밖의 더 큰 사회에서 휘몰아치는 불평등이라는 재난을 막아내지 못한다. 그 결과 헌터 재학생 중 정부의 급식 지원을 받는 비율은 10퍼센트밖에 되지 않는다.[15] 뉴욕의 다른 공립학교들은 그 비율이 75퍼센트가 넘는데 말이다. 경기장은 정확히 수평일지 모르지만, 어떤 어린이들은 수많은 밤과 주말을 바쳐서 그 경기장에 들어가는 게 현실이다.

미국의 예외주의에서 핵심이 되는 '능력주의'라는 개념은 놀랍게도 다른 나라에서 온 말이다. 영국 노동당 의원이자 사회 비평가인 마이클 영은 이 단어를 1958년에 출간한 『능력주의의 출현』에서 만들어냈다.

학술 논문의 형식을 빌려 쓴 이 책은 2034년을 배경으로 영국의 정치적, 사회적, 경제적 발전상을 기술한 것이다. 이 책에서 저자는 영국의 오래된 계급제도를 붕괴시킨 새로운 사회체제의 발전상을 자세히 다룬다. 영국의 노동당 정부는 자신의 입장에 맞게 능력주의 제도를 만들어낸다. 이 제도의 목적은 귀족주의 엘리트 대신 계급을 따지지 않고 명석하고 의욕적인 인물들로 지배 계층을 구성하는 것이다. 미래의 시점에서 마이클 영은 말한다. "오늘날 우리는 솔직하게 인정한다. 민주주의란 열망에 지나지 않는 것임을. 그리고 민주주의란 민중에 의한 통치라기보다는 가장 똑똑한 사람들에 의한 통치라는 것, 출생에 의한 귀족 정치나 부자들에 의한 금권 정치가 아니라 유능한 사람들에 의한 진정한 능력주의 정치라는 것을."[16]

이 책에서 설명한 교육제도에 의하면 모든 어린이들은 전국적으로 공통된 시험을 치르고, 그 점수는 확실한 정체성이 되어 신분증에 충실하게 표시된다. 명석한 아이들이 결석해서 시험을 치르지 못하는 일이 없도록, 정부에서는 결국 재시험 청구권을 허용한다. 똑똑한 아이들은 어릴 때부터 평범한 아이들과 달리 풍부한 지원을 받는 명문 학교에 입학한다. 업계에서도 정부가 내세우는 능력 우선주의에 부응하여 비슷한 철학을 채택한다. 즉 업무 평가의 기준으로서 연공서열을 폐지하고 그 자리를 실력만으로 대체하는 것이다. 마이클 영이 예상했듯이, 어린이들을 대상으로 한 지식 시험이든 기업의 직원들을 대상으로 한 성과 측정이든 결국 똑같은 이 두 가지 방침은 실력을 측정하는 '과학적'인 수단에 의해 점점 더 강화된다. 실력 중심의 질서는 정립되는 데 한동안 시간이 걸리지만, 일단 정립이 되면 사회 전체에 엄청난 이득을 준다. 예를 들면, 예전 같으면 아무리 영재라 해도 노동자 계층에서 태어났다면 괴로운 육체노동에 시달리며 능력을 허비했겠지만, 새로운 사회체제에서는 타고난 재능을 마음껏 발휘할 수 있다. 마찬가지로 귀족 집안에서 태어났으나 둔하고 게으른 학생들에게는 귀중한 교육비와 교사의 헌신을 낭비하지 않아도 된다.

마이클 영이 만들어낸 '능력주의'는 오늘날 사회 구성원들이 공유하는 이상이 되었지만, 참으로 역설적인 사실은 영은 암울한 미래를 그리기 위해 이 용어를 사용했다는 것이다. 2001년에 쓴 글에서 그는 『능력주의의 출현』이 사회에 긍정적으로 받아들여진 현실이 '개탄스럽다'고 했다. 그러면서 "그 책은 남다른 재능을 갖고 있다고 판단된 사람들이 새로운 지배계급으로 굳어져 다른 사람들이 비집고 들어갈 틈을 내주지 않을 때 어떤 일이 벌어지는지를 경고하기 위한 풍자"[17]라고 강조했다.

　이곳 미국에서 '능력주의 사회'는 시험제도, 학교 교육, 사회적 다양성에 대한 미국적 시스템을 가리키는 완벽한 명칭으로 받아들여졌다. 1960년대의 사회 변혁 이후, 동부 중심의 혈통으로 결정되는 백인 체제를 대신하여 능력주의가 새롭고 다양한 엘리트를 양성할 시스템으로 여겨진 것이다.

　물론 마이클 영이 그 단어를 만들어내고 미국이 그것을 시대정신으로 채택하기 오래 전부터 '능력주의'와 비슷한 철학은 항상 미국인들의 핵심적인 이상으로 자리 잡고 있었다. 알렉시스 드 토크빌이 묘사한 미국 사회는 출신과 지역, 신분의 낡은 장벽이 사라지고 누구나 자신의 재능과 열정을 발휘하여 성과를 거둘 수 있는 곳이다. 그는 "미국인들은 소작인이라는 말을 쓰지 않는다. 소작인이라는 말이 나타내는 특정 계급에 대한 개념이 없기 때문이다"[18]라고 썼다.

　그런데 이 나라를 세운 선조들은 그들이 물리친 영국 왕조 체제에 대해 회의적이었지만 그렇다고 특별히 평등주의적 시각을 가진 것도 아니었다. 사람들은 그저 하나의 계급체계를 다른 체계로 바꾸고 싶어 했을 뿐이다. 1813년에 토머스 제퍼슨*은 친구 존 애덤스**에게 보낸 편지에서 이렇게 말했다.

---

* 1743~1826. 미국의 3대 대통령이자 미국 독립 선언서의 저자. 건국의 아버지 중 한 사람으로, 미국 공화주의의 이상을 논하였다.
** 1735~1826. 영국 식민지 시대와 건국 초기에 활동한 미국의 정치인. 제1대 부통령과 2

나도 자네처럼 사람들 중에는 타고난 귀족이 있다는 데 동의하네. 그 바탕은 덕과 재능이겠지…. 이런 타고난 귀족들을 정치인의 자리에 앉히는 것이야말로 가장 바람직한 정부 형태가 아니겠는가?[19]

이 편지는 100년 후 하버드 대학 총장 제임스 브라이언트 코넌트가 오늘날의 '타고난 귀족'을 발굴하는 대학 입학제도를 수립하는 데 영감을 주었다.

'타고난 귀족 계급'이 통치해야 한다는 열망은 미국인으로서 우리가 물려받은 이념적 유산 가운데 특이한 것이다. 우리는 혁명을 생각할 때 민주주의를 쟁취하기 위한 투쟁을 떠올리지만, 건국의 아버지들이 수립한 정부의 4대 통치기관—대법원, 대통령, 상원, 하원—중에서 직접선거를 통해 구성원을 선출한 곳은 딱 한 곳(하원)뿐이었다. 상원의원들은 주 의회에 의해, 대통령은 대통령 선거인단에 의해, 대법원 판사들은 상원의 동의를 얻어 대통령이 임명했다.『연방주의자 논집 제10호』에서 제임스 매디슨이 민주제와 공화제를 구분하면서 미국을 대의제가 기반이 된 공화제 국가로 분명히 못박은 것은 잘 알려진 사실이다.

하지만 선견지명이 있던 토크빌은 미국이 참정권을 확대하기 시작한 이상 전 국민에게 주어진 투표권을 갑자기 중단하는 것

대 대통령을 지냈다.

은 불가능하리라고—"그러므로 평등이라는 원칙이 점진적으로 확산되는 것은 섭리에 맞는 현실이다"[20]—예언했다. 실제로 역사의 궤적을 보면 미국은 민주주의의 확산이라는 길을 걸어왔다. 대통령 선거인단은 한번도 그 입안자들의 의도에서 벗어난 심의체가 되지 않았고, 상원의원은 직접 선출하는 방식으로 바뀌었으며, 투표권은 마침내 범죄자를 제외한 18세 이상의 시민 전체로 확대되었다.

여러 차례의 위기나 사회운동으로 인한 불안한 정세에서 엘리트 계층과 일반 시민을 묶어주는 사회계약이라는 용어는 재조정되는 경우가 많았다. 앤드류 잭슨*의 혁신적인 선거운동**과 민주당의 창당은 하층계급이 엘리트 계층을 상대로 거둔 최초의 승리였으며, 그것은 이후 반복되는 주제가 되었다. 남북 전쟁 후 남부 주들의 연방 재편입, 20세기 초의 진보적인 대중 봉기, 뉴딜 정책을 통과시키기 위한 지난한 싸움, 그리고 1960년대의 대규모 사회운동은 수많은 사례 중 일부일 뿐이다.

하지만 이러한 민주화 과정에 역행하는 흐름도 있다. 미국 역사 속에서 법적 참정권이 점점 많은 사람들에게 부여됨에 따라 필연적으로 사회 규모는 확대되고 복잡해졌다. 반면 토머슨 제퍼

---

* 1767~1836. 미국의 제7대 대통령. 귀족 출신이 아닌 최초의 대통령이며, 민주당 소속 최초의 대통령이기도 하다.
** 앤드류 잭슨은 최초로 정치조직을 이용하지 않고 대중을 상대로 유세하여 대통령에 당선되었다.

슨이 생각했던 미국은 상대적으로 행정 업무가 단순하고 한가로운 나라, 그리고 진부한 나라였다. 이러한 공화국을 구성하는 국민들이 주로 독립적이고 자급자족할 수 있는 자작농이라면 관료제도와 다양한 분야의 행정조직도 필요 없을 것이다. 하지만 경제가 성장하고 과학기술이 발달함에 따라, 즉 사회가 발전함에 따라 국가와 사회집단, 다양한 기관들이 복잡하게 구성되었다. 사회가 복잡해질수록 전문화도 촉진되어 의사나 변호사, 자동차 수리공, 자산 관리 전문가, 수질 관리 전문가 등이 필요해졌다.

이러한 사회 변화에 따라 핵심적인 결정을 책임져야 할 일군의 전문가들로서 엘리트 계층이 떠올랐다.

뉴딜 정책이 성공하고 경제가 활발해지자 연방정부의 행정 업무 범위도 폭발적으로 늘어났다. 사회학자 C. 라이트 밀스는 자신이 '파워엘리트'라고 이름붙인 집단을 냉전시대 산업사회의 대군주로 규정했다. 그는 "결정권자의 범위가 좁아지면서" 정치와 비즈니스, 그리고 2차 세계대전 후 부상한 국방부 세력은 점점 뗄 수 없는 관계가 되었으며, 이런 사회는 "결정의 수단이 집중화되고 그 결정의 여파가 커짐에 따라, 중요한 사건들의 대응 과정은 흔히 판단 능력이 있는 집단에 의존하게 된다"[21]고 설명했다.

참정권의 역사를 보면 더 많은 사람들에게 참정권을 부여하는 방향으로 느리지만 꾸준히 그 범위가 확대되어 왔다. 반면 국가 업무와 시장을 관리하는 일은 훨씬 복잡해지고 전문화되었다.

이런 현실이 사회계약에 반영된 결과, 만인평등주의가 퍼지고 대중은 엘리트에 저항하게 되었다. 그리고 각 분야에서 새로 부상한 엘리트 계층이 기존 지배층을 대체하였고 그 결과 소수 독재가 약화되었다. 이탈리아의 정치 경제학자 빌프레도 파레토는 말했다. "역사는 귀족들의 무덤이다."[22] 이 말은 밀스가 연구한 동부 주류파* 지배계층에게도 해당됐다. 그들은 1960년대에 최고조에 올랐던 일련의 사회 변혁으로 완전히 (그리고 영원히) 권력의 자리에서 밀려났다. 데이비드 핼버스탬이 쓴 유명한 책『최고의 인재들』에 나오듯이, 베트남 전쟁 후 대중은 기업이나 공직에서 지배계급을 이루고 있던 '똑똑한 사람들'에 대한 기대를 완전히 버렸다. 케네디 정부와 존슨 정부의 각료들, 베트남 전쟁을 책임질 사람들, 그리고 나라가 점점 더 봉기의 위기로 흘러갈 때 자신들이 내린 조치를 변명하고 자신의 합법적 지위를 방어하기만 하던 사람들이 바로 기존 체제에서 가장 높은 자리에 있던 자들이었다.

반란의 원동력은 인구 통계에서 베이비붐 세대로 명명되는 집단, 즉 역사상 가장 많은 수가 고등 교육을 받고 각계 기관에 진출한 전후 세대의 전례 없는 약진이었다. 그들의 활약은 엘리트 계층이 장악한 기존의 낡은 기관들을 해체할 정도는 아니었지만—하버드는 썩어도 준치였다—주요 기관들은 점점 더 젊고 실

---

* 미 동부의 명문 대학인 하버드, 예일, 컬럼비아 등의 출신들로 재계와 정계의 중추가 되는 인맥.

력 있는 인물들로 채워졌다. 그 인물들은 예전 체제의 핵심이었던 소수의 북동부 프로테스탄트 상류층이 아니었다.

소수 민족들과 여성들이 여러 기관에 진입하면서 능력주의 사회의 엘리트층은 이전보다 더 다양해졌다. 그리고 새로운 엘리트 사회는 높은 학점, 고등 교육기관의 학위, 전문직 분야에 더 높은 가치를 두게 되었다. 기존 체제가 겸손, 배려, 혈통을 중시한 반면 능력주의 사회는 야망, 성취, 두뇌, 그리고 자기계발을 더 중요시한다. 여러 혈통이 섞이고, 홀어머니 아래서 자라고, 명문 사립학교를 다녔으며, 컬럼비아대학교와 하버드 법학대학원을 졸업한 버락 오바마는 이 시스템의 최종 산물이자 상징이었고, 마침내 영광스러운 자리에 올랐다.

능력주의는 양극화가 심화되고 있는 우리 사회에서 보기 드문 합의점이다. 그런 합의는 사회문제에 대한 담론에서 탄탄한 전제가 되지만 능력주의에 대한 믿음은 너무 당연해서 그것 자체가 토론의 주제가 된 적은 없다. 2007년 2월, 연방준비제도 이사회 의장 벤 버냉키는 연설에서 이런 상황을 다음과 같이 표현했다. "미국 사회를 뒷받침하는 원칙은 누구든 노력과 기술과 창의성에 기반해서 성공할 기회를 가져야 한다는 겁니다. … 우리 미국은 경제적 기회의 평등은 최대한 제공하려 하지만 경제적 성과의 평등은 보장하지 않으며, 그래서도 안 됩니다."[23]

이런 시각을 간단하게 표현한 것이 공화당과 민주당 모두 정치적 미사여구로 애호하는 '기울지 않은 경기장'이라는 허상이다. 인도의 한 재계 거물이 지나가는 말처럼 인터넷 인구의 폭발적인 증가, 값싼 컴퓨터의 보급, 그리고 광섬유 케이블 덕분에 '경기장이 수평에 가까워지고 있다'고 했을 때, 토머스 프리드먼은 퍼뜩 『세계는 평평하다』라는 베스트셀러의 핵심 개념을 떠올렸다. 프리드먼이 책에서 묘사하면서 격찬한 사회는 일종의 신자유주의 세계관으로 재정립한 능력주의 신봉 사회다. 다시 말하면, 한때 브루클린 출신으로 하버드 대학의 교문을 박차고 들어가서 열심히 공부했던 유대인들의 역할을 인도와 중국의 소프트웨어 기술자들이 맡고 있는 사회인 것이다.

마이클 영은 좌파에 뿌리를 둔 인물이지만, 책에서는 능력주의라는 이상이 그 좌파를 망쳐버린 것으로 그렸다. 『능력주의의 출현』에서 그는 재미로 이런 각주를 덧붙였다. "'균등한 기회' 같은 어리석은 용어의 기원은 아직 확실히 밝혀지지 않았다. 1960년대에 노동당 성향의 소규모 소식지에서 처음 쓰인 후 널리 퍼진 것으로 보인다."[24] 2010년 《가디언》에 기고한 칼럼에서 마이클 영은 능력주의 메커니즘 때문에 노동계급에서 지도자가 배출될 가능성은 사라졌다고 주장했다. "노동자 계급은 교육제도에 의한 선발 방식 때문에 당연히 그들의 대표자가 될 많은 인재를 빼앗겼다. 노동자 계급에서 배출되어 자신의 출신 계급과 계속 연대 의식을 갖고 활약할 유능한 대변인들을 키우지 못하게 된 것이다."

영국의 노동당과 미국의 노동운동에 힘을 준 기존의 좌파 정치는 일종의 연대 의식인 계급 의식이 토대가 되는데, 능력주의는 이런 태도를 타락시켰다. 노동자 계급과 가난한 집안의 젊은 인재들로 이루어진 선발대는 노동자 계급이 아니라 그들의 동료 실력자들에게 연대 의식을 갖기 때문이다. 이들은 전반적으로 불공평한 계층 사회에서 가장 꼭대기 층을 자신들의 당연한 자리로 생각하게 되었다. 하층계급에서 성장해서 정상에 오른 사람들이 자신의 계급 의식을 견지하지 않고 오히려 멀리하는 것, 이것이 바로 능력주의 사회에서 당연시하는 개인의 성취 모델이다.

문제는 크게 출세할 수 있는 빈민이나 노동자 계급의 소수 인재들뿐만이 아니라 거의 모든 대중이 그러한 유혹에 끌린다는 것이다. 로또와 마찬가지로, 능력주의의 신봉자가 된 대중은 해방의 가능성을 상상하고 생각지도 못한 호화롭고 성공적인 미래를 쉽게 떠올린다. 그래서 사우스브롱크스 출신으로 골드만삭스에 들어간 경우는 손꼽을 정도고, 시골 출신으로 하버드 법학대학원을 졸업한 사람은 찾아보기 힘들 정도로 드물다 해도, 자기 자식들이 성공할 수 있다는 꿈은 모든 부모가 공유하는 유일한 소망이 된 것이다.

궁극적으로 능력주의라는 신념은 좌파와 우파 모두를 매혹시키기 때문에 양측이 모두 지지한다. 우파는 능력주의의 불평등

원칙에 끌리고—에드먼드 버크는 한때 "평등주의자들은… 그저 자연의 순리를 바꿔서 왜곡시킬 뿐이다"[25]라고 비꼬았다—좌파는 세계 시민주의, 인습과 낡은 정치 질서에 대한 저항, 다양성과 개방성, 전통적인 보수주의의 가치관과 가족 우선주의에 대한 반감에 끌린다. 그들이 보기에 능력주의는 전통적인 의미에서 '진보적'인 것이다.

좌파가 눈부신 성공을 거둔 영역, 즉 동성애자 인권, 여성의 고등 교육, 인종차별의 합법적 철폐는 능력주의 사회를 더 능력주의 사회로 만들기 위해 벌인 싸움판이었고 지금도 상황은 마찬가지다. 반면 가장 처참하게 패배한 분야, 즉 사회 전체의 이익을 위한 집단행동이나 빈부격차 완화는 능력주의와 무관한 문제들이다. 이런 상황은 보수주의자들에게도 마찬가지다. 노동조합을 비난하고 헤지펀드 매니저들의 보너스에 부과하는 세금을 줄이라고 요구할 때는 보수주의자의 입장에서 능력주의라는 논리를 펼 수 있다. 하지만 동성애자를 군대에 공식적으로 받아들이지 말라고 요구할 때는 그런 논리가 통하지 않는다.

결과에서 나타나는 외형의 평등보다 동등한 기회를 중시하는 시스템에서는 교육제도가 무거운 책임을 질 수밖에 없다. 마이클 영도 책에서 예측한 바지만, 빈부격차가 심화되면 우리는 사회의 다른 분야에서 벌어진 실패를 보상해주길 바라며 교육제도에 더 많은 요구를 하게 된다.

그렇기 때문에 걸핏하면 싸우는 정치판에서 한 가지 합의 사항이 있다면, 그것은 교육의 중요성이다. 흔히 아버지 부시라 불리는 조지 H. W. 부시는 1991년 연설에서 이렇게 말했다. "우리가 직면하고 있는 모든 문제, 모든 난관을 생각해 보십시오. 그 문제들 하나하나에 대한 해결책은 교육에서 시작됩니다."[26] 빌 클린턴도 "우리는 배운 만큼 벌어들이는 사회에 살고 있습니다"[27]라고 하며 제자리걸음을 하는 월급과 수입을 해결할 방도는 교육뿐이라고 자신 있게 주장했다. 버락 오바마도 집착에 가까울 정도로 교육 분야에 매달렸다. "현 세계 경제체제에서 우리가 가장 비싸게 팔 수 있는 재산은 지식입니다. 이제 훌륭한 교육은 기회를 얻는 수단일 뿐 아니라 필수조건이기도 합니다."[28]

이견이 있긴 하지만, 대공황 이후 가장 보수적인 대통령이라고 하는 조지 W. 부시마저 2000년 선거운동에서 능력주의의 약속을 실현시킬 사람이 바로 자신이라고 역설했다. 공화당 전당대회의 표어인 '온정적 보수주의'의 핵심이 텍사스에서 거둔 교육적 성과와 그 성과를 국가 차원에서 실현시키겠다는 계획이었음을 떠올려보라. 대통령에 당선되자마자 부시는 민주당의 에드워드 케네디* 상원의원과 손잡고 낙오 학생 방지법안을 다듬고 통

---

* 1932~2009. 미국의 정치인. 제35대 대통령 존 F. 케네디의 막내 동생이며, 1962년부터 2009년 세상을 떠날 때까지 연방 상원의원을 지냈다. 사회복지 정책, 인종차별 종식 등 여러 분야에서 케네디 대통령의 정치 이념을 계승해 적극 추진했던 진보적 정치인으로 평가된다.

과시키는 데 심혈을 기울였다. 그 법안에 의해 국가 차원의 성취 기준을 만족시킨다는 것을 조건으로 연방 교육 예산이 늘어났다. 교육과 실력 향상을 위해 좌우가 대승적으로 합의하여 거둔 입법상의 성과였다. 부시 대통령은 오하이오 해밀턴의 한 중학교에서 열린 법안 서명 행사에서 말했다. "모든 학생들이 단 한 명의 예외도 없이, 어디에 살든, 어떻게 자랐든, 가족의 수입이 얼마든 미국에서 가장 훌륭한 교육을 받게 하는 것이 지금의 최우선 과제입니다."29 앞선 두 전임 대통령, 그리고 뒤이을 대통령과 마찬가지로 부시는 교육이 경기장을 정확히 수평으로 맞추어줄 거라는 헛된 믿음을 강화하는 데 예산을 투입한 것이다.

교육은 능력주의 사회에서 이론상으로나 현실적으로나 가장 중요한 요소이기 때문에 우리는 교육을 생각할 때 흔히 하버드, 예일, 프린스턴 같은 명문 대학들을 떠올린다. 그런 대학은 우리 대통령과 상원의원, 각료들을 배출하는 가장 믿음직한 기관이기 때문이다. 하지만 미국 사회에서 능력주의를 통한 성취에는 서로 다르면서도 연관된 길이 두 가지 있다. 상류계급으로 가는 또 하나의 사다리, 즉 명문 대학 졸업장을 대신하는 수단은 비즈니스에서의 성공이다. 막대한 부를 이루면 우리는 그 사람이 어느 학교를 다녔는지 별로 신경 쓰지 않는다.

기존 채널이 아니라 기업가로서 야망을 성취해 엘리트 집단에 오른 사람들에게는 어딘지 모르게 서민적인 기질이 있다. 공장 노동자로 시작하여 자수성가한 스코틀랜드 이민자 앤드류 카네기는 1885년 한 대학에서 행한 연설에서 요즘은 기업이 청소부를 따로 고용한다며 개탄했다. 그런 관행은 안타깝게도 신입 직원이 바닥 청소 같은 '기업 교육에 효과적인 업무'부터 배울 기회를 빼앗는다는 것이다.[30]

능력주의를 정당화하는 원래 목적, 즉 (명칭이 생기기도 전에) 하버드대학교 설립자가 상세히 구상한 목적은 사회 지도자로서 적임자가 될 명석한 엘리트를 뽑는 것이었다. 하지만 그 목적이 지금은 경제계 거물을 양산하는 데도 큰 역할을 하고 있다. 오늘날 유명 투자 은행은 거의 예외 없이 명문대 졸업생을 채용한다. 월가의 인류학 연구서라 할 명저 『호모 인베스투스』에서 캐런 호는 명문 대학과 월가가 얼마나 밀접하게 일종의 산학 협동체를 이루고 있는지 기록했다. "내가 알아낸 사실은 대부분의 은행가가 소수의 명문대 출신이라는 것, 게다가 프린스턴 대학을 비롯한 대부분의 명문대 학생들도 졸업 후 목표로 하는 '적절한' 진로는 첫째는 투자 은행, 둘째는 경영 컨설팅이며 오로지 이 두 선택지만을 당연하게 여긴다는 것이다."[31] 실제로 2000년에서 2005년 사이에 졸업 직후 정규직을 택한 프린스턴 출신 중 40퍼센트는 월가로 진출했다. 하버드 대학도 비슷한 수치를 나타냈다.[32]

월가뿐만이 아니다. 우리 시대 가장 눈부시게 성공한 재계 실력자인 마이크로소프트의 빌 게이츠, 구글 설립자 세르게이 브린과 래리 페이지, 그리고 페이스북을 만든 마크 저커버그도 모두 최고 명문대 출신이다. 게이츠와 저커버그는 사업에서 꿈을 이루기 위해 하버드를 도중에 그만뒀지만, 둘 다 입학 전에는 미국에서 가장 학비가 비싼 명문 사립학교를 다녔다.

1980년대와 1990년대에 기업 매수에 대한 각종 규제가 철폐되면서 미국에서는 비즈니스에 대한 이미지가 월가에서 다시 만들어졌다. 《뉴욕》에 기고한 글에서 벤자민 윌리스-웰스는 "1999년에 살펴본 최고경영자들은 한 기업에서 근무하다 퇴직하는 온화한 가부장 같던 이전의 최고경영자들과 무척 다르다"[33]고 했다. 순전히 능력 우선주의를 표방하는 새로운 부류의 최고경영자들은 점점 늘어나는데, 그들은 유명 대학을 나와 많은 보수를 받고 직장과 분야를 자주 옮겨 다니고, 효율성을 위해서라면 가차없다는 인상을 줘야 한다고 배웠다.

능력주의라는 이상이 우리 사회에 너무 깊게 뿌리를 내렸기 때문에 공인들은 그것이 옳다고 주장하기 위해 굳이 미사여구를 동원하지 않는다. 이 세계를 지배하는 건 미국이어야 한다고 생각하듯이 모두들 능력주의를 당연하게 받아들이는 것이다. 하지만 능력주의를 적극 변호해야 하는 상황이라면, 그것을 정당화하는 데는 두 가지 근거―도덕적 근거와 실용적 근거―가 있다. 그리고 각각은 나름대로 설득력이 있다.

능력주의의 도덕적 정당성은 간단하다. 그것은 능력주의가 모든 사람을 그의 가치에 맞게 대접한다는 것, 즉 재능이 있고 열심히 하는 사람은 보상을 받고, 무지하고 나태한 사람은 그 대가를 받게 한다는 원칙이기 때문이다. 원칙대로라면 차별의 근거는 피부색, 종교, 성 같은 우연적이고 비본질적인 특징이 아니라, 지적 능력이나 자기 단련 같은 본질적 특징이다. 즉 능력주의 사회에서는 피부색이 아니라 내면의 요소에 의해 평가받는 것이다.

피부색과 같은 우연적 요소와 지적 능력과 같은 본질적 요소의 차이를 가장 중요시하는 것은 정의와 상벌에 관한 우리의 가장 기본적인 윤리 의식에 들어맞는다. 만일 어떤 사장이 직원을 흑인이라는 이유로 승진시키지 않는다는 말을 들으면 우리는 격분한다. 그런데 그 직원이 어떤 프로젝트를 완수하는 데 시간이 더 오래 걸렸다거나 맡은 일을 엉망으로 했다는 이유로 승진에서 탈락시켰다면 우리는 그것을 당연시하거나 심지어 사장을 칭찬할 것이다.

하지만 상벌이라는 도덕적 문제에만 초점을 둔다면, 즉 우리가 마음대로 할 수 있는 것과 할 수 없는 것의 특성들에만 초점을 둔다면, 두 부류를 구분하는 선은 면밀하게 관찰할수록 점점 흐릿해질 것이다. 우리가 지적 능력이라고 부르는 것은, 공부 습관이나 근면성, 사회성, 그리고 우리가 성공과 연관 짓는 수많은 특성들뿐 아니라 유전, 부모의 역할과 계급, 문화적 유산, 사회 경제적 인간관계, 그리고 어린 시절 교육에 대한 기회가 서로 결합된 결과이기 때문이다. 헌터의 한 학생이 리포트에 썼듯이 "우리 학교의 입학시험은 좋은 초등학교에 다닐 정도로 운 좋은 사람과 그렇지 못한 사람을 가려내는 가장 손쉬운 방법일 뿐이다."[34]

그렇다면 실력은 보상과 자원의 정당한 분배와 정확히 어떤 관계가 있을까? 우리는 어떻게 본질적인 것과 우연적인 것을 구분할 수 있을까? 결코 쉽지 않다. 두 가지를 구분하는 일은 유전과 양육을 둘러싼 온갖 가정과 결론을 내리기 힘든 실증 연구에 따라 달라지기 때문이다. 경제학자 아마르티아 센이 썼듯이 "능력주의에는 많은 장점이 있지만, 명확함이라는 장점은 없다."[35]

가장 극단적인 경우, 현 상태를 옹호하는 사람들은 일종의 신칼뱅주의 논리를 내세운다. 즉 정상에 있는 사람들은 그 자리에 올랐다는 사실 자체가 그럴 만한 자격이 있음을 보여준다는 것이다. 캐런 호는 이런 '능력주의 순환 논리'가 월가에서는 흔히 통하는 논리라면서, "금융 산업의 영향력 증가 자체가 그들이 사실상 '가장 똑똑하다'는 증거다"[36]라는 주장으로 비약했다고 한다.

마찬가지로 유난히 재분배가 되지 않는 미국의 자본주의를 극구 옹호하는 사람들은 분배라는 것이 근본적으로 도덕적 일탈을 보여주는 사례라고 비난한다. 보수주의자들이 보기에 정부는 세금이라는 명목으로 그 돈을 가져갈 자격이 없다. 자격이 있는 것은 그 돈을 '벌어들인 사람'이다. 감세 운동가 그로버 노퀴스트는 미국 공영라디오 NPR의 〈프레시 에어〉라는 프로그램에서 테리 그로스와 대담하면서 누진 과세—부자에게는 다른 사람들보다 더 높은 세율을 적용해야 한다는 주장—는 히틀러가 유대인을 대하는 방식과 같다고 주장했다.[37] 두 경우 모두 사회가 어떤 집단을 추려내기 때문이다.

능력주의를 정당화하는 두 번째 근거는, 그리고 내가 보기에 더 설득력 있는 주장은 능력주의가 꼭 공정하다고 할 수는 없어도 효율적이기는 하다는 것이다. 사회에서 뛰어난 인재를 선발해 지원이 집중되는 학교와 훈련 과정에 투입한다면, 맡은 임무를 자신 있게 완수할 적임자로서 일군의 엘리트 집단을 양성할 수 있다. 권력을 사용할 능력이 되는 사람들에게 중요한 권한을 준다면 그들은 우리 모두에게 더 나은 능력주의 사회를 만들 것이다. 이는 노력과 재능에 보상을 함으로써 그 두 가지를 강화하는 효과를 발휘한다.

이론상으로 볼 때, 이 주장은 반박의 여지가 거의 없다. 사회 구성원들은 능력에 따라 직업과 지위를 가져야 하기 때문이다. 항공기 조종사라는 지위는 조종을 제일 잘하는 사람에게 돌아가야 하고, 외과 의사라는 지위는 수술을 제일 잘하는 사람에게 돌아가야 되는 식으로 말이다. 그러면 비행기가 추락하거나 수술을 망치는 사태가 벌어질 확률이 낮아지므로 분명히 우리 모두에게 이로운 결과를 낳는다. 능력주의에 대한 더 전문적인 이론은 이런 논리를 확장한 것뿐이다. 우리 사회에는 연방준비제도 이사회의 운영, 파생 금융상품 설계, 기업 합병 감독 같은 복잡하고 어려운 임무가 수없이 많다. 그리고 그런 일들은 이 문제들을 가장 잘 해낼 수 있는 사람이 맡아야 한다.

하지만 이것이 능력주의를 지지하는 세력의 가장 설득력 있는 주장이라 해도, 이론상의 주장일 뿐 현장에서 적용되는 능력주의는 이론과 전혀 다르다. 능력주의의 태생적인 문제는 그것을 순수하고 고귀한 형태로 유지하기가 결코 쉽지 않다. 이런 점에서 마이클 영의 예언은 빗나갔다. 그가 상상한 능력주의는 너무나 완벽하게 작동해서, 즉 그들이 실력을 굉장히 정확하게 측정할 수 있고 모두들 규칙을 묵묵히 따르기 때문에 실패한다. 부자 집안의 머리 나쁜 자제들이 시험 성적이 낮은 아이들과 함께 하층계급에 내던져진 것을 깨닫게 되자, 그들은 억울함과 박탈감에서 온 분노를 못 이겨 결국 반란을 일으키는 것이다.

하지만 사실 우리 사회에서 능력주의가 실패한 것은 능력주의가 잘 작동해서가 아니라 제대로 작동한 적이 거의 없기 때문이다.

능력주의의 철칙

사례 연구를 위해 헌터 중고등학교로 돌아가 보자. 내 모교의 문제는 시간이 지남에 따라 능력주의 메커니즘이 무너졌다는 데에 있다. 시험에 치밀하게 대비하는 고액의 입시 학원이 생겨나면서 헌터 신입생을 뽑는 방식은 전반적으로 사회 경제적 계층과 무관하던 이전의 추세에서 멀어지기 시작했다. 부와 문화 자산의 피라미드가 능력주의의 피라미드에 그대로 반영된 것이다.

어떻게, 왜 이런 사태가 벌어진 걸까? 내가 보기에 가장 정확한 진단은 20세기 초반에 비슷한 문제를 집중적으로 연구한 사회학자 로베르트 미헬스의 저서에 있다. 독일의 부유한 집안에서 태어나 프랑스어와 이탈리아어에 능통했던 미헬스는 막스 베버 아래서 공부했고, 이 대가의 수제자로서 학계에서 명성을 얻었다. 학계에 있는 동안 그는 당시 대부분의 유럽 국가를 휩쓸던 급진적 사회주의 정치학을 받아들이게 되었다.

처음에는 독일 사회민주당에 가입했지만 나중에는 그곳이 목적을 달성하는 과정에서 너무 관료적으로 변질됐음을 깨달았다. 그는 "우리 노동자들의 조직은 그것 자체가 목적이 되어 버렸다"고 단언했다. "조직의 임무를 실행하는 데 완벽한 게 아니라 그 조직을 지키는 데 완벽한 정당이 된 것이다."[38] 미헬스는 그 다음에 생디칼리즘* 쪽으로 기울었다. 그들은 의회정치를 거부하고 카이저의 독재에 저항하는 한편, 대규모의 노동자 단결과 총파업을 주요 수단으로 여기는 사람들이었다. 하지만 미헬스는 독일

---

* 노동조합주의로 번역하기도 한다. 정당 정치를 불신하고 노동자 계급이 노동조합 운동이라는 직접 활동을 통해 자본가 사회를 붕괴시키는 것을 목적으로 하는 운동.

좌파 중 가장 철저한 당파인 그 조직에서도 사회민주당과 똑같은 관료주의의 병폐를 목격하고 낙담했다. 그래서 관료주의가 일개 정당만의 문제가 아니며, 이러한 현상이 나타나는 데에는 더 근본적인 원인이 있다고 믿게 되었다. 민주주의적 원칙과 평등주의를 약속한 좌파 정당들도 정당을 통치할 때에는 그 원칙들을 실제로 구현하지 않았다. 우파 정당의 경우, 상층에서 지배하는 계층적 구조가 나타나는 게 이상하지 않다. 그들은 불평등과 권력집중, 소수에 의한 지배를 옹호하기 때문이다. 미헬스는 명저『정당론』에서 좌파 정당에 대해 의문을 제기했다. '왜 이념적으로 민주주의와 참여를 중요시하는 좌파 정당이 실제로는 우파 정당처럼 과두정치를 하고 남을 의식하면서 엘리트 흉내를 내는가?'

이에 대해 미헬스는 참담한 결론을 내렸다. 정당은 어떤 체제를 표방하든지 간에 내부에서 민주주의를 실현하는 것이 불가능하므로, 필연적으로 소수 독재가 나타난다는 것이다. 미헬스는 "대중 정치를 반대하는 세력이 내세우는 주장 중에 가장 두려운 것이 있다. 그것은 대중 정치가 구조적으로나 기술적으로 불가능하다는 것이다."[39] 어떤 정당이든, 아니 민주주의를 토대로 한 어떤 기관이든 합법적으로 존재하기 위해서는 임무를 수행할 조직이 있어야 한다. 일반 조합원들은 그 기관이 굴러가는 데 꼭 필요한 수많은, 때로는 사소한 결정들에 참여할 시간도 에너지도 의향도 없기 때문이다. 미헬스의 주장에 의하면, 효율성 때문에 상근직으로 일하는 핵심 간부들에게 이러한 업무들을 위임해야 한다. "때로는 대규모 노동조합에 노동당 지지자가 수만 명에 이르기도 한다. 이때 대의제가 없으면 이 거대한 조직체의 업무를 진행하기란 불가능하다."[40]

그런데 이 대의제는 관료주의 구조로 변하면서, 전체 구성원 대신 업무를 맡아 중요한 결정을 내리는 소수 지도자 집단을 타락시킨다. 미헬스에 의하면, "의도한 건 아니지만 지도자와 대중 사이에는 그들을 갈라놓는 거대한 틈이 생겨난다."[41] 조직의 수단을 장악한 지도자들은 그때부터 대중의 의견을 조작하고 민주주의적 절차를 무용지물로 만든다. 그리하여 처음에는 조직의 임무 수행을 위한 수단에 지나지 않았던 지도자들이 곧 대중과 괴리되어 대중의 뜻과 상관없이 활동하게 된다는 것이 미헬스의 결론이다.

이 모든 과정은 조직 자체의 본성에 따라 냉혹하게 진행된다. 미헬스는 그것을 '소수 독재의 철칙'[42]이라고 명명하고 이렇게 설명했다. "선출된 사람들이 유권자 위에 군림하고, 수임인이 위임자 위에 군림하고, 대리인이 임명자 위에 군림하는 조직을 낳는다는 법칙이다. 따라서 조직이라는 말은 소수 독재라는 말과 동의어가 된다."[43]

민주주의, 노동조합, 그 밖의 다양한 좌파 또는 진보 조직에 헌신하는 사람들에게 미헬스의 설명은 아무리 좋게 봐도 기운 빠지는 일이다. 하지만 거기에는 선견지명과 통찰력이 담겨 있다. 비록 나중에는 우파로 돌아서서 베니토 무솔리니의 열렬한 지지자가 됐지만―그를 노동계급의 진정한 염원을 담아낼 그릇으로 봤던 것이다―『정당론』을 쓰던 당시 미헬스는 좌파의 당당한 일원이었다. 그는 자신의 저서가 동료들에게 과제를 제시했다는 것을 인식했고, 민주사회당 당원의 임무를 고귀한 시시포스의 노역으로 보았다. 그리고 그들의 사명을 우화를 들어 설명했다. 그 우화에서는 죽어가는 농부가 자식들에게 밭에 보물을 숨겨놨다고 말한다. 아버지가 죽은 후, 자식들은 보물을 찾기 위해 밭 여기저기를 모두 파봤지만 보물은 없었다. 대신 그들이 포기하지 않고 계속했던 괭이질로 땅의 힘이 돋워져 상당한 수확을 거둘 수 있었다.

미헬스는 그 우화에서 보물은 민주주의를 상징한다고 해도 무방하다고 했다. "민주주의는 어느 한 사람이 일부러 찾으려 하면 발견하지 못하는 보물이다. 하지만 우리 모두가 계속 찾다보면, 보이지 않는 것을 찾기 위해 끈기 있게 노력한다면, 우리는 민주주의적 의미에서 풍부한 성과를 거둘 것이다."[44]

그 이상에 부응하기 위해서 능력주의 사회는 두 가지 원칙을 받아들여야 한다. 첫 번째는 '차이의 원칙'이다. 이는 인간의 능력은 천차만별이므로 이러한 선천적 차이를 받아들이고, 가장 열정적이고 가장 능력 있는 이들에게 가장 힘들고 중요하며 보상도 많은 일을 배정하자는 것이다.

두 번째 원칙은 '이동의 원칙'이다. 이는 실적을 올리면 보상을 받고, 실패를 하면 응당한 대가를 받는 모종의 경쟁 과정이 지속되어야 한다는 것이다. 다시 말하면, 임무를 한 번 위임한 후 그 지위를 평생 보장하거나 대를 이어 물려주게 하면 안 된다는 뜻이다. 누구든 자신의 성취와 실패에 따라 지위가 오르거나 떨어져야 한다.

이것은 분야에 따라 다른 의미를 가진다. 예를 들어 언론이나 메이저리그 같은 조직에서 이 원칙이 제대로 지켜지려면 종신재직권이나 연장자 우대 같은 특혜 없이 실적이나 성적에 따라 직급과 위치를 결정해야 한다. 플로어 트레이더가 경제적 손실을 입히면 보너스가 깎여야 하고, 강타자가 타력을 잃으면 벤치 신세를 져야 한다.

이 원칙을 사회 전체에 적용시키면 사회 이동성을 높인다는 뜻이 된다. 우리는 가난한 집안 출신이라도 재능이 있다면 권위 있고 명망 있는 자리에 오르고, 재력가 집안 출신이라도 평범하다면 국민의 생사가 달린 중요한 결정을 맡지 않는 사회를 원한다. 다른 말로 하면, 펌프처럼 작용하는 메커니즘에 따라 재능 있고 열심히 일하는 사람들은 위로 올라가고 평범한 사람들은 아래로 내려가는 순환이 끊임없이 이어지는 사회구조를 기대한다.

하지만 이렇게 매혹적인 이상은 내가 '능력주의의 철칙'이라고 부르는 현실에 가로막힌다. 능력주의의 철칙이란, 능력주의 시스템이 초래한 불평등이 점점 심해지다 결국 사회 이동성이 제대로 작동하지 않는다는 원리다. 불균등한 결과는 균등한 기회를 불가능하게 하고, '차이의 원칙'은 '이동성의 원칙'을 무용지물로 만들 것이다. 계층 사다리를 올라간 사람은 올라간 후에 사다리를 치워 버리거나 지인이나 친구들만 올라올 수 있도록 선택적으로 내려주는 방법을 찾아내기 때문이다. 이런 현상을 한마디로 표현하자면, '능력주의란 곧 소수 독재'라고 할 수 있다.

헌터 중고등학교가 좋은 예다. 머리가 우수한 학생들만 받아들인다는 그 학교의 기본 전제는 불평등의 수용, 나아가 불평등의 찬양이다. 헌터 외에 뉴욕의 몇몇 고등학교도 이 전제를 바탕으로 운영된다. 헌터는 뉴욕의 가장 명석한 학생들을 교육하는 특별한 기관으로 존재해왔다. 그리고 그런 똑똑한 학생들을 시의 5개 자치구 전체에서 끌어오는 것에 대해, 게다가 사립학교들과 달리 맨해튼의 부유층 자제들이라고 해서 무조건 받아들이는게 아니라는 데 굉장한 교육적 자긍심을 갖고 있다. 문제는 시간이 지남에 따라 뉴욕의 전반적인 빈부격차에도 불구하고 사회 이동을 가능케 하는 유일한 길인 시험제도, 그것까지 무력화시키는 메커니즘이 생겨났다는 것이다. 가장 눈에 띄는 건 입시 학원 산업의 성장이다.

양상이 아주 다르지만 비슷한 사태가 명문 대학들에서도 목격된다. 미국의 대학들은 오늘날 능력주의의 중심이 되는 기관이지만, SAT와 고등학교 점수라는 외양적인 능력주의 구조의 맨 위에는 권력층을 위한 철저한 특혜와 기부금의 탑이 세워져 있다. 다음은 대니얼 골든이 대학의 충격적인 실상을 꼼꼼하게 기록한 『왜 학벌은 세습되는가』에 나오는 내용이다.

> 명문대 학생의 3분의 1, 그리고 교양학부 대학*의 절반 이상은 입학 절차에서 가산점이 주어진다. 전체 학생 중 소수 인종은 10~15퍼센트를 차지하는 반면, 수적으로 우세한 백인들은 다양한 특혜를 받고 입학한다. 체육 특기자(학생 인원의 10~25퍼센트), 부모나 조부모가 해당 학교의 동문인 학생(10~25퍼센트), 기부 입학(2~5퍼센트), 유명인이나 정치인 자녀(1~2퍼센트), 교직원 자녀(1~3퍼센트) 등이 그것이다.[45]

여기에는 부유한 집안의 자녀들이 개인 교사나 입시 학원, 값비싼 사립학교, 대학 입시 상담가—입학을 위한 정치 활동에 능한—를 통해 얻는 유리한 혜택은 포함되지도 않았다. 특권층 자녀들을 위한 이 모든 가산점 제도는 골든의 표현에 따르면 부유

---

* 보통 전공 학과를 정해 배우기보다는 폭넓은 교양과 분석 능력, 표현력 등을 가르치는 데 중점을 둔다. 학생 대비 교수 비율이 10:1 이상으로 교수 비율이 높고, 대부분의 수업이 10명 안팎으로 이루어진 토론식 수업이며, 교수들이 연구보다 직접 강의에 집중하는 대학들을 교양학부 대학으로 구분한다. 특히 미국 북동부 지역에 밀집된 명문 교양학부 대학들은 전통적으로 미국 북동부 백인 상류층 자제들이 많이 진학하며, 등록금이 매우 비싼 편이다.

한 백인들을 위한 '적극적인 우대 정책'[46]이다. 그것은 우리가 이상으로 삼고 찬양하는 능력주의가 아니라 '특권을 지키는 요령에 숙달된 엘리트'들의 전형적인 행태이다.

마이클 영이 고민한 것처럼 능력주의가 철저하게 작동한다면 사회의 불평등은 점점 심화될 것이다. 하지만 그 불평등은 사회 이동성의 증가가 활발해서 일어나는 불평등이다. 그런 사회에서는 교육제도와 비즈니스 세계의 원칙에 따라, 타고난 실력자가 어느 계층에 있든 그들을 정확히 찾아내 가난한 집안의 명석한 자녀들은 계층 피라미드 위쪽으로 올려보내고, 가장 뛰어난 이들의 재능 없는 자녀들은 바닥으로 떨어뜨리기 때문이다.

하지만 '능력주의의 철칙'이 예측하는 사회는 그와 다르다. 능력주의의 이상을 위해 계층화된 사회는 그에 수반되는 사회 이동성은 없는 불평등을 초래한다. 실제로 시간이 지나면서 사회는 점점 더 불공평해지고 이동성은 둔해진다. 상층부에 오른 사람들이 자신들의 특권을 유지하고 방어하기 위한 수단을 만들어내며 그 특권을 대물림하기 때문이다. 생각해보면 1970년대 중반부터 계속 추락한 미국 경제의 궤적도 이런 시스템 때문이다.

불평등의 지속적이고 뚜렷한 증가는 카터 대통령 이후 미국의 정치·경제 분야에서 많은 관심을 받아 연구되는 문제다. 폴 크루그먼은 그것을 일컬어 '대분기'[47]라고 표현한다. 부의 집중 현상을 측정하는 데 가장 큰 기여를 하여 2009년 그 유명한 '존

베이츠 클라크 메달'을 수상한 경제학자 이매뉴얼 사에즈는 상위 1퍼센트의 수입은 최근 몇십 년 동안 급격히 증가하여 대공황 이후 최고를 기록했다고 밝혔다.

1928년에 상위 10퍼센트의 수입은 국민소득의 46퍼센트를 차지했다. 그 비율은 80년 동안 깨지지 않다가, 금융위기 직전인 2007년에 다시 대공황 직전의 비율로 돌아갔다. 상위 1퍼센트의 활약은 더 대단했다. 1979년부터 2007년까지의 국내 총소득 증가분의 거의 88퍼센트가 상위 1퍼센트에게 돌아간 것이다.[48]

미국 사회 내에서 심화된 불평등의 특징은 지난 30년간 부의 증가가 최고 부자들에게 집중되었다는 것이다. 피라미드 구조의 꼭대기에 가까운 계층일수록 수입은 더욱 가파르게 증가한다. 상위 10퍼센트의 수입이 차지하는 비율도 급격히 늘었지만 상위 1퍼센트보다는 못하고, 상위 1퍼센트는 상위 0.1퍼센트보다 못하며, 상위 0.1퍼센트는 상위 0.01퍼센트보다 못하다. 제이콥 해커와 폴 피어슨이 『부자들은 왜 우리를 힘들게 하는가』에서 말했듯이 "1970년대 이후 부의 폭발적인 증가라는 관점에서 보면, 최고 특권계급으로 보이는 상위 1퍼센트마저도 재산 증가 혜택을 가장 많이 본 부류로 지목하기에는 범위가 너무 넓다."[49] 인플레이션을 감안하면 상위 0.1퍼센트는 그들의 평균 연 수입이 1974년에는 100만 달러를 약간 넘었지만, 2007년에는 710만 달러에 달했다. 상위 0.01퍼센트는 훨씬 더 큰 재미를 봤는데, 같은 기간에 그들은 400만 달러가 안 되던 수입이 3,500만 달러까지 치솟았다. 거의 '9배'로 오른 것이다.[50]

이런 결과는 단지 부자가 더 부자가 됐다는 뜻만은 아니다. 그것이 사실이긴 하지만 말이다. 중요한 사실은 해가 갈수록 슈퍼리치 중에서도 더 부자일수록 미국 경제의 과실을 더 많이 챙겼다는 것이다. 미국은 현재 산업화된 민주주의 국가 중 불평등이 가장 또렷이 나타나는 국가다. 미국과 불평등 지수가 비슷한 나라로는 아르헨티나 같은 남미 국가들이 있다. 한때 중산층의 약화는 국가의 발전과 정치적 안정을 방해한다는 이론의 대표적인 사례로 지목되던 나라들 말이다.

자, 이처럼 수입의 불평등은 계속 증가하고 있다. 그럼 사회 이동성은 어떨까? 빈부격차에 비해 측정하기가 훨씬 힘들지만, 빈부격차가 유례없이 증가하던 시기에 사회 이동성도 둔화되고 있었음을 보여주는 증거가 늘고 있다. 오바마 대통령의 경제자문위원회 의장 앨런 크루거는 2012년 연설에서 "빈부격차가 심해진 지난 30년간 해마다 그리고 세대를 이어 경제적 이동성도 둔화되었다"[51]고 했다. 크루거는 그 변화를 보여주는 도표를 설명하면서 '개츠비 곡선'이라는 용어를 처음 사용했다.

몇 세대에 걸친 사회 이동성 추세를 전망한 가장 광범위한 연구는 경제학자 대니얼 아론슨과 시카고 연방준비은행의 바스카 마줌더가 공동 작성한 논문「미국 내 세대 간 경제 이동성,

1940~2000」[52]이다. 통계상의 공정함을 위해 몇 단계의 기발한 조정 작업을 거친 그들은 "1950년에서 1980년까지는 이동성이 증가했지만, 1980년 이후 급격히 둔화됐다. 최근의 이동성 둔화의 주요 요인이 교육은 아니며, 교육은 별로 큰 영향을 미치지 않았다"는 결론을 내렸다.

보스턴 연방준비은행의 경제학자들은 가계 소득 자료를 분석하여 지난 30년 동안의 세대 간 이동성이 아니라 가구별 이동성을 측정했다. 그들이 내린 결론은 다음과 같다. 1970년대에는 36퍼센트의 가구가 원래 속했던 소득 10분위에서 벗어나지 못했고, 1980년대에는 그 비율이 37퍼센트, 1990년대에는 40퍼센트로 증가했다. 다른 말로 하면, 시간이 지남에 따라 더 많은 가정이 평생 그들의 계급을 벗어나지 못한 것이다.[53]

경제학자 톰 헤르츠가 6천 가구 이상의 미국 가구를 대상으로 두 세대에 걸쳐 시행한 연구에 의하면, 소득이 하위 20퍼센트에 속하는 가정의 자녀는 42퍼센트가 그 범위를 벗어나지 못했고, 계층 이동에 성공하여 상위 20퍼센트까지 오른 사람은 6퍼센트밖에 되지 않았다.[54] 소득이 상위 20퍼센트에 해당하는 가정의 자녀들은 성인이 됐을 때 하위 20퍼센트 출신들보다 그 범위에 속할 가능성이 7배나 높았다. 헤르츠는 사회 이동성에 가장 중요한 요인이 인종이며, 특히 가장 하위에 속하는 흑인의 경우 계층 이동은 하늘의 별 따기라고 지적한다. "흑인 가구의 중간 소득과 백인 가구의 중간 소득의 격차는 20년 동안 변함이 없었습니다. 그건 평등을 향해 가는 사회가 아니라 인종에 따라 불평등을 재생산하는 사회죠."[55] 그가 내게 해준 말이다.

이런 사태의 원인 중 하나가 마약과의 전쟁과 대량 투옥인데, 이런 정책은 흑인들에게 불리한 영향을 미치기 때문이다. 브루스 웨스턴과 베키 페티트의 연구를 바탕으로 퓨리서치센터가 발표한 내용은 형사 정책이 사회 이동성에 미치는 영향에 중점을 두었다. 그 연구에 의하면 한번 투옥된 사람은 출소 후 수입이 급감할 뿐 아니라 자녀의 수도 눈에 띄게 적었다. 또한 미국 내 아동 28명 중 1명, 즉 3.6퍼센트 이상이 현재 부모 중 1명이 구치소나 감옥에 있다고 한다. 25년 전만 해도 그 비율은 125명 중 1명이었다. 특히 흑인 아동들에게 가족의 투옥은 특이할 것 없는 가정 환경이다. 흑인 아동 9명 중 1명 이상이 부모 중 1명이 감옥이나 구치소에 있는데, 이 비율은 지난 25년간 4배 이상 증가했다.[56]

미국은 이동성이 예전보다 둔화되었을 뿐 아니라, 전 세계의 산업화된 민주주의 국가들 중에서도 이동성이 가장 낮은 편에 속한다. 다른 선진국과 사회 이동성을 비교해보면 독일은 미국에 비해 1.5배 높고, 캐나다는 2.5배, 덴마크는 3배 높다.[57] 유일하게 미국과 비슷하게 이동성이 낮은 나라는 능력주의에 관한 한 형제 국가이자 능력주의라는 말이 태어난 나라, 영국이다.

그런데 뜻밖에도 미국인들은 여전히 능력주의에 열렬한 신넘을 품고 있다.《이코노미스트》는 "유럽의 경우 영국과 체코, 슬로바키아를 제외한 모든 국가의 국민들 과반수가 개인의 노력으로 극복할 수 없는 요인이 그들의 성공 여부를 결정한다고 믿는다. 하지만 미국의 경우 그런 숙명론적 관점을 취하는 사람은 32퍼센트에 불과하다"[58]고 밝혔다. 1983년부터 비정기적으로 행하는 CBS뉴스와《뉴욕 타임스》의 공동 여론 조사에서는 '미국에서 가난한 집안에서 태어나더라도 열심히 노력하면 부자가 될 수 있다고 생각하는가?'라는 질문을 한다. 1983년에는 '그렇다'고 답한 사람이 57퍼센트였는데 2007년에는 81퍼센트까지 높아졌다. 80년 만에 최악의 경제위기가 닥치고, 실업이 전염병처럼 만연한 2009년에도 응답자 중 놀랄 만큼 많은 수(72퍼센트)가 여전히 이 이상한 신념을 고수하고 있었다.[59]

미국이 품고 있던 수많은 이상이 스러져가는 와중에도, 이 하나의 신념이 살아남은 것은 희한한 일이다. 그런 신념과 상충하는 객관적 자료가 점점 더 늘어났는데도 말이다. 하지만 이런 실상이 우연만은 아닐 것이다. 현재의 위기를 불러온 공공기관에 대한 신뢰도 하락과 권위의 위기 이면에는 능력주의의 꿈이 서서히 시들어가는 현실에 대한 대중의 심각한 위기의식이 있다. 그들은 아메리칸 드림의 가장 핵심적인 전제가 무너졌다고는 도저히 믿을 수 없기에, 그들의 분노와 회의감을 실력주의의 결과인 실패한 기관들에만 집중하는 것이다.

정당의 본성에 대한 미헬스의 통찰력은 시대를 초월한다. 그의 혜안은 특정 사회주의 정당이 맞이할 결말을 예언자처럼 꿰뚫어보았다. 그는 프롤레타리아 계급이 실제로 독재를 하게 된다면, 그들은 독재는 유지하되 프롤레타리아는 잃을 것이라고 예언했다. 그리고 이 예언은 그의 책이 출간되고 불과 몇 년 후에 러시아에서 증명되었다. "사회주의가 승리하는 것이 아니라 사회주의자들이 승리할 것이다. 사회주의를 신봉하는 세력이 승리하는 순간, 사회주의는 타락하기 때문이다."[60]

이와 달리 미국은 아직 폭력이나 끔찍한 상황이라는 결말을 맞지 않았다. 하지만 '능력주의의 철칙'이 개개인의 능력 차이와 계층 이동성이라는 똑같이 중요한 원칙을 기반으로 한 사회를 오염시켰다면, 그 결과 어떤 유형의 사회질서가 자리 잡게 될지 자문해봐야 할 것이다.

이러한 사회는 불평등 지수가 극도로 높고 시간이 갈수록 더 심해지지만, 엘리트의 순환은 거의 일어나지 않을 것이다. 그런 사회의 주요 기관들을 차지하고 감독하는 사람들은 최고 교육을 받은 야심가들이다. 그들은 막대한 금전적 보상을 받고 막강한 정치권력과 특혜를 누릴 것이며, 어떻게든 처벌과 경쟁, 책임을 피하려 할 것이다. 피라미드의 맨 꼭대기까지 올라온 이들은 원하던 지위에 올랐으니 자신과 동료들, 그리고 자녀들도 그 자리를 계속 차지하리라고 어느 정도 확신한다.

이러한 지배계급은 능력주의 엘리트를 배출하는 교육기관 내에서도 끊임없는 사취를 통해 정당한 경쟁을 방해하며 온갖 만행을 저지를 것이다. 그들은 맡은 임무를 제대로 실천하지 못하거나 부정부패의 유혹에 굴복한다 해도 실질적으로는 아무런 처벌도 받지 않을 것이다. 이 계급은 원칙도 없이 조직 내 암적인 구성원들을 비호하고, 실적과 거의 상관없이 많은 보상을 할 것이며, 최고의 수익을 내는 슈퍼스타에게 터무니없이 높은 보너스를 지급할 것이다. 그리하여 규칙이 붕괴되고 부패와 횡령이 만연한 환경을 만들 것이다. 구제금융이 자본주의와 사회주의의 가장 나쁜 특성을 결합한 해결책이었듯이, 이런 사회는 능력주의와 관료주의의 가장 나쁜 특성이 결합된 체제가 될 것이다.

다른 말로 하면 이 사회체제는 2012년 무렵에 목격했던 미국의 엘리트 사회와 흡사할 것이다.

3장

책임은 힘없는 사람이 지고
용서는 힘있는 사람이 받는다

계약은 파기됐다.

미국 국민들이 보기에 이 사회는 공정하지도, 정직하지도 않다. [1]

-조 바이든*

/

2010년 2월 18일 아침, 텍사스 주 노스오스틴의 조용하고 나무가 많은 동네에 살던 앤드류 조셉 스택[2]은 집에서 잠이 깼다. 프리랜서 소프트웨어 전문가이자 지역 밴드에서 베이스 연주자로도 활동하던 그는, 친구들이 전화했을 때 집에 불을 지르며 하루를 시작하고 있었다. 그런 다음 자신의 단발 엔진 경비행기 파이퍼 다코타가 보관된 격납고로 차를 몰고 갔다. 그리고 비행기의 연료 탱크를 채워 활주로까지 갔다. 이륙 승인이 떨어지자 그는 통제탑에 마지막 인사말을 남겼다. "감사합니다. 좋은 하루 보내세요."

몇 분 후, 그는 190명이 일하고 있던 텍사스 국세청 건물을 향해 비행기를 몰고 돌진했다. 그 공격으로 스택은 즉사했고, 14명

---

* 1942~. 2008년 미국 민주당 부통령 후보로 출마하여 오바마 대통령과 함께 당선되었다. 2012년 오바마 대통령에 의해 다시 지명되어 재선에 성공하였다.

의 부상자가 나왔으며 국세청 직원 버논 헌터는 사망했다.

자살하기 전에 스택은 3천 단어로 된 유서를 개인 웹사이트에 올려놨다. 유서는 편집증적이면서도 이상하게 논리적이어서 그의 정치적 성향을 둘러싸고 한바탕 비난 공세가 일어났다. 현지 방송국 KVUE-TV 촬영팀이 현장에 도착하자마자 전국의 언론이 기다렸다는 듯이 그의 자살 테러에 대한 나름의 해석을 내놓기 시작했다. 〈데일리코스〉*는 스택이 '세금 반대 테러 분자'라고 했고 《워싱턴포스트》의 조나단 케이프하트는 "그의 정신이상은 '티파티 운동'의 극단주의자들과 비슷하다"3고 진단했다. 남부 빈곤법센터의 인텔리전스 프로젝트** 책임자는 그 공격을 지난 몇 년 동안 '세금은 완전히 불법'이라고 주장하는, 반정부 민병대 '애국 단체'의 폭발적인 증가와 연관이 있다고 추측했다. 우파도 이와 비슷한 태도로 대응했다. 〈레드스테이트〉***의 한 만평가는 스택이 마르크스를 옹호하며 자본주의를 비판했다고 지적했다. 보수주의 성향의 작가 존 로트는 스택을 '좌파 미치광이'라고 불렀으며, 러시 림보는 스택의 유서를 보면 '진보적인 민주당원 같다'4고 했다(이는 사실이 아니었다).

실제로 스택의 유서는 보수 성향과 진보 성향 사이를 왔다 갔

---

* 2002년에 시작된 진보 성향의 미국 정치 블로그
** 남부 빈곤법센터에서 시행하는 프로젝트로, 극우 단체의 범법 행위 정보를 법률 기관과 언론, 대중에게 제공하는 〈Intelligence Report〉를 분기별로 발행한다.
*** 보수 성향의 인터넷 매체

다 했다. 그는 명백하게 불안한 상태였다. 어쩌면 정말 정신 질환 때문에 그런 만행을 저질렀는지도 모른다. 하지만 그의 분노는 너무도 극단적인 방식으로 표출되었다. 그의 유서에는 허무주의와 혁명주의가 거친 형태로 담겨 있다. 스택은 미국의 주요 기관들은 하나도 빠짐없이 구제불능이라고 단언했다. 가톨릭교회를 '세속적으로 타락했다'고 비난하고, 정치인들은 '도둑놈에 거짓말쟁이, 사리사욕을 채우는 놈들'이라고 욕했다. 정부 관료들, '대기업' 노조, 언론, 의료보험, 제약 회사들을 향해서도 똑같은 독설을 퍼부었다. 그가 내린 결론은 사회 전체가 자기 같은 국민들을 착취하고 있다는 것이다. "이 나라에 태어난 사람들은 사회에서 헌신적으로 자기 할 일을 하면 정부가 모든 국민을 위해 정의를 구현해줄 거라고 어릴 때부터 세뇌 당한다."

하지만 그것은 모두 비열한 거짓말이라는 것이다.

어떻게 몇 안 되는 범죄자와 약탈자들은 우리가 생각지도 못한 악행을(심지어 제너럴모터스의 임원들은 수십 년 동안이나) 저지를 수 있는가? 그들의 성은 부당하게 얻은 이득으로 가득했다. 하지만 그 성이 탐욕과 어처구니없는 미련함 때문에 붕괴될 위기에 처했을 때, 연방정부는 몇 시간은 아니었지만 며칠 내로 온 기관을 동원해 그들을 신속하게 구제했다. 그 이유가 뭔가?

유서는 또한 자기 연민으로 가득 차 있다. 그는 모든 사람들이 자신을 해치려 공모하고 있다고 생각했다. 그리고 이렇게 결론을 내렸다. "최고위층의 돼지 같은 놈들이 이 모든 것을 알면서도 나 같은 바보들을 골탕 먹이며 비웃고 있다는 사실, 이것이 잔인한 농담 같은 현실이다."

스택은 외롭고 비참한 유아론자였다. 철저하게 폭력적으로 앙갚음하겠다는 그의 방식은 누가 봐도 미친 짓이었고, 그 자살 테러로 목숨을 잃은 직원의 가족과 사랑하는 사람들에게 비통함만 남겼을 뿐이다.

그런데 나중에 밝혀진 사실이지만, 그가 격분한 데에는 수긍할만한 이유가 있었다.

스택은 자신이 운영하던 작은 컴퓨터 컨설팅 회사의 세금 문제를 둘러싸고 국세청과 지루한 싸움을 벌였다. 국세청은 그가 세금을 내야 한다고 압박했고 스택은 그럴 필요가 없다고 우겼다. 이 싸움이 스택의 상황을 악화시켜 그를 폭력으로 내몬 것으로 보인다.

분쟁의 씨앗이 된 것은 1986년 조세 개혁법 때 생긴 조항 1906조의 애매한 내용이었다. 스택은 이 조항을 유서에서 언급하기도 했다.《뉴욕 타임스》에 따르면, 그 법안은 '정보기술 분야의 전문가들이 개인 사업을 하는 것을 극히 어렵게 함으로써 다른 회사에 취직하도록 강제할 목적'[5]으로 발의된 것이었다. 스택은 개인 사업자로 컴퓨터 프로그래밍을 했기 때문에 이 조항의 직접적인 영향을 받았고, 그 조항이 요구하는 조건을 위반하는 처지였다. 민주당 상원의원 대니얼 패트릭 모이니한이 밀어붙인 그 법안은, 원래 뉴욕에 본사가 있는 IBM의 세금 중 6천만 달러를 삭감해주기 위한 방편이었다. 삭감해준 세금만큼 그 분야의 다른 조항을 만들어 6천만 달러를 벌충해야 했기에, 소프트웨어 엔지니어들은 자영업자가 아니라 기업의 직원으로 들어가야 한다는 법안을 발의한 것이다.

그런데 이 조항으로 인해 늘어난 세수는 거의 없었고 혼란만 가중됐다. 1년 후 모이니한은 이 조항의 폐기를 제안했고 다른 상원의원 70명이 철회안에 동의했다. 하지만 어떻게 된 건지 그 조항은 그대로 존속해 있었다. 이 문제를 계속 관심 있게 지켜봤던 워싱턴의 한 변호사에 의하면, 그 조항이 존속됨으로써 일어난 부작용은 거의 재난 수준이었다고 한다. "이 법 조항 때문에 수많은 사람들의 삶이 망가졌고 과학기술 산업도 피해를 입었으며, 지역 경제 활성화에 핵심적인 역할을 하는 개인 기업들의 창립이 좌절됐다." 변호사 하비 J. 슐만은 스택이 사망한 후 2010년 《타임즈》에 쓴 글에서 이렇게 주장했다. "애초에 발의한 의원이 폐지를 요구했고, 조세의 영향을 크게 받는 산업에 부당하게 악영향을 준다는 연구 결과가 있었는데도 그 법 조항이 존속하고 있다는 사실은 민주당과 공화당 의원들, 그리고 우리 사회의 정치

체제가 비교적 간단한 문제에도 얼마나 무능하고 무관심한지를 보여준다."

물론 IBM은 세금감면 혜택을 계속 받았다.

극심한 불안감에 시달리던 스택처럼 수많은 미국 국민들이 각자의 처지에서 환멸의 과정을 겪었고, 지난 10년 동안 극단적인 시각을 갖게 되었다. 유타 주 티파티 조직 활동가인 50살의 수잔 사우스윅은 공화당을 지지하는 가정에서 자랐다. 그녀의 할머니는 코끼리 봉제 인형을 수집할 정도였다.* 하지만 부시 정부 후반기 때 수잔은 "환상이 깨지면서 정부에 대해 안 좋은 감정을 갖기 시작했다"고 했다. 그녀로서는 처음 느끼는 반감이었다. "저는 항상 공화당이 하는 일을 좋은 쪽으로 받아들이고 믿는 편이었어요. 부시가 수많은 사람들한테서 비난을 받을 때도 저는 뭐, 그분이 저보다는 잘 알 테니 그만한 이유가 있겠거니 생각했죠. 그런 거 있잖아요, 지도자를 웬만하면 믿는 거요." 그녀가 내게 털어놓은 말이다.

그러다 금융위기가 왔고, 이어서 구제금융이 실시됐다.

"그것을 보고 저는 폭발했어요. 지금 뭐하자는 거야? 저런 은행들에게 구제책을 마련해 주겠다고? 어이가 없었죠. 제가 보기엔 그 사람들은 뭘 어떻게 해야 될지 모르는 것 같았어요. 미친 거예요. 멍청하고요. 성공하든 실패하든 정부에 의존하지 말고 알

---

* 19세기 후반 미국의 정치 만평가 토머스 네스트가 민주당을 당나귀로, 공화당을 코끼리로 표현한 이래 코끼리가 공화당의 상징이 되었다.

아서 해야죠." 그때부터 사우스윅의 세계관은 근본적으로 변하기 시작했다. 성인이 되어서도 간직하고 있던 천진난만함이 시들어버린 것이다.[6]

사우스윅은 항상 사람들을 믿었다고 했다. 늘 남의 좋은 점을 보는 편이었고, 특히 정부기관에서 일하는 사람들이나 그 밖의 권위자들은 무조건 믿는 편이었다. 하지만 구제금융 법안 투표를 보고 나서는 그 동안의 믿음에 의구심이 생겼다. 어쩌면 그는 그동안 멍청했거나, 가장 냉소적으로 해석하자면 이제야 상황을 제대로 파악했다고 할 수 있을 것이다. "정의에 반하는 행태를 보고 '이게 뭐야?' 하는 생각이 들면 그때부터 우리는 어쩌면 그동안 자신이 까막눈이었을지도 모른다는 사실을 깨닫게 되죠. 현 상황이 누구의 잘못이건 그것이 고의였다고 생각하고 싶지는 않아요. 하지만 지난 몇 년 동안의 사태에 대해 정부와 기업들이 한 짓을 보면 그런 생각을 안 할 수가 없어요."

사우스윅은 조직 활동가가 되었다. 티파티에 가입해 영향력 있는 사람들의 이메일 리스트를 작성하고, 자원봉사자들을 교육하고, 주 당 대회에 참석할 대의원으로 출마하여 선출되었다. 사우스윅과 동료들이 유타의 공화당 3선 상원의원인 밥 베넷을 경선 후보 지명에서 낙마시킨 일은 정치판을 충격에 빠뜨렸다. 베넷이 구제금융 법안에 찬성하고 계속해서 그 조치의 정당성을 부르짖었다는 이유에서였다. 그녀가 기억하기로 그 사건은 잘못에 대해 정당한 처벌이 내려진 드문 경우였다.

  미국처럼 무한 경쟁을 표방하는 사회질서는 구성원들이 누구
나 똑같은 규칙에 따라 경기를 하고 있고 사회계약은 본질적으로
공정하다는 인식, 그리고 기본적으로 가장 능력 있는 사람에게
가장 큰 혜택을 준다는 인식을 공유해야만 합법성을 얻을 수 있
다. 미국의 능력주의 원칙은 절차가 정당하기만 하면 결과가 제
각기 불균등해도 문제 삼지 않는다. 게임의 규칙이 처지와 상관
없이 누구나 공평한 보상과 처벌을 받는 '기울지 않은 경기장'을
만들어내기만 한다면 말이다.

  대부분의 미국인들은 삶에서 우리가 투자한 것과 우리가 얻
는 것은 어느 정도 비례한다는 인식을 갖고 있다.

  이것은 뿌리 깊은 미국적 사고다. 1867년에 《네이션》의 창간
편집장인 아일랜드 출신의 에드윈 로렌스 고드킨은 유럽의 호전
적인 파업 노동자와 그보다 목소리가 약한 미국 노동자들을 비교
했다. 그리고 미국에서 유럽과 같은 전투적인 계급 의식을 찾아
볼 수 없는 이유는 미국의 노동자들이 기본적으로 자신을 사장과
같은 계급으로 보기 때문이라고 했다. "미국에서는 노동자와 자
본가를 구분하는 경계선이 아주 흐릿하다. 노동자들을 고용한 성
공한 사장들도 대부분은 노동자로 시작했기 때문이다. 그래서 대
부분의 노동자들은 사장이 되는 것을 꿈꾼다."[7]

꼭대기 층에 있는 사람들과 밑바닥에 있는 사람들 모두 법 앞에서 동등하다는 인식은 미국 사회의 가장 근본적이면서도 소중한 국민적 신념이다. 하지만 어느 분야를 보더라도 공평함이라는 이 기본 원칙은 묵살되거나 위반되고 있다. 몇 가지 간단한 예를 들어보자. 미국에서는 대부분의 기업이 이른바 '마음대로 고용'이라는 원칙을 휘두르고 있는데, 이는 언제든 무슨 일이건 걸리기만 하면 해고할 수 있다는 뜻이다. 이상한 넥타이를 맸다거나, 사장의 심기를 건드렸거나, 주유소가 문을 닫은 시간에 몰래 공짜 슬러피를 먹었다 해도 해고될 수 있는 것이다. 하지만 최근의 경기침체기 때 일자리를 잃은 월급쟁이들이 880만 명이나 되는 반면, 그 위기를 초래한 은행 최고경영자 중 자리에서 물러난 사람은 극소수에 불과하다.[8] 게다가 그렇게 물러난 최고경영자들은 대부분— 뱅크오브아메리카의 켄 루이스가 대표적인데—수백만 달러의 연금 외에 거액의 퇴직금을 챙겼다.[9] 파산한 리먼 브라더스의 악명 높은 CEO였던 딕 펄드마저 회사가 서브프라임 위기를 향해 기울고 있을 때 거의 5억 달러에 이르는 스톡옵션을 현금화해서 챙겨갔다.[10]

이런 불평등은 재계에서만 일어나는 일이 아니다. 미국의 현 사법체제도 불평등하다. 미국은 (중국을 포함하여) 세계 어느 나라보다도 수감자 수가 많다. 인구는 세계 인구의 5퍼센트 미만이지만 수감자는 전 세계 수감자의 거의 25퍼센트를 차지한 상황이다.[11] 그런데 그렇게 많은 국민들을 가혹하게 다루는 사법기관의 수장들이 경제시스템 전체를 붕괴시키다시피 한 투자 은행가들에게는 거의 전면적인 사면을 감행했다.

스택은 이런 체제에서 자신이 옴짝달싹 못하는 처지임을 깨달았다. 국세청은 모든 수단을 총동원하여 그를 탈세범으로 몰아세웠지만, 문제의 법 조항 자체가 애초에 불순한 의도로 만들어진 것이었다. 그런데도 강력한 특권 세력은 그 조항들을 밧줄처럼 꼬아 스택의 목을 죄었다. 스택은 이런 행태가 세법에서뿐만 아니라 미국인들의 삶 곳곳에서 행해진다고 생각했다. 자기 같은 무고한 사람들은 기댈 곳이 없지만, 부자와 권력자들은 처벌을 면하기 위해 자신들에게 유리하게 법을 왜곡해서 해석하고 심지어 입맛에 맞는 법을 만들어내는 등 정의를 능멸한다고 말이다.

사기꾼과 무책임한 사람들, 무능력자들이 아무런 처벌을 받지 않고 악행이 오히려 보상을 받는 사회는 도덕적으로 위험한 사회다. 경제학에서 말하는 '도덕적 해이'란 직원들이 자신의 행동으로 아무런 피해를 입지 않을 때 생겨나는 비윤리적인 태도를 가리킨다. 어처구니없는 부실 투자를 하더라도 결국은 정부가 그 비용을 지원해주리라는 것을 아는 은행가는 가능한 한 최대 수익을 내려는 욕심 때문에 경제시스템 전체가 무너질 위험이 있더라도 굳이 신중을 기할 생각이 없을 것이다.

금융위기를 이해하는 한 가지 방법은 그것이 도덕적 해이의 당연한 결과라는 것이다. 주요 금융기관들이 모험을 서슴지 않은 이유는 오직 하나다. 회사 규모가 어느 정도 된다면 손쓸 수 없는 상황이 오더라도 정부가 내버려두지 않으리라는 확신이 있기 때문이다. 그것이 사실이든 아니든, 금융위기 이후 연방정부가 취한 파격적인 구제 조치로 보아 앞으로도 경제시스템 전반을 붕괴시킬 만큼 크고 영향력 있는 금융기관이 파산 위기에 처하면 정부가 나서서 지원하리라는 것은 분명하다.

월가에서 경제공황에 대해 책임지는 사람이 아무도 없는데, 태평하게 위험한 투자를 또 다시 시도하면 안 된다는 훈계를 누가 듣겠는가? 월가 외의 분야에도 똑같은 원칙을 적용할 수 있다. 무모한 사람들에게 보상을 주는 기관은 무모함을 키우는 온상이 된다는 것이다.

사기꾼들은 절대 이기지 못한다

서브프라임 모기지 사태로 월가가 기업 부패의 상징이 되기 전에 엔론 사태가 있었다. 지금 생각하면 엔론 사태를 사상 최악의 기업 파산으로 여긴 것이 우습다. 그 후 벌어진 금융위기 때는 더 큰 규모의 기업들이 줄줄이 무너졌기 때문이다. 하지만 당시에는 엔론 사태가 미국 역사상 최대의 기업 파산(부시 대통령에게도 가장 큰 위기)이었다. 5,600명이 직장을 잃었고 주식 시장에서

600억 달러가 증발했으며 연금 적립금에서도 21억 달러가 사라졌다. 덤으로 국내 회계법인 중 규모나 역사 면에서 5위 안에 드는 아서앤더슨도 문을 닫았다.

원래 엔론은 새로운 비즈니스 모델을 개척하며 급성장하는 에너지 기업으로 각광받았다. 기업 사기, 오만함, 엘리트 실패의 상징이 되기 전에는 말이다. 그런데 그 기업의 초반기에 흘러나온 이야기를 들어보면 훗날 벌어질 사태의 전조를 엿볼 수 있다.

1987년, 엔론의 사내 회계감사 부위원장인 데이비드 보이텍과 팀원들은 엔론의 원유 부서에서 흘러나오는 수상한 금융 거래를 발견했다. 그 부서의 책임자였던 루이스 보겟과 토마스 마스트로니에게 경위를 따지니, 두 사람은 엔론의 수익률이 최고였던 1986년부터 1987년까지 흑자액을 그들의 개인 계좌로 옮겨 그 기간의 수익을 골고루 분산시켰다는 수상쩍은 이야기를 들려주었다. 보이텍은 그들의 설명이 어처구니가 없어 믿기지가 않았지만, 그들의 말은 사실이었다. 두 사람은 자신들의 주장을 입증하기 위해 회계 감사관들에게, 그리고 마지막에는 엔론의 최고 경영자인 켄 레이에게 그 수상한 거래를 감추기 위해 위조한 은행 거래 내역을 보여주었다.

보이텍이 무거운 마음으로 켄 레이와 만나 두 사람이 위조한 문서를 제시했을 때 레이의 반응은 충격적이었다. 레이는 그 트레이더들을 해고하지도 처벌하지도 않았고, 그저 다시는 그런 위법 행위를 하지 말라고 경고만 한 것이다. 보이텍에게는 몇 주 동안 원유 부서로 옮겨 업무를 감시하며 회계 감사를 진행하라고 지시했다.

그렇지만 수익을 많이 내는 그 원유 부서는 문제를 일으킨 당사자였음에도 그들을 감시하는 감사관들에게 당당하게 불만을 터트렸고, 결국 보이텍 일행이 짐을 싸서 나오는 것으로 사건이 일단락됐다. 단기적으로 볼 때 그 모든 사태 이후 변한 것은 아무것도 없었다. 위조된 은행 거래에 대해, 즉 용도불명의 25만 달러를 개인 계좌로 이체한 행위(혹은 둘 중 한 명이 회사 차를 팔아버리고 그 돈을 착복한 행위)에 대해 최고경영자가 그 트레이더들을 해고하지 않았으니 말이다. 하지만 그해 말 엔론의 원유 부서는 사기와 탈세 혐의를 일부 인정한 보겟과 마스트로니 때문에 막대한 부채를 안은 채 해체되었다.

엔론에서 일어난 이 모든 절차가 주는 메시지는 명확하다. 수익을 많이 낸다면 규칙을 어겨도 좋다는 것이다. 그런 신호는 조직 전반으로 퍼져나가, 조직 구성원들은 규정을 무시하고 가장 쉬운 길을 택하더라도 수익만 많이 내면 특혜를 받는다는 사실을 모두 눈치챘다.

엔론 사태를 백과사전처럼 세세하게 기록한 커트 아이켄월드는 이 보고서에서 엔론의 최고재무책임자에서 최고경영자의 자리까지 오른 제프 스킬링의 조직적 비전을 이렇게 설명한다.

스킬링은 완전무결한 능력주의 기관을 세우기 위해 자기 할 일을 다 하고 있다고 여겼다. 명석하고 재능 있는, 그리고 보상도 많이 받는 인재들이 '우월한 지위'를 차지하기 위해 무한 경쟁을 하는 곳, 그래서 회사가 경쟁사를 물리치고 앞서가게 하는 아이디어가 자유롭게 흘러나오는 곳을 위해서 말이다.[12]

엔론은 '우월한 지위'를 차지하기 위해서 직원들이 무슨 짓을 하든 상관하지 않았다. 이기기만 한다면 말이다. 스킬링은 자신이 여러 차례 만류했음에도 엔론의 부사장 루이스 키친이 인터넷으로 물건을 사고파는 사업을 계속 진행했다는 이야기를 대견하다는 투로 언급하고는 했다. 키친은 상관의 반대에도 불구하고 어떻게든 밀어붙였던 것이다. 얼마 후 그 무역 담당 부서는 어마어마한 수익을 냈고, 성공했기 때문에 키친은 어떤 징계도 받지 않았다. 스킬링은 그 사례를 부하 직원들에게 자주 들려주었는데, 의도는 누가 봐도 명백했다. 수익만 낸다면 규정은 무시해도 된다는 것이다.

실적을 가장 중요시했던 엔론은 최고 수익을 낸 직원들에게는 막대한 보너스를 주며 격려한 반면, 실적이 미비한 사람들은 가차 없이 해고했다. 한 임원은 경쟁과 능력에 과도하게 집착하는 엔론의 방침에 대해 이렇게 설명했다. "우리는 일을 잘하는 인재를 고용하고 그들이 기대한 것보다 더 많은 급료를 지급합니다."[13] 반대로 실적이 맨 하위로 평가된 직원들에게는 가혹한 처벌을 가했다. 정책상 엔론은 2년에 한 번씩 실적 평가를 통해 하위 10퍼센트의 직원들을 해고했는데, 그들끼리는 그 관행을 '등수로 솎아내기'[14]라고 불렀다(다른 기업 중에는 특히 골드만삭스가 이와 비슷한 정책을 실시한다). 서바이벌 게임 같은 이런 인사 정책은 스킬링의 전임자인 매킨지가 처음 도입했다. 그리고 (어쩌면 당연하게도) 경영컨설팅 회사 매킨지 앤 컴퍼니에서 발행하는 경제지 《매킨지 쿼털리》는 1997년에 엔론이 성공하는 데 큰 역할을 한 요인으로 이 정책을 꼽았다.[15]

한창 때 엔론은 연공서열, 인맥, 사내 정치의 비중을 줄이면서 실력 경쟁에서 나오는 저력을 북돋우기 위한 체제를 정비했다. 이러한 환경에서 끝내 버티며 승진했던 직원들은 오늘날까지도 그런 방침을 높이 평가한다. 브라질에서 엔론의 텔레콤 사업을 맡아 임원으로 4년을 근무한 프라빈 자인은 엔론 같은 기업은 본 적이 없다고 했다. "저는 엔론이 조직을 구성할 때 자본주의의 기본 신조를 반영하는 아주 멋진 실험을 했다고 생각합니다… 회사에서 직원들이 발휘하는 열정, 전에는 한 번도 그런 모습을 목격한 적이 없었습니다."[16]

엔론의 전 부사장 셰론 왓킨스는 이렇게 회고한다. "정말 신나는 분위기였어요. 기발한 아이디어가 있으면 예산을 얻어내서 그것을 실행할 수 있었거든요."[17] 왓킨스에 의하면 '등수로 솎아내기'라는 무자비한 규칙은 실제로 효과가 있었다. "그 규칙은 사실 나무에서 죽은 가지를 계속 쳐내는 역할을 했어요. 높은 사람의 편애를 받더라도 실력이 없으면 오래 못 버티는 구조였죠."

셰론 왓킨스라는 이름이 낯설지 않다면 그럴 만한 이유가 있다. 엔론의 파란만장한 드라마가 막을 내린 뒤에, 그녀는 엔론에서 비난받지 않은 몇 안 되는 임원 중 한 명이기 때문이다. 2001년 8월, 회사 회계 장부를 보고 당황한 그녀는 켄 레이에게 나중에 유명한 예언이 될 내용의 편지를 보냈다. "저는 이 회계 부정이 거대한 후폭풍이 되어 우리 회사를 무너뜨릴지도 모른다는 공포에 휩싸여 있습니다."[18]

왓킨스의 변호사 필 힐더는 당시를 이렇게 회고한다. 엔론이 전복되기 시작한 직후 왓킨스가 처음 그를 찾아와 회사에서 겪은 일들을 털어놓았을 때 그는 도저히 믿을 수가 없었다. "가장 능력 있고 똑똑한 사람들, 미국에서 가장 유명한 법률 회사와 세계에서 가장 유명한 회계법인과 그 유명한 아이비리그의 MBA 출신들을 고용한 회사에 대해 한 개인이 하는 이야기였으니까요. 그래서 저는 이 사람이 제정신이 아니거나 한 기업이 핵폭발급으로 붕괴하거나 둘 중 하나라는 걸 직감했습니다."[19]

2010년 봄, 성 패트릭의 날에 휴스턴에 있는 힐더의 사무실에서 셰론을 만났다. 초록색 정장 차림에 십자가 목걸이를 하고 있던 왓킨스는 휴대폰을 보며 그날을 기념할 계획을 세우고 있었다. 《타임》에서 '올해의 인물'로 선정된 사람들 중 일자리를 못 구해 고생할 사람은 거의 없겠지만, 그녀가 바로 그런 사람이었다. "내부 고발자는 문제아로 인식되기도 하니까요." 그녀의 말이다.

내부 고발(왓킨스와 힐더는 이 말을 섣불리 쓰지 못했는데, 그녀가 보낸 편지는 철저히 내부용이었기 때문이다)로 왓킨스는 엔론 사태를 다룬 의회 청문회에서 스타 증인으로 유명해졌고, 나중에는 《타임》의 표지 모델까지 됐다. 또한 그 사건으로 그녀는 경영 윤리학 전문가라는 새로운 경력을 얻었다. 왓킨스는 엔론 사태 이후 공인회계사로 활동할 수 없어 지금은 전국을 돌며 기업 경영인들에게 어떻게 해야 엔론과 같은 사태를 피할 수 있는지를 강의하고 있다. 이제 경영 윤리라는 분야는 어느 정도 성장 산업이 되었다. 내가 왓킨스를 만난 날, 리먼 브라더스 조사 보고서가 발표되었다. 보고서에 의하면 리먼 브라더스에서도 묘하게 엔론의 이중 장부 방식과 유사한 일련의 속임수가 발견되었다.

엔론 사태 이후 기업 사기가 만연해진 상황에 대한 왓킨스의 진단은 단순명쾌하다. "원인은 한 가지에요. 보상이죠." 눈앞에 제시된 금액이 엄청나기 때문에 임원들이 부정행위를 유도한다는 것이다. "수많은 사람들이 돈에 눈이 멀어 평소 같으면 엄두도 못 낼 행동을 하고 그것을 합리화합니다."

경쟁과 막대한 금전적 보상은 사기 행위의 요인 중 절반에 불과하다. 나머지 절반은 감시 부족과 내부의 부패 문화다. 왓킨스는 외부 기관의 감시 능력에 대해 회의적이다. 엔론의 조직적 사기 같은 문제는 경제 전문지나 단속 기관에서 폭로하려 해도 소용이 없다는 것이다. 그러면서 궁극적인 해결책은 바로 기업 자체에서 한계를 정하는 것이라고 주장한다. "통제나 관행 개선은 내부에서 시작돼야 합니다. 이것은 경영진에게 품격이 있어야 가능한 일이죠."

엔론은 실적에는 큰 보상을, 실패에는 냉혹한 처벌을 약속했다. 그리고 직원들은 인맥이나 연공서열, 사내 정치 같은 것이 아니라 오로지 실적에 따라 직위가 오르거나 떨어진다는 사실에 자부심을 갖고 있었다. 하지만 책임감이 부재하는 기업 문화는 실적과 함께 부정행위를 조장하는 결과를 낳았다.

이는 엔론만의 상황은 아니었다. 사실 지난 10년 동안 우리가 깨달은 것은 치열한 경쟁 후 승자에게 높은 보상을 주는 실력 중심주의는 온갖 부정행위와 속임수, 공모, 그리고 부정 조작을 양산한다는 것이다. 그리고 이러한 현상을 가장 철저히 보여준 사례는 망신 당한 국민 스포츠다.

야구계의 스테로이드 사건은 흔히 말썽쟁이들—로저 클레멘스, 알렉스 로드리게스, 배리 본즈—이 벌떼 같은 언론에 호출되어 호되게 야단맞고 창피를 당한 뒤 눈물로 반성하고 속죄했다는 도덕적 교훈으로 회자된다. 그것은 감정적으로는 후련한 드라

마지만, 실태를 제대로 알려주지는 못한다. 왜냐하면 메이저리그 약물 사건의 핵심은 어느 한 사람의 비행이 아니기 때문이다. 그 핵심은 책임감이라고는 어디에도 없으며 오히려 부정행위를 조직 차원에서 조장한 불능 시스템이다. 이 시스템을 다른 말로 하면, 엔론 사태, 주택 가격의 거품과 붕괴 그리고 지난 10년 간 일어난 수많은 사건의 뿌리다.

스테로이드 시대를 이해하려면, 먼저 마빈 밀러라는 사람을 알아야 한다. 밀러는 메이저리그 선수 협회를 국내에서 가장 강력한 노조로 변신시킨 인물이다. 야구가 시작된 이래 거의 대부분의 기간 동안 선수 노조는 이빨 빠진 호랑이였다. 구단주들은 소속 선수들을 철저히 소유했다고 봐도 무방했다. 선수들을 마음대로 교환하고, 고용하고, 해고할 수 있었기 때문이다. 자유 계약이라는 것도 없었고, 리그 수익이 막대했음에도(국내에서 유일하게 합법적인 독점 사업이므로) 시즌오프 기간에는 대부분의 선수들이 온갖 직업을 전전하며 간신히 생계를 유지했다. 메이저리그는 고용주가 수익을 뽑아내는 것 외에는 아무 관심도 두지 않은 전형적인 노동력 착취 구조였다.

그때 밀러가 등장했다. "당시 강경 성향의 고용주들에게 노동 조합주의란 반역이었기 때문에 초반에는 그야말로 최악이었죠. 달리 설명할 방법이 없네요."[20] 지금은 90대지만* 예전의 전투력

---

* 마빈 밀러는 그 후 2012년 11월 27일에 사망했다.

이 조금도 누그러지지 않은 밀러가 자세히 설명했다. "구단을 갖고 있던 부호들에게 야구는 다른 업무에서 생긴 스트레스와 골칫거리를 잠시 잊을 수 있는 수단이었습니다. 야구에 관한 한 뭐든 마음대로 할 수 있었거든요. 노조도, 불평에 대해 대응할 의무도, 중재 재판도, 정말 아무 것도 없었어요. 거기다 선수들을 노예처럼 묶어두는 유보조항까지 있었죠."

그런 상황에서 계약과 연금제도 협상에 경험이 있는 유능한 지도자를 물색하고 있던 어느 선수선발위원회가 전미금속노조에서 노조원 대표로 존경받던 밀러를 영입했다. 그는 일을 맡자마자 즉시 선수들에게 노조원으로서 가장 핵심적인 자세는 단결이라는 것을 각인시켰고, 그 단결의 힘을 원동력으로 파업을 이끌어냈다. 1968년, 밀러는 야구 역사상 최초로 단체 협약을 통해 20년 만에 처음으로 선수들의 최저임금을 인상시켰다. 그리고 4년 뒤에는 사상 최초로 선수들의 파업을 이끌었다. 이후 여러 번 이어질 파업의 시작이었다. 파업을 할 때마다 노조는 단결했고, 구단주들은 마지못해 양보했다. 선수들은 구체적이고 의미심장한 계약상의 진전을 이루고 당당하게 걸어 나왔다. 만일 평균 소득을 벌어들이는 사람이 마빈 밀러의 노조에 가입했다면, 그 기간(1966~1982년)에 실질 임금이 4,938달러에서 6만 2,712달러로 급증했을 것이다. 당연히 노조는 선수들로부터 절대적인 신뢰를 받았다.

그러던 1985년, 노조의 승리에 맞서 구단주들은 선수들에게 양보한 수백만 달러를 다시 빼앗아오기 위해 공모를 시도했다. 비밀리에 만난 그들은 자유 계약 선수를 입찰할 때 경쟁하지 않기로 합의했다. 시장에서 연봉을 인위적으로 깎기 위한 목적이었다. 하지만 그 협상의 낌새를 알아챈 선수 노조는 구단주들을 고소했고, 구단주들은 결국 합의금으로 선수들에게 수억 달러를 줘야 했다.

그 공모 사건을 목격한 밀러의 후임자 도널드 페르는 구단주들은 어떤 수단을 써서라도 선수들의 연봉을 깎으려 할 것임을 확신했다. "그 사건은 이미 상당히 험악해진 양측의 관계에 독을 뿌렸죠."[21] 메이저리그 전 총재 페이 빈센트가 회고했다. 빈센트는 영화업계에서 일하다가 전 예일대 총장이자 메이저리그 총재인 바트 지아마티에 이은 2인자로서 야구업계에 발을 들여놓았다. 지아마티가 1989년 심장마비로 세상을 떠나자 빈센트가 그 지휘권을 이어받았다.

1990년대 중반이 되자 선수 노조와의 싸움에서 연달아 패한 구단주들은 전면전을 준비한다. 그리고 이 싸움에서 그들은 마침내 이긴다. 선수와 구단이 극심한 갈등을 겪고 있던 1990년에 빈센트는 중립적인 제3자로서 개입하여 협상을 도와 결국 파업을 막았었다. 하지만 이번에는 구단주들이 협상을 거부했다. 빈센트는 그들의 속셈을 내게 이렇게 해석해주었다. "구단주들은 내가 개입하면 양측을 타협시키거나 원래의 계약대로 돌아가라고 하거나 선수들에게 협상권을 줄 거라 생각한 거죠."

구단주들은 노조와 전면적인 싸움을 벌일 예정이었지만, 중요한 것은 거기에 중립적인 심판이 없어야 한다는 것이었다. 내부 규약에 의하면, 메이저리그 총재는 빈센트가 양키스의 조지 스타인브레너에게 했듯이(스타인브레너는 양키스의 전 외야수 데이브 윈필드가 계약 위반으로 그를 고소하자 삼류 탐정에게 4만 달러를 주고 데이브의 뒤를 캐라고 시킨 적이 있다) 구단주들을 처벌하는 한이 있더라도 '스포츠에 가장 이로운 방향으로' 대처해야 할 의무가 있었기 때문이다. 다른 말로 하면, 선수와 구단이 끊임없이 전쟁을 벌이는 야구업계에서 총재는 유일하게 스포츠의 장기적 이익을 수호하는 외형상 독립적인 대표자 역할을 해야 했다. 총재는 야구에서 감독관에 가장 가까운 존재였던 것이다. 그래서 1992년에 밀워키 브루어스의 구단주 버드 셀릭이 구단주들을 이끌고 빈센트에 맞서 쿠데타를 일으켰을 때, 그들의 목적은 규제를 없애는 것—속담으로 말하면 닭장에 자기들의 여우 한 마리를 집어넣는 것—이었다.

지금은 플로리다의 비로비치에 사는 빈센트는 스테로이드 약물 사태가 벌어지는 과정을 굉장한 두려움 속에 지켜봤다. "스테로이드 문제가 터질 거라는 것은 셀릭보다 제가 더 먼저 알아챘을 겁니다." 그가 내게 말했다. "1991년에 저는 공식적으로 스테로이드를 금지했습니다. 그게 앞으로 문젯거리가 될 거라고 예상했거든요." 빈센트는 또한 실제 감독관으로 활동한 이력도 있었다. "저는 증권거래위원회 출신이거든요. 변호사였어요. 기본적으로 문제를 해결하는 전문가였으니 보통 사람들보다 문제에 대해 더 많이 알고 있었죠."

구단주들은 빈센트를 따돌리고 곧장 선수 노조를 공격했다. 1994년 여름, 그들은 선수들에게 여러 가지를 양보하라고 요구했는데, 그 내용이 너무나도 터무니없어 양측은 몇 차례 독한 설전을 벌였다. 결국 선수 노조는 파업에 들어갔다. 파업이 4주에 접어들면서 신임 총재 셀릭는 그 시즌의 나머지 기간—월드 시리즈를 포함하여—은 경기를 전면 중단하겠다고 발표했다. 야구 역사 113년 만에 처음 있는 일이었다. 구단주들은 원하던 대로 대결을 벌이는 데는 성공했지만 바라던 결과는 얻지 못했다. 결국 선수 노조와 구단은 협약을 맺어 노조가 깨지지 않은 채 계속 제 갈 길을 가게 되었다.

1, 2차 세계대전, 그리고 대공황을 지나면서도 한 번도 중단된 적이 없던 월드 시리즈가 파업으로 중단되자 양측은 모두 위신이 깎였다. 메이저리그는 사기가 하락했고, 팬을 상당히 잃었으며, 재정적으로도 위기에 빠졌다. 구단 측과 선수 노조 모두 그 이전 투구에서 막돼먹은 부자들이라는 인상을 남기며 명성까지 더럽혀졌다. 그런 상황은 1998년 마크 맥과이어와 새미 소사가 벌인

스포츠 사상 최고의 홈런 레이스 덕분에 야구의 인기가 되살아날 때까지 계속되었다.

야구와 약물은 떼려야 뗄 수 없는 관계였다. 메이저리그 소속 선수들에게 요구되는, 180일 동안 162번의 게임을 뛰어야 하는 일정은 보통 일이 아니다. 그래서 어느 정도 약물의 힘을 빌려 만드는 에너지는 필요악으로 인식되었다. 수십 년 동안 암페타민은 메이저리그 라커룸이라면 어디서든 구할 수 있었고, 1980년대에는 메이저리그 사무국이 선수들 사이에 퍼진 코카인 등의 마약들과 씨름을 벌이기도 했다(1970년에는 피츠버그 파이어리츠의 독 엘리스가 LSD에 취한 상태에서 노히트 게임을 치른 그야말로 비현실적인 사건도 있었다). 하지만 오랫동안 다른 스포츠에서 스테로이드 복용이 당연시되는 동안에도—몇 가지만 들어보자면 생화학적으로 양성한 동독 올림픽 팀, 근대의 트랙 경기와 필드 경기, 사이클 등—야구 쪽에서는 1989년까지 스테로이드가 거의 사용되지 않았다.

그러다 상황이 변했다. 월드 시리즈가 열리지 않던 1994년 10월, 클린턴 대통령은 식이보충제 건강교육법에 서명했다. 이는 무모하게도 영양 보충제 산업에 대한 FDA의 규제를 약화시키는 법안이었다. 제너럴 뉴트리션 센터* 같은 상점에서 가장 급성장

---

* 비타민, 미네랄, 허브류, 스포츠 영양 보충제, 에너지 상품 등 건강 관련 기능식품을 생산, 판매하는 전문 기업.

한 분야 중 하나가 체중 감량 보조제였다.

이때부터 체중 감량 보조제를 합법적으로 시중에서 구할 수 있게 되었고, 금지 약물과 합법적 약물의 경계가 다소 모호해지면서 보조제는 선수들의 라커룸까지 흘러들어갔다. 선수 노조 위원장 도널드 페르는 야구계의 약물 문제가 약물 규제 완화에서 시작되었다고 지적한다. "보조제 시장이 이렇게 어마어마한데 규제는 완화되고 연방정부의 감시도 없다시피 한 상황에서는 문제가 생길 수밖에 없습니다."[22] 그가 2001년에 한 말이다.

하지만 건강교육법은 한 가지 요인에 불과하다. 이 법안이 통과되기 전에도 스테로이드를 사용한 선봉자들은 야구계에 흘러들어갔고, 기업들이 잘나가는 상대의 제품을 모방하듯이 그들을 따라하는 선수들이 늘어나면서 메이저리그는 돌이키기 힘들 정도로 변질됐다. 수많은 논란을 일으킨, 하지만 나중에 대부분의 내용이 사실로 밝혀진 회고록 『약물에 취해』에서 호세 칸세코는 자신의 스테로이드 학습 과정을 설명했다. 키가 작은 편인 마이너리그 선수로서 칸세코는 발이 빠르고 스윙이 정확했지만 그 외의 장점은 거의 없었다. 마이너 시절 고향 마이애미에서 그는 체육관에서 함께 운동하던 사람과 친해졌는데, 그는 칸세코를 다양한 신진대사 약물의 세계로 안내했다.

칸세코는 약물을 직접 조제하는 데 달려들어 자신을 실험용 쥐로 삼아 효과를 관찰했다고 실토했다. 결과는 그와 함께 경기를 치른 선수들 눈에 확연히 나타났다. 양키스의 전 투수 데이비드 웰스는 회고록에서, 마이너리그 소속으로서 약물을 복용하기 전의 칸세코를 대면했을 때 이렇게 생각했다고 한다. "이 녀석은 치리오*로 훌라후프를 해도 되겠는걸."[23] 하지만 1년 후에 만났을 때 칸세코의 몸은 극적으로 변해 있었다. "나는 '그 아이다호의 깡마른 녀석'이 메이시 백화점의 행사 풍선처럼 몸집이 괴상하게 커진 걸 보고 소스라치게 놀랐다. 팔에 생긴 알통이 운동복 소매 아래서 불끈 솟아 있었고, 두꺼운 근육 덩어리가 이전의 앙상한 몸매를 감싸고 있었다…. 7회전까지 뛰면서 130미터가 넘는 장거리 홈런을 두 번이나 터뜨린 그를 보고도 나는 돌연변이처럼 변신한 그를 어떻게 이해해야 할지 종잡을 수가 없었다. 이렇게 급성장한 경우가 있다는 말인가? 이 괴물 같은 놈은 도대체 뭘 먹고 있는 거지?"[24]

야구처럼 경쟁이 치열한 환경에서는 진화가 매우 빠르고 강력하게 일어난다. 빨리 성적을 내지 못하는 선수들은 마이너리그로 처지고, 성적이 좋은 선수들은 다른 선수들이 따라하기 때문이다. 사정이 이렇다보니 적응법은 순식간에 퍼진다. 경쟁력을 키우는 데 도움이 된다면 주저하지 않고 다른 선수들의 테크닉이나 전략을 도용하고 똑같은 장비를 사용한다. 팔꿈치 보호대에서—지금은 강타자들이 투수판에 뛰어들 때 노출된 팔을 보호하

---

* 링 모양의 시리얼.

기 위해 사용하는—글러브나 배트까지 가리지 않는다.

이런 유형의 적응 욕구는 거액의 연봉이 걸려 있을 때 특히 강력해진다. 그리고 파업이 통하지 않는 메이저리그에서, 홈런을 잘 치는 선수보다 연봉을 더 버는 방법은 거의 없다. 그래서 모든 선수들의 눈이 칸세코를 향했다. 1986년 신입시절 그의 연봉은 7만 5천 달러에 불과했지만, 급신장한 장타 실력은 그에게 명성과 언론의 호들갑스러운 찬사, 그리고 160만 달러(리그 소속 선수 평균 연봉의 3배)를 안겨주었던 것이다. 모든 것이 3년 만에 이뤄진 변화였다.

칸세코는 약물 전도사로 활약하면서 약물에 기댄 체력 보강을 유행시키는 데 박차를 가했다. 그는 동료 선수들에게 언제 무엇을 사용해야 하는지 요령을 알려주었고 주입하는 방법까지 가르쳐주었다(왜 이런 일을 했는지는 회고록에서 확실히 밝히지 않았지만, 그는 동료들의 인정과 갈채를 몹시 갈구한 것 같다).

칸세코가 1992년 오클랜드에서 텍사스 레인저스로 옮겼을 때, 그는 전문가가 되어 있었다. "오래지 않아 모든 야구 선수들이 나와 텍사스 레인저스 소속의 내 동료들에게 일어난 변화를 알아챘다. 우리 모두가 얼마나 힘이 좋아졌고, 그 힘으로 얼마나 좋은 성적을 내는지 말이다. 그들은 곧 내게 접근해 스테로이드 사용법에 관해 물었다…. 당시만 해도 선수들 사이에서는 스테로이드 사용이 공공연한 비밀이었다. 그리고 그 약물에 대해 궁금한 게 있으면 누구에게 물어야 하는지도 알고 있었던 것이다."[25]

그의 말은 쓸데없는 자랑만은 아님이 밝혀진다. 「동료들에게 비윤리적 관행 배우기: 호세 칸세코의 동료 효과」[26]라는 논문에서 경제학자 에릭 굴드와 토드 카플란은 칸세코가 약물을 복용한 기간에 팀 동료들에게 미친 영향을 측정해보기로 했다. 그래서 칸세코가 팀에 합류하기 전과 후의 팀 동료들이 보인 타점 기록을 분석했다. 그 결과 주력 타자들의 경우 칸세코와 접촉한 후 한 해에 거의 홈런을 두 번 더 치고 타점이 여섯 번 증가했다.

메이저리그의 마약 침투에 영향을 준 또 다른 유명인은 트레이너이자 보디빌더, 그리고 뉴욕 메츠 클럽하우스 직원이었던 커크 라돔스키다. 라돔스키는 선수들에게 스테로이드를 보급했는데, 보급 받을 선수는 먼저 자신이 관리하는 네트워크에 속한 선수의 추천을 받아야 했다. 약물 복용의 도움으로 벌어들인 수익은 막대했다. "내가 선수들의 수익 증가에 기여한 액수는 수백만 달러 정도가 아니었다."[27] 그가 회고록에 쓴 내용이다. "수억 달러였다. 사실 2001년에 나는 거래하는 선수들 25명을 구성해서 그들의 연봉을 올리는 데 힘을 썼다. 그 총액은 상상을 초월한다. 나의 팀, 즉 커크 라돔스키 팀은 그 시즌에 3억 달러 이상을 벌어들였다. 이 금액은 양키스 소속 선수들의 전체 수입보다 1억 달러 이상 많은 액수다."

라돔스키 팀에 들어가고 싶어 하지 않은 사람은 바보 아니면 보기 드물게 강직한 사람이었을 것이다. 경쟁에 대한 압박이 심해지면서, 메이저리그에서 스테로이드를 사용하지 않는 것은 곧 적극적으로 불이익을 선택하는 셈이었다. "스테로이드를 사용하지 않는 선수들은 사용하는 선수들과 경쟁이 안 됩니다. 절대 이길 수가 없죠."[28] 라돔스키는 딱 잘라 말한다.

리그의 최고 선수들도 이런 역학 구조에 쉽게 영향을 받았다. 탐사 보도 전문 기자인 마크 페이나루-와다와 랜스 윌리엄스가 공동 집필한 『그림자 게임』이라는 책에서 1998년 마크 맥과이어와 새미 소사에게 쏟아진 열화와 같은 관심에 질투가 난 배리 본즈는 1999년부터 스테로이드를 사용하기 시작했다. 그해 오프시즌 때 본즈는 라스베이거스에 갔다. 지역 자선 경기에서 특히 칸세코와 겨루기 위해서였다. 이 무렵 칸세코의 몸은 외형상 최고조에 올라 있을 때였다. 만화책에서 나올 듯한 체격을 자랑하며 칸세코는 상대팀을 깔아뭉갰다. 본즈는 칸세코에게 다가가 말을 걸었다. "이봐, 어떻게 하면 근육을 그렇게 키울 수 있나?"[29]

그 자리에는 라돔스키와 칸세코 외에도 여럿이 있었다. 로저 클레멘스의 트레이너 브라이언 맥나미—그는 클레멘스에게 약물을 주입한 일에 대해 의회위원회에서 증언했다—가 있었고, 오클랜드에서 베이에어리어연구소*를 운영한 악명 높은 빅터 콘

* 줄여서 발코(BALCO)라고도 불린다. 1984년 빅터 콘테가 그의 전 부인과 함께 설립한 건강보조식품회사로, 1988년부터 2002년까지 메이저리그, NFL, 올림픽 출전 선수들에게 약물을 공급했다.

테도 있었다. 약물 복용으로 배리 본즈는 기소됐다. 하지만 어떻게 보면, 누가 도입했건 스타가 되려는 욕망과 치열한 경쟁이 불꽃을 튀기는 메이저리그에서 체력을 올려주는 약물은 필연적으로 퍼지게 되어 있었다.

라돔스키는 글에서 "프로 선수들에게 스테로이드에 대해 이야기하는 것은 투자 전문가에게 투자 상담을 하는 것과 마찬가지였다"[30]고 했다. 약물을 사용하는 선수들이 너무 많아지는 바람에 그것은 클럽하우스 내의 공공연한 비밀로만 유지할 수 없는 지경이 됐다. 2002년에 《스포츠 일러스트레이티드》는 전 MVP 선수이자 스테로이드를 복용한 켄 캐미니티와의 충격적인 인터뷰를 실었는데, 켄은 메이저리그 선수의 절반 이상이 약물을 복용하고 있을 거라고 추측했다.[31]

같은 해, 셀릭 총재와 선수 노조는 마침내 약물 검사를 위한 임시 관리체제를 꾸리기로 합의했다. 봄 훈련 기간 동안 약물 사용 선수가 얼마나 되는지만 알아보기 위해 완전히 익명으로 검사를 하기로 한 것이다. 만약 약물 복용 선수가 5퍼센트 이상 나오면, 그 다음에는 자동적으로 더 엄격한 (그리고 익명이 아닌) 약물 검사 체제를 가동하기로 했다.

그 당시 켈리 분쉬는 시카고 화이트삭스의 중간 구원 투수이자, 비교적 신입 선수에 속했음에도 소속팀 노조의 대변인을 맡고 있었다. 분쉬는 야구에서 소위 잊혀진 중간계급으로 불릴 만한 멤버였다. 유명 선수들은 큰 관심을 받았지만, 메이저리그 소속 선수들 대다수는 절대 올스타전에 나가지 못할 수준이었다. 연봉은 꽤 높았지만, 그들은 기술이 떨어지거나 기대에 못 미치게 될까봐 늘 불안한 삶을 살고 있었다.

분쉬는 빅리그에 진출했을 당시를 이렇게 회고했다. "저는 언제든 밀려날 수 있다는 지독한 공포에 전혀 준비가 되어 있지 않았습니다…. 힘든 순간을 몇 번 맞닥뜨리면, 돌연 '이러다 축출되면 어떡하지? 그럼 아내랑 우리 아이를 데리고 샬럿이나 다른 도시로 이사를 가야 하는데 아파트 월세는 어떡하고?' 하는 생각이 들었죠."32

분쉬는 메이저리그의 클럽하우스 문화가 신입 선수들을 별로 반기는 분위기가 아니었다고 한다. "신입이 오면 모든 선수들이 의심의 눈초리를 보냅니다. 신입을 믿을 수가 없기 때문이죠. 야구 선수들은 경찰들과 비슷하게 동료들을 감싸주는 경향이 있더군요. 메이저리그에 진입한 신입의 입장에서, 경기를 망친 날이나 알 수 없는 침묵에 휩싸일 때는 정말 숨 막히게 공포스럽죠."

분쉬의 설명에 의하면 많은 선수들이 불륜을 저지르기 때문에 비밀 지켜주기 관례는 특히 중요했다. 불륜 관계를 좀 더 안전하게 유지하기 위해 선수들은 휴대폰을 하나 더 마련해서 감시를 피하거나 자신의 행방을 감추기도 했다. 동료에게 질문을 하지 않는 것, 그리고 동료의 아내나 여자친구가 화가 나서 따지더라도 절대 입을 열지 않는 것이 클럽하우스의 불문율이었다. 다른 선수들을 낭떠러지로 던지지 말라는 것이다. 분쉬는 이런 관습이 스테로이드가 만연하는 분위기를 만들었다고 주장한다.

메이저리그에 진입한 지 얼마 되지 않았을 때, 그는 스테로이드 복용과 관련해서 주로 기술이 엇비슷한 투수들을 의심했다고 한다. "연봉 협상 때 구단이 저와 비슷한 등급으로 치는 선수들 말입니다. 예를 들어 어떤 투수의 연봉이 이 정도인데 나는 그보다 6mph가 뒤지고, 출전 횟수는 같고, 삼진은 더 적다고 합시다. 그런 선수들에게 강한 의심을 품기 시작하면 그걸 뿌리칠 수가 없는 겁니다."

그래서 2003년 봄, 진단을 위한 약물 검사가 처음 시작되려고 할 때, 분쉬는 동료 선수들과 약물 검사 정책에 대해 의논하기 시작했다. 그러다 우연히 참신한 전략을 생각해냈다. 노조와 구단이 내놓은 내부 규칙에 의하면, 선수가 검사를 거부하면 그를 약물 검사에서 양성반응이 나온 것으로 처리하게 되어 있었다. 약물을 복용하지 않았던 분쉬와 몇몇 팀 동료들은 만약 약물 검사를 거부하는 선수가 일정 수를 넘으면 양성 반응으로 기록되는 비율이 5퍼센트를 넘을 확률이 클 것이며, 그러면 자동적으로 약물 검사 관리체제가 시작되리라는 것을 깨달은 것이다.

선수 노조는 약물 검사에 강력하게 저항했고 거센 여론에 못 이겨 2003년의 약식 검사에만 동의했다. "영리하게도 선수 노조는 선수들에게 제약을 가하는 어떤 조치에 대해서든 전미총기협회식의 입장을 취했습니다." 분쉬가 말했다. "선수들의 궁극적인 입장은 아무런 제약을 가하지 말라는 것이었죠. 구단주에게 조금이라도 양보하면 나중에는 감당할 수 없이 밀릴 테니까요. 전례를 보면 그래요. 구단주들이 방향을 정하면 선수들은 소떼처럼 따라가는 식이었죠."

분쉬가 지적한 점은 선수 노조의 지도력은 노장 선수들, 대체로 스타 선수들에 의해 좌우되었는데 그들은 당시 상황이 유지되기를 바랐다는 것이다. 하지만 분쉬가 만나는 선수들은 거의 1년 차, 2년차, 3년차였다. 그들은 대부분 '우리가 검사를 못 받을 이유가 뭐야?'라는 태도였다. "스테로이드가 확산되면서 선수들은 둘 중 하나를 선택해야 하는 상황에 내몰렸어요. 경쟁에 뛰어들어 그들처럼 약물을 사용할 것인지, 아니면 그들과 어울리지 않고 깨끗하게 지내면서 죽어라 운동만 할 것인지 말이죠. 그것은 우리에게 고민할 문제도 아닌 것 같았어요. … 하지만 선수 노조 대표들에게는 그런 생각이 잘 전달되지 않는 것 같더군요."

"메이저리그 초년병들은 노조가 스스로 약물 복용 문제를 관리해야 한다고 생각했지만 힘이 없어서 그들을 설득하지 못했어요. 제 생각에는 목소리를 내는 것이 우리가 원하는 것을 얻을 수 있는 방법이었는데 말이죠." 분쉬가 말했다. 분쉬가 화이트삭스의 동료들을 모아 만든 비공식 모임이 힘을 받기 시작했고, 책임감 있는 노조 대변인이었던 그는 약물 검사를 거부하겠다는 생각을 공식 임원들에게 전달하기로 했다. 그래서 선수 노조의 제2인자였던 진 오르자에게 전화를 걸었다. 하지만 오르자는 분쉬의 생각을 듣고 엄청난 비난을 퍼부었다. 그는 분쉬 패거리들의 처신은 선수 노조 전체의 민주주의 정신을 위배했다고 몰아붙였다. 몇 안 되는 인간들이 노조 전체를 대변하는 것처럼 결정하지 말라는 것이었다. 분쉬는 전화를 끊고 원래의 계획을 철회했다. 그리고 화이트삭스의 동료들과 함께 약물 검사를 받았다. 선수들이 모두 검사에 응했고 양성 반응이 나오지 않게 미리 예방하는 방법이 있다는 주장이 나오던 상황이었는데도, 검사 대상자 1,438명 중 무려 7퍼센트에 해당하는 103명이 그 해 봄 약물 검사에서 양성 반응을 보였다. 당연히 본격적인 검사가 시작되었다.

몇 년 후 스테로이드 사태가 만천하에 드러났을 때 정치인들, 특히 공화당 의원들은 기다렸다는 듯이 선수 노조가 그 사기 사건의 주동자라며 맹렬히 비난했다. 하지만 사실 전체적인 기획은 노사가 똑같이 공모한 것이었다. 당시 거의 모든 기록이 이런 사실을 뒷받침한다. "구단주들은 영리하게도 스테로이드 복용 선수들을 경기에서 제외시키지 않았습니다."[33] 칸세코의 말이다. "맥과이어 같은 선수들이 스테로이드와 성장 호르몬을 최대한 활용해서 여러 면에서 실제보다 더 대단한 인물로 변신하도록 말이죠. 구단주들의 태도요? 제가 알기로는 '걱정 말고 계속 하라'

였습니다."

메이저리그 사무국이 의뢰하고, 전 상원의원 조지 미첼이 책임을 맡아 진행한 스테로이드 조사에서도 비슷한 결론을 내렸다. "2002년 이전에 구단주들이 무작위 약물 검사를 의무화하지 않은 이유는 그들이 야구와 관련된 경제적 문제를 훨씬 더 중요하게 생각했기 때문이라는 선수 협회의 주장은 타당성이 있다."[34]

2003년 다저스의 스타 투수 케빈 브라운에 대한 포스트시즌 스카우트 평가에서는 '단장이 스테로이드 복용을 의심함'[35]이라고 기록되어 있다. 브라운은 아마 그런 의심에 대해 해명하라는 요구를 결코 받지 않았을 것이다. 그리고 후에 뉴욕 양키즈로 이적했는데, 양키즈는 그에게 연봉 1,570만 달러를 지불했다. 그 당시에는 비슷한 기록이 꽤 많았으리라는 것을 짐작할 수 있다.

왜 약물 복용 선수에 대해 자유방임적 태도를 취했는지, 이유는 누가 봐도 뻔하다. 스테로이드를 사용한 기간에는 야구판에서 돈벌이가 잘됐기 때문이다. 2007년 스테로이드의 광범위한 복용이 표면화되었을 때 메이저리그는 4년 연속 관중 동원 기록을 갈아치운 상황이었다. 같은 해 서른 곳의 야구팀 수입은 7.7퍼센트가 증가하여 55억 달러에 달했다. 2007년 메이저리그 구단의 평균 가치는 4억 7,200만 달러로 1998년에 비해 143퍼센트가 증가했다.[36] 선수들은 돈을 긁어모았고, 구단도 마찬가지였다. 야구계 전체가 홈런 거품에 휩싸였다. 주택 가격 거품이 최고에 달한 해처럼 선수와 구단주들은 벌어들이는 돈이 너무 많은 나머지 수익을 만들어내는 거대한 사기극에 대해 굳이 고민하지도 않았다.

리그에서 가장 영향력이 큰 인물들이 대담한 모험으로 어마어마한 돈을 벌어들인 동안, 그보다 수익이 적은 선수들, 즉 노조의 대부분을 차지하는 선수들은 그들의 의견을 진심으로 대변해줄 인물이 없다는 사실을 깨달았다. 분쉬는 이렇게 말했다. "그런 풍토는 업계 종사자들 사이에 불공평이라는 문제를 던졌습니다. 가진 자와 가지지 못한 자 사이의 문제죠. 가진 자들은 수많은 약물을 복용하는 사람들입니다. 그런데 가지지 못한 자는 가진 자들한테서 나온 하찮은 보상만 받으며 힘든 시간을 보내야 했죠."

21세기의 미국인들은 끊임없는 경쟁 속에서 실력에 따라 신분이 달라지는 운동선수 모델을 맹목적으로 숭배한다. 올림픽 기간이면 2분마다 나오는 상품화된 전기를 통해 무명 선수가 일찍 일어나 늦게까지 연습한 끝에 다른 선수들을 앞질러 마침내 세계 일인자가 된 이야기를 들려준다. 하지만 야구의 스테로이드 추문이 보여준 것은, 높은 성적에 후하게 보상하는 경쟁시스템에서 부정행위는 필연적이라는 것이다.

정교한 경제 분석으로 명성을 얻은 책 『괴짜 경제학』에서 스티븐 레빗은 시카고 공립학교들의 시험 점수가 일정치 않은 현상을 관찰하여 최소한 교사의 4퍼센트가 부정행위를 했다는 결론을 내렸다.[37] 그런 속임수를 쓰도록 부추긴 것은 시카고의 공립

학교들이 실시한 인센티브 정책이었다. 능력주의를 강화하는 방향으로 시스템을 밀어붙여 교사들에게 성과를 내도록 강요했던 정책이다.

"강력한 인센티브 정책의 목적은 구성원의 행동을 시스템의 목적에 부응하게 하는 것이다."[38] 브라이언 제이콥이 2003년 공동 논문 「썩은 사과: 교사 부정행위의 만연과 예측 수단」에서 한 주장이다.

> 하지만 이런 제도의 단점은 구성원들이 여러 가지 편법을 사용해 행동을 왜곡시킬 가능성이 크다는 점이다…. 고득점에 대한 인센티브가 늘어나면 부도덕한 교사들이 다양한 위법 행위에 가담할 가능성이 증가한다. 예를 들면 학생들의 답안지에 적힌 오답을 고친다거나, 학생들에게 정답을 알려준다거나, 시험 전날 불법으로 시험지 복사본을 입수하여 질문의 의도를 파악한 뒤 그것을 학생들에게 가르쳐준다거나 하는 식으로 말이다.

이것은 학자들만의 주장이 아니다. 지난 10년 동안 우리는 학생들이 치른 시험 결과에 대해 교사에게 책임을 묻는 전국적 학교 개혁 조치의 물결을 지켜봤다. 이 조치로 일련의 교사 부정행위와 학교 당국의 자료 조작이 일어난 것은 예상 못할 일은 아니다. 워싱턴 D.C.에서는 전 교육감 미셸 리가 무능력한 교사를 해고하고 '성과급 제도'라는 능력주의 모델을 전파하는 데 열성을 보여 유명해졌다. 이 모델에서는 교사들을 서로 경쟁자로 만들어, 학생들의 표준시험 성적을 가장 많이 올린 교사에게 보너스를 지급한다. 그런데 그녀가 맡은 워싱턴 D.C.의 학군은 광범위한 부정행위로 인해 현재 교육부의 조사를 받고 있다.

놀라운 성적 향상으로 '블루리본 학교'*로 선정된 워싱턴의 한 학교에서는, 중학교 1학년의 경우 시험당 평균 12.7문항을 오답에서 정답으로 수정한 것으로 드러났다. 통계학자들이 《유에스에이 투데이》 기자들에게 밝힌 바에 따르면 '파워볼 그랑프리'를 수상한 학교의 경우 오답을 정답으로 고친 확률이 더 높았다.[39] '성과급 제도'를 지원하는 전국적인 조직까지 세웠던, 그리고 PBS 관계자에게 자신이 학교 교장을 해고하는 모습을 찍으라고 부탁하고, 마녀들이 타는 빗자루를 들고 《타임》 표지에 등장하기도 했던 미셸 리는 《유에스에이 투데이》 기자의 질문에 그 일에 대해서는 언급하고 싶지 않다고 답했다.

전국적인 학교 개혁의 중심지 중 하나인 애틀랜타는 역사상 최악의 부정행위로 기록될 만한 사건으로 궁지에 몰렸다. 심층보도에 의하면 교사 170여 명이 이 사건에 연루되었다고 한다. 부정행위는 전혀 특별하지 않은 일상적인 업무로 진행되었으며,

---

* 1982년부터 교육부가 공·사립 초·중·고교 가운데 학력이 우수하거나 성적 향상도가 높은 학교를 대상으로 주는 상이다. '교육계의 오스카상' 또는 '교육계의 수퍼볼'이란 별칭으로도 불린다. 2016년까지 8천 개 이상의 학교가 블루리본 학교로 선정되었다.

교장들이 피자 파티를 열면 교사들은 그곳에 모여 학생들의 성적을 올리기 위해 조직적으로 답안지를 고친 것으로 알려졌다.

물론 경쟁 위주의 능력주의 노선을 따르는 모든 기관이 광범위한 부정행위와 조직적인 속임수를 행하는 것은 아니다. 치열한 경쟁의 압박감 아래서도 부정행위를 하지 못하게 막는 요소가 두 가지 있는데, 하나는 사회적 또는 개인적 차원의 도덕성이고, 다른 하나는 부정행위가 발각되면 감수해야 할 처벌의 두려움이다.

2003년 이전에 야구 선수들 사이에서는 규제나 리그 감찰에 대한 두려움이 없었다. 그때는 적절한 약물 검사가 전혀 없었기 때문이다. 들키는 일은 불가능했고, 메이저리그 최고위층에서 보내는 신호는 약물 복용을 해도 눈감아줄 뿐만 아니라 오히려 크게 보상하리라는 것이었다. 부정행위에 대한 이러한 공식 면허는 리그 내의 규범을 바꿔놓았다. 약물 복용을 하는 선수들이 늘어남에 따라, 이전 같으면 부정행위에 가해졌을 도덕적 비난이 자취를 감춘 것이다. 경쟁이 치열한 곳에서는 어느 정도의 부정행위가 생기게 마련이지만, 그런 비정상이 정상으로 취급되는 단계부터는 부정부패가 조직적으로 만연해진다.

전혀 다른 상황이지만, 16세기에 토머스 그레셤이라는 튜더 왕조의 재무관은 부정직한 거래가 정직한 거래를 몰아내는 양상을 발견했다. 법정 통화가 쓰이는 근대 민족 국가가 등장하기 전에는 돈이 어떤 면에서는 자유롭게 만들어내는 물건이었다. 다양한 주체—가문, 영주, 왕—가 귀금속으로 동전을 만들었는데, 그 가치는 무게와 금속의 종류에 따라 달랐다.

하지만 국가 차원의 표준이 없어서 거래상들은 당연히 문제에 부딪쳤다. 실제 가치보다 명목상의 가치가 더 큰 화폐를 만들어내기가 비교적 쉬웠기 때문이다. 그래서 왕과 귀족들은 화폐를 주조할 때 실제 가치를 떨어뜨렸다. 예를 들어 6온스짜리 은화를 찍어내면서 실제로는 5.5온스의 은만 넣고 0.5온스는 은보다 훨씬 값싼 합금을 섞어서, 동전 하나에서 나오는 얼마 안 되는 이익을 가로챈 것이다.

이런 무법의 통화 시장에서 유통된 화폐는 두 가지 유형이었다. 합금이 섞이지 않고 중량도 정확한 '양화'와 귀금속을 정량보다 부족하게 넣어 가치가 떨어진 '악화'가 그것이다. 그런 상황에서 악화와 양화를 구분하는 데 요령이 생긴 사람들은 양화는 비축해 둔 채 악화만 시장에서 사용했고, 그 결과 시중에는 악화만 유통되는 사태가 벌어졌다. 그레셤은 이러한 현상을 엘리자베스 여왕에게 편지로 알리면서 결국은 시장에 악화만 남을 거라는 결론을 내렸다. 영국 화폐 시장의 '전례 없는 악성화 사태'를 조사하면서 그는 '양화와 악화는 동시에 유통될 수 없다'는 것을 확실히 설명한 것이다.[40]

그렇게 해서 '악화는 양화를 몰아낸다'는 그레셤의 법칙이 탄생했다.

오늘날의 상황에 적용해보면 이런 법칙이 나올 것이다. '스테로이드를 복용한 선수들은 그렇지 않은 선수들을 몰아낸다.'

그레셤의 법칙이 자리를 잡으려면 상인들이 모든 통화를 받아들여야 한다는 법이 있어야 한다. 그렇지 않으면 경험 많은 가게 주인들은 악화를 받지 않을 것이고 그러면 악화의 유통은 그칠 것이다. 우리 사회의 기관들에도 그와 유사한 환경이 조성되어 있다. 즉 속임수를 쓰는 사람들이 그 행동에 대한 처벌을 받지 않으면 정직한 사람들은 밀려난다. 이러한 원리를 알면 어떻게 메이저리그에서 그런 약물 복용이 만연할 수 있었는지를 이해할 수 있다. 실제로 선수들 시장에서는 약물 복용 선수와 그렇지 않은 선수들 사이에 차별이 없었다. 스티븐 레빗을 고용함으로써 부정행위를 뿌리 뽑으려는 시카고 교육청의 노력이 의미심장한 이유가 여기에 있다. 적절한 조치로 부정행위자를 적발하고 그런 악순환을 중단시킬 수단을 마련했기 때문이다. 반대로 그런 조치를 외면한 것이 분명한 미셸 리의 고집은 큰 추문으로 번졌다.

그레셤의 법칙은 메이저리그와 엔론 사태, 서브프라임 사태와 특히 밀접한 특성이 있다. 그레셤이 살던 시대에는 대부분 통화의 가치 하락이 상류층, 즉 왕이나 여왕, 또는 다른 분야의 통치자들한테서 시작되었다. 그들이 평민을 속여 부를 늘리기 위해 합금 섞인 주화를 일상적으로 만들어낸 것이다. 이처럼 그레셤의 법칙이 가장 잘 적용되는 곳은 가장 중요한 권력기관들이었다. 독일의 오래된 속담처럼 물고기는 머리에서부터 썩었던 것이다.

그레셤의 법칙을 이런 맥락에서 해석하는 것은 윌리엄 블랙에게서 처음 들었다. 변호사이자 경제학자, 범죄학자인 그는 이 분야의 전문가다. 그가 집중적으로 연구하는 문제는 화이트칼라 범죄와 그가 '범죄 양산 환경'이라 부르는 조직적 탈법을 부추기는 환경이다. 그는 경제활동 초반인 1980년대에 저축 대부조합 사태를 다루면서 금융사기에 대해 면밀히 연구했다. 이 사태 몇 년 후에 일어난 다음과 같은 상황은 소름끼치게 익숙할 것이다. 대부분의 주택에서 발생한 가격거품—당시는 텍사스라는 지역에 한정됐지만—과 대출금의 급증, 그리고 레버리지가 그것인데, 이러한 현상들은 전반적으로 대출 기준 완화라는 조치와 함께 진행되었다. 그 다음 결과는 부동산 가격의 대폭락, 위기로 인한 공포, 그리고 연방 차원의 금융구제였다.

블랙은 그레셤의 법칙이 가동되면 평판의 기준이 상식과 정반대가 된다고 설명했다. 가장 사기성 짙은 거래에 발을 담근 사람들이 가장 큰 거래와 수익을 차지하고, 수상한 가짜 수익을 만들어내면서 가장 많은 찬사를 받는다. 반면, 그런 행태에 이의를 제기하거나 더 나아가 내부 폭로를 하는 사람들은 의심의 눈초리나 경멸의 시선을 받는다.

"야구 선수로서 스타의 명성을 얻고 싶다면 스테로이드를 복용해야 했습니다. 이름값을 높이기 위해 할 수 있는 일은 그것밖에 없었으니까요…. 야구업계는 교묘한 마케팅 전략으로 홈런과 홈런 경쟁을 과장되게 보도하며 부추기기 때문에 명성은 인센티브 전략으로서 왜곡된 영향력을 행사하죠."[41] 블랙은 주장한다.

블랙은 그레셤의 법칙이 기관 내에서뿐 아니라 미국 사회 전체에도 적용된다고 지적했다. 엔론 사태가 터지기 전 몇 년 동안 엔론에 대한 언론 보도를 죽 읽어보면 그들의 아첨하는 논조에 놀라게 될 것이다. 경제지 기자들은 그 대단한 기업에 누가 더 최상급의 찬사를 보내는지 경쟁하는 것 같았다.

야구도 마찬가지였다. 1998년 8월, 맥과이어와 소사가 막상막하로 홈런 경쟁을 벌였을 때, 미국연합통신 기자 스티브 윌스타인은 그 경쟁에 대해 백악관 소식에 버금갈 만큼 수많은 기사를 쓰며 찬사를 쏟아냈다. 그러던 어느 날 윈스타인은 열려 있던 맥과이어의 라커를 들여다보다가 안드로스틴다이온(헬스클럽에서 '안드로'로 알려진)을 발견했다. 그는 체내에 흡수되면 스테로이드 효과를 내는 그 약이 합법적인지 기사를 통해 의문을 제기했다.[42] 그 후 일주일 간 온갖 추문이 이어졌다. 맥과이어는 문제의 약물을 복용한 사실을 인정했지만, 그와 소속팀 카디널스는 그 약물이 합법적이며 야구 협회에서 지정한 금지 약물이 아니라는 사실을 강조했다.

하지만 이 약물은 내셔널풋볼리그와 올림픽위원회에서 모두 금지된 약물이었고, 따라서 그 일이 알려졌을 때 메이저리그와 선수 협회가 각성하여 선수들이 다른 약물을 복용하고 있는지 조사해볼 수도 있었을 것이다. 하지만 야구 관계자들은 맥과이어 주변의 전열을 가다듬고 약물 사건을 폭로한 윌스타인 기자를 따돌렸다. 심지어 카디널스 매니저인 토니 라루사는 연합통신의 라커룸 출입을 금지하려고까지 했다. 알다시피 몇 주 후 로저 매리스의 최고 기록에 바짝 다가간 두 강타자들의 활약에 대중의 관심이 몰리면서 그 사건은 유야무야되고 말았다.

주택 가격 거품이 일어나던 당시 CEO들도 이와 비슷한 대접을 받았다. 컨트리와이드 파이낸셜의 설립자이자 CEO였던 안젤로 모질로는 그의 회사가 모기지 대부 액수에서 국내 최고를 달리면서 1990년대와 2000년대 초반 늘 언론의 주목을 받았다. 주택 가격 거품이 확대되면서 컨트리와이드는—다음 내용을 주목하라—대출자들에게 미지불 금액을 원금에 합하면서 매월 얼마를 상환할 것인지를 정하게 하는 등 무분별하게 위험한 상품들을 밀어붙이는 방법으로 경쟁에서 우위를 지켰다. 미국 증권거래위원회의 고발 내용에 따르면, 모질로는 청렴하다는 평판과 기업가로서의 열정 덕분에 대사기극을 감독해야 할 위치에 있었지만, 그는 미국 자본주의 역사에서 가장 뻔뻔한 부패 CEO들이 행사한 보수 산정 방식대로 자신의 몫을 챙겨 놓았다. 전국적인 주택시장 침체로 그의 회사가 껍데기만 남은 2007년에도 모질로는 스톡옵션을 행사하여 1억 2,150만 달러를 챙겼고 보너스로 2,210만 달러를 받았다.

주택 가격에 거품이 형성된 것은 사기 때문이었음이 지금은 널리 알려졌지만, 가격 거품 뒤에서 그런 사기극이 어느 정도나 추진력을 발휘했는지는 여전히 잘 알려지지 않았고 인정하는 사람도 드물다. 사기성 대출이 시장에 진입하면서 그레셤의 법칙은 걷잡을 수 없이 작동하기 시작했다. 부실 융자를 거리낌 없이 제공하거나 감정 사기*에 발을 담근 사람들은 보수와 수수료를 두둑하게 챙긴 반면, 그런 반칙에 참여하지 않은 이들은 고객이 줄어드는 상황을 속수무책으로 바라볼 수밖에 없었다.

2010년 봄, 블랙은 리먼 브라더스 파산 보고와 관련하여 하원 금융위원회 청문회에 출두하여 증언을 했다. 법원이 지명한 은행 파산 조사관 안톤 발루카스의 보고에 의하면, 리먼 브라더스는 대차 대조표를 고의로 조작하여 주주와 대중들에게 회사의 손실액을 감췄다. 엔론과 판박이였다. 금융위원회는 전문 지식을 갖춘 블랙에게 이런 유형의 거래에 대해 설명해달라고 요청했다. 블랙은 그들뿐 아니라 리먼 브라더스의 전 CEO 딕 펄드 면전에서 의견을 피력했다. "리먼 브라더스의 실패는, 크게 보면 사기의 역사를 보여줍니다…. 리먼 브라더스는 거짓말쟁이 대출(수입을 증명하는 문서나 증거를 요구하지 않는 대출)에서 지난 10년간 거의

---

* 시세보다 훨씬 높은 가격으로 평가를 받아 비싸게 팔거나, 훨씬 낮은 가격으로 평가 받아 싸게 사서 나중에 비싸게 되파는 사기 방식.

항상 세계 제일의 공급업자였습니다…. 이런 수법을 세계에 판매한 겁니다."[43]

거짓말쟁이 대출을 밀어붙이는 데 리먼 브라더스와 막상막하였던 곳이 모질로가 소유한 컨트리와이드였다. 컨트리와이드는 심지어 그레셤의 법칙을 공식적인 회사 방침으로 정하기까지 했다. 2003년부터 컨트리와이드는 내부에서 '슈퍼마켓 전략' 또는 '매칭 전략'이라고 하는 규정을 도입했는데, 그것은 경쟁사가 판매하는 대출 상품은 무엇이든 컨트리와이드에서도 유사 상품을 만들어 판매한다는 것이었다. 2009년 증권거래위원회가 모질로를 고발했을 때, 그의 대리인은 이 방침의 실행 절차를 이렇게 설명했다. "경쟁사가 제공하는 대출 상품이 컨트리와이드에 없는 경우, 컨트리와이드의 개발 부서에서는 '매칭 전략'에 따라 본사의 제품 목록에 그 상품을 추가했습니다."[44] 이러한 관행은 경쟁사의 대출 상품이 아무리 무모하고 해롭다 해도 적용되었다.

그 정책은 회사의 심사 기준을 위반하는 부작용을 낳았다. 부실 대출은 컨트리와이드에 몰려들어 결국 회사 밖의 전체 시장과 그 부패 정도가 똑같아질 정도가 됐다. 뱅크오브아메리카가 컨트리와이드를 인수할 무렵 그 회사의 서브프라임 대출은 33퍼센트가 미불 상태였다.

컨트리와이드의 경영진은 주주들에게 회사가 심사 기준을 준수하고 있다고 분기마다 발표했다. 그러나 내부 서신을 보면 모질로 자신마저 회사 내의 심사 기준이 하락하는 사태를 점점 더 두려워했음을 알 수 있다. 2006년에 컨트리와이드가 집값의 100퍼센트까지 빌려주는 모기지 상품을 팔기 시작했을 때, 모질로는 그의 최측근 몇 명에게 편지를 보내 그 상품이 "현존하는 상품 중 가장 위험하며 이보다 더 해로운 것은 없다"[45]고 털어놨다. 한 달 후에도 그는 최고 재무책임자가 그 상품이 '회사의 알짜배기'이긴 하지만 결국은 컨트리와이드 사의 독이 될 거라고 한 말 때문에 여전히 고민하고 있었다.

이러한 공식적인 서한이 오고간 후에도 컨트리와이드는 이 독을 계속 퍼뜨렸다. 당시 컨트리와이드는 서브프라임 대출에서 가장 큰 수익을 내고 있었지만 모질로는 사내 통신에서 두려움을 토로하고 있었다. 따라서 그는 파산이 임박했음을 느끼고 자신의 몫으로 배당된 막대한 임원 보수를 그 대비책으로 삼으려 했음을 어렵지 않게 짐작할 수 있다.

컨드리와이드의 핵심 사업이 프라임에서 서브프라임으로 전환되자 회사 전체가 영향을 받았다. 10년이 흐르면서(그리고 프라임론을 원했던 사람들은 거의 모두가 그것을 받는 동안) 명성, 보너스, 승진은 모두 점차 성장하고 있던 서브프라임 관련 부서 직원들에게 돌아갔다. 이것은 모든 보상이 서브프라임 사업으로 이동했다는 의미였다. 컨트리와이드의 마케팅 부서에서 일하며 광고 이사를 역임했던 애덤 마이클슨은 회사의 분위기를 이렇게 회고한다. "컨트리와이드는 그곳을 능력주의의 표본으로 만들려고 했습니다. 말하자면 회사에 최대 수익을 가져온 사람이 최고의 보수를 받고, 승진하고, 신망을 얻는 거죠."[46] 지난 10년 동안 수많은 기관에서 일어난 것처럼, 컨트리와이드라는 조직에서 '실력'의 의미는 철저히 왜곡된 방향으로 흘러갔던 것이다.

공공연한 비밀

부정행위가 조직 내에서 정상적인 것으로 받아들여지면 그것은 계층의 최고 단계에 오른 사람들에게 특이하고도 위험한 심리를 초래한다. 자기 자신을 초인으로 여기면서 조직의 비밀을 모르는 사람들을 얕보기 시작하는 것이다. 엔론의 특정 부서, 특히 거래 담당 부서 같은 곳에서는 공공연한 비밀과 내부용 농담 문화가 생겨났다. 이 두 가지 특성은 그 조직에서 그레셤의 법칙이 작동하기 시작했음을 암시하는 확실한 조짐이다.

2003년 여름 캘리포니아에서 전기 가격이 급증하고 부분 정전이 빈번해졌다. 엔론에서는 그 원인이 수요의 급증이라고 했지만, 사실 전기 가격을 올리기 위해 엔론의 직원들이 전력 공급을 억제하여 발전소 가동을 중단시킨 것이었다. 이는 두 명의 전력 담당 직원의 대화가 담긴 녹음테이프를 통해 드러났다. 이 녹음에서 두 직원은 이런 기상천외한 속임수를 성공시켜서 누군가가 챙기게 될 수익에 대해 이야기를 나눈다.

> "그 친구는 캘리포니아를 엿 먹인 거야. 캘리포니아에서 100
> 만 달러나 되는 돈을 훔친 거니까."
> "100만 달러를 훔쳤다고?"
> "그러니까, 그 친구는 캘리포니아 시장에서 중개 매매를 해서
> 하루에 100만 달러에서 200만 달러를 벌어들였다는 거지."[47]

야구에서도 이런 과감하면서도 은근한 완곡어구가 쓰였는데,
칸세코의 설명에 의하면 아래와 같다.

> 스테로이드 사용은 보편화되어 트레이너들은 농담 삼아 스테
> 로이드 주사를 'B12 주사'라고 불렀다.[48] 그리고 얼마 안 있어 다
> 른 선수들도 그 짧은 암호가 무슨 뜻인지 눈치 챘다. 그래서 자기
> 들끼리 공공연하게 큰 소리로 말하기도 했다. "들어가서 B12 한
> 방 맞아야겠다." 그러면 다들 웃음을 터트리는 것이다.

칸세코는 이런 유형의 농담은 약물을 사용하는 동료들끼리만
통했다는 것을 강조한다. 이는 스테로이드가 만연하던 시기의 메
이저리그에서는 상황을 잘 아는 사람들과 잘 모르는 사람들 간의
언행이 다르게 발전했음을 보여준다. 중범죄자이자 유명한 로비

스트였던 잭 아브라모프에 의하면, 정계 로비스트들은 "그가 농담을 알아들었다"[49]라는 표현을 쓰곤 했다. 이 말은 로비스트들이 모종의 조건으로 뇌물을 제공하겠다는 암시를 보냈을 때 상대 정치인이 이해한 순간을 뜻한다. 즉 로비스트의 의뢰인에게 혜택이 가는 법률적 부탁을 들어주면 돈을 주겠다는 말을 알아듣는 순간이다. 화이트칼라 사기에서 흔히 보이는 이런 농담성 암호를 블랙은 '중화 기법'이라고 불렀다. 도덕적인 불안감을 완화하기 위한 화법이라는 뜻이다. 블랙의 설명으로는 이 화법의 한 가지 방식은 '고리타분한 사람들을 놀리는 것'이다.

이런 경향이 가장 극명하게 드러난 곳은 서브프라임 대출 사기에 연루된 기관들의 내부 통신이었다. 신용 평가사 무디스에서 근무했던 리처드 미찰렉이 2010년 상원 상임조사위원회에서 증언하기를, 투자 은행 거래의 수수료 구조는 결과가 어떻게 되든 안정성을 긍정적으로 평가하도록 되어 있었다. "투자 은행의 목적은… 분명했습니다. '그 거래를 성사시켜라. 그리고 나중에 문제가 생기면 그건 또 하나의 먹튀 사건이 되는 것이다. 나도 튀고 너도 튀어라'라는 거죠." 알고 보니 '먹튀'는 주택 가격에 한창 거품이 끼어 있을 때 은행가들 사이에서 널리 쓰이던 약어였다.[50] 자기 자신의 도덕적 파탄을 과시하는 은어였던 것이다. 미찰렉은 말한다. "제가 증거 서류를 자세히 검토해야 한다고 고집스럽게 주장했을 때 그것을 답답하게 생각한 어느 투자 은행가한테서 그

말을 처음 들었습니다."

골드만삭스 런던지점의 구조금융 부문 거래인이자 골드만삭스를 사기 혐의로 고발한 증권거래위원회의 민사 소송에서 피고로 지명되었던 패브리스 투레는 자신이 연루된 업무에 대해 내면에서 갈등을 겪은 것이 분명하다. 2007년 1월 여자친구에게 보낸 편지에서 그의 심경을 엿볼 수 있다. "어쨌든, 이 일에서 너무 죄책감을 느끼지 않으려고 이렇게 생각하기로 했어. 내가 하는 일의 진짜 목적은 자본 시장을 좀 더 효율적으로 굴러가게 하고 궁극적으로는 미국 소비자들에게 빚을 내서 돈을 버는 효율적인 투자 기법을 알려주는 것이다. 그러므로 내 일은 겸손하고 고귀하고 도덕적인 것이다. 내가 나를 설득하는 법, 놀랍지!"[51] 출장차 벨기에에 내렸을 때 그는 공항에서 우연히 만난 미망인과 고아들에게 아바쿠스*를 몇 개 '무사히' 팔았다고까지 했다. 널리 알려져 있듯이 아바쿠스는 증권거래위원회가 기소한 사건에서 문제가 됐던 그 사기성 상품인데, 나중에 골드만삭스는 증권거래위원회와 타협으로 해결했다. 하지만 아바쿠스의 설계 목적은 급조 폭발물처럼 갑작스럽게 만들어졌다.

월가의 현장 조사를 위해 투자 은행가들을 인터뷰하는 동안,

---

* 부동산 대출에 기초한 합성 CDO(부채담보부증권)의 이름. 미국 증권거래위원회는 2010년 4월 16일 골드만삭스가 2007년 아바쿠스 2007-AC1이란 이름으로 부채담보부증권을 판매하는 과정에서, 상품의 설계 초기부터 월가 최대의 헤지펀드인 폴슨앤컴퍼니가 참여해 이를 함께 만들고 판매할 때 투자자들에게 위험성을 제대로 알리지 않았다는 혐의로 골드만삭스를 기소했다.

인류학자 캐런 호는 어떤 사무실에서 계약을 체결하는 단계를 설명해놓은 안내도를 우연히 보게 되었다. 좌우 2단으로 된 그 안내문은 왼쪽 단에는 거래를 완결시키는 공식적인 버전이, 오른쪽 단에는 '실제' 과정이 나와 있었다. 그래서 '금융 모델을 설계한다: 과거 실적과 예상 수익과 레버리지 비율'을 해석하면 '신용등급이 합리적으로 보이도록 경기 예측을 조작한다'가 됐다. 그리고 '유망 고객을 공략한다'는 '거래를 성사시키려면 거짓말하고 부정행위를 하고 훔치고 경쟁사를 헐뜯는다'로 해석된다.[52]

연방법원에 기소된 내용에서(나중에는 합의로 끝났지만), 컨트리와이드의 직원이었던 마크 재커리는 이런 태도가 국내 최대 모기지 업체였던 그 회사에 전반적으로 퍼져있었다고 털어놨다. 휴스턴에서 현지 주택 건설사와의 합작 투자를 감독하던 재커리는 사기를 조직적으로 조장하는 행태를 가까이에서 목격했다.

한번은 대출 희망자가 실직해서 수입이 끊길 수도 있다고 고백했다면 어떻게 대처해야 하는지 확실히 알아두기 위해 상관에게 이메일로 문의했다. "만약 그런 상황이 일어나면, 그 대출은 거절해야 하는 거죠?"[53]

그러자 상관은 이렇게 답장을 보냈다. "나라면 거절하지 않을 거네. 나는 아무 말도 듣지 않았으니까. 대신 대출 상담 직원에게 입 다물라고 확실히 말하거나 그를 총으로 쏘아버릴 거네!"

이러한 사내 통신에서 보이는 공통점은 양심이 사라지지 않고 잠복해있다는 것이다. 위의 모든 사례에서, 그리고 그 밖의 수많은 경우에 가해자들은 그들이 하는 일이 비도덕적임을 의식하고 있으며 그런 속내가 초조하게 드러난다. 내부용 농담과 그것의 친척뻘인 공공연한 비밀은 도덕적 방어 수단, 즉 속임수를 쓰는 주체가 자신과 자신의 범죄 행위를 분리하기 위해 만들어낸 수단이다. '농담거리로 삼을 만하다면 그것이 그렇게 나쁜 건 아니잖아?'라는 합리화인 것이다.

범죄학의 관점에서 볼 때 이런 내부 농담은 당사자들의 정신상태를 보여준다. 이런 이메일을 쓰면서, 그리고 내부 농담을 주고받으면서 그들은 자신이 무슨 짓을 저지르는지 알고 있었다. 그러므로 그 짓은 단순히 무능력해서 맹목적으로 내린 판단이 아니라 의도적인 사기 행위였다. 주택 가격 거품이 폭발하리라는 것을 내다보았던 몇 안 되는 투자자들였던 빈센트 대니얼이 작가 마이클 루이스에게 말했듯이 "사기꾼들보다는 멍청이들이 더 많았다. 하지만 사기꾼들은 저 높은 자리에 있었다."[54]

우리는 이렇게 생각한다. 맨 윗자리에는 사기꾼들이 있고, 우리 사회의 엘리트들은 일반 대중이 알지 못하는 사기극에 연루되어 있으며, 그 사기극은 능력주의라는 우리 사회의 전체 질서를 참담하게 농락하고 있다. 스택의 광기어린 분노, 수잔 사우스윅의 급진적 변화도 그런 생각에서 나왔을 것이다. 우리의 시스템은 선행을 보상하고 악행을 처벌해야 하지만, 어디를 보든 악한 사람들이 훨씬 호화스럽게 사는 것 같다. 시사 만화가 토머스 내스트의 그 유명한 만평에 등장하는 도금 시대 금권 정치인들처럼, 이 혼란을 초래한 장본인인 핵심 기관의 책임자들은 다들 어깨를 으쓱 하며 책임을 전가한다. "저 사람 때문입니다." 그리고 기관들의 거대한 실책과 약탈이 남기고 간 비참한 상황을 고통스럽게 수습하는 쪽은 나머지 국민들이다.

우리는 이미 익숙해진, 점점 극심해지는 모든 불평등—수입, 재산, 정치인들과의 접촉—과 더불어 이제 책임의 불평등이라는 중대한 문제와도 맞닥뜨리게 되었다. 책임과 처벌이 사회정신인 정의로운 사회는 괜찮다. 이런 사회에서는 할렘에서 마약을 거래하는 흑인 아이들과 월가에서 사기성 증권을 판매한 투자 은행가들 모두 그 범행의 대가를 치를 것이다. 혹은 용서와 두 번째 기회가 사회정신인 정의로운 사회도 괜찮다. 이런 사회에서는 월가의 은행뿐 아니라 담보로 집을 빼앗긴 사람들에게도 구제금융을 실시하고, 내부 거래자와 거리의 마약상들 모두 시민권의 혜택을 온전히 유지한 채 너그러운 사회로 복귀할 수 있을 것이다. 하지만 책임의 원칙은 힘없는 자들에게 적용하고, 용서의 원칙은 힘있는 자들에게 적용하는 사회는 안 된다. 현재 우리가 살고 있는 미국이야말로 바로 이런 사회다.

4장

책상머리 엘리트를
못 믿겠다

이제 진실의 중재인은 없다….

우리는 루비콘 강을 건너 무지의 세계로 들어섰다.[1]

-로버트 기브스*

/

내 동생 루크는 생후 11개월에 천식 발작을 일으켰다. 어머니 말로는 유아용 침대에 누운 동생이 어찌나 힘겹게 헐떡이던지 앙증맞은 갈비뼈가 위아래로 마구 움직이는 게 눈에 보였다고 한다. 당시 부모님은 천식에 대해 아는 게 거의 없었지만, 누구든 자식이 천식 진단을 받으면 모든 면에서 돌변하게 마련이다. 인터넷이 보급되기 전이었지만, 어머니는 구할 수 있는 자료는 하나도 놓치지 않고 끈질기게 찾아다녔다. 천식에 관한 책을 읽고, 신문 기사를 모으고, 천식 환자 부모들의 경험담을 듣고, 치료법에 관한 지식을 교환하기도 했다.

그러던 어머니는 얼마 안 있어 동생의 주치의를 미심쩍어하기 시작했다. 그의 설명이 다른 의사들의 설명과 달랐고, 그가 제

---

* 1971~. 전 백악관 대변인.

시한 치료법도 어머니가 읽은 자료들과 차이가 났던 것이다. 커져가던 의구심은 주치의가 한 살짜리 내 동생에게 처방해준 스테로이드 양이 몸무게 135킬로그램의 성인에게도 충분한 양이라는 사실을 알게 된 후 극에 다다랐다. 부모님은 다른 의사를 찾아보기로 했다. 동생의 병세가 나아졌을 때도 어머니는 의사들과 이야기할 때 늘 의심스러워하는 표정을 감추지 못했다. 게다가 질문은 어찌나 많이 쏟아내는지 의사들이 어머니를 지긋지긋해할 것 같았다. 내 눈에도 어머니는 정말 골칫거리로 보였다. 전문가는 저분들이라며 어머니를 말리고 싶은 마음뿐이었다.

그런데 한쪽이 전문가라는 그 사실 때문에 의사와 환자들의 관계가 그렇게 위험한 것이다. 우리는 값비싸고 전문화된 지식에 접근한다는 명목으로 의사들에게 상당한 경제력과 지위를 부여한다. 하지만 의사도 인간이다. 그들도 실수를 하고, 기술과 예리함에서 개인차가 크며, 오진으로 큰 비극을 초래하기도 한다. 메디케어* 환자들을 대상으로 한 최근의 연구는 전국적으로 한 해에 약 18만 명이 입원 중 부적절한 시술로 사망한다는 것을 시사했다.[2] 이 수치는 음주 운전으로 인한 사망자 수의 16배나 된다.[3]

그러므로 환자들은 두 극단 사이에서 타협을 해야 한다. 한 가지 선택은 그냥 의사의 결정을 100퍼센트 받아들이는 것이다. 그런데 역사적으로 볼 때 이러한 선택은 수없이 많은 무서운 결과

---

* 미국 정부가 시행하고 있는 사회보장제도로서, 65세 이상 혹은 일정한 자격 요건을 갖춘 국민에게 건강보험을 제공한다.

들을 불러왔다. 척수성 폴리오의 발병이 극에 달하던 1935년에 필라델피아의 병리학자 존 코머는 시험 삼아 어린이 만 명에게 생 백신을 투약했다. 부모들에게는 안전하다고 장담한 상태였다. 하지만 그 백신 때문에 10명이 마비성 폴리오에 걸렸고, 5명은 목숨을 잃었다.[4] 2004년만 해도 테닛 헬스케어*는 769명의 환자에게 법적 합의금 명목으로 3억 9,500만 달러를 지불했다.[5] 환자들은 그 병원 소속의 레딩 메디컬센터에서 불필요한 심장 수술을 받는 바람에 마비나 뇌졸중, 심장 발작 등이 일어났으며, 최소한 94명이 의료진의 실수로 목숨을 잃었다고 주장했다.

다른 선택은 의학의 권위를 전적으로 무시하는 것이다. 이는 미국의 역사에서 오래 전부터 공존했던 경향으로, 종교적 선지자 메리 베이커 에디**뿐 아니라 오늘날의 엉터리 다이어트, 보조 식품, 종류도 다양한 가짜 의약품 같은 얄팍한 산업을 뒷받침하는 태도이기도 하다. 권위의 위기는 특히 극단적인 방식의 저항, 이를 테면 수백만 명이 자녀들의 백신을 거부하는 사태로까지 악화됐다. 백신이 안전하다는 과학적 증거와 의학계의 확고한 의견 일치에도 불구하고, 백신이 자폐증이나 그 밖의 질병을 일으킨다고 믿는 사람이 그렇게 많은 것이다.

---

* 미국에서 세 번째로 큰 영리 병원 그룹.
** 1821~1910. 1976년 미국에서 크리스천 사이언스라는 기독교 계통의 신흥 종교를 세웠다. 신약성서에서 예수가 병을 고친 이야기를 읽은 뒤, 이전의 사고로 생긴 후유증이 쾌유되는 경험을 했다고 한다. 이러한 경험을 바탕으로 『과학과 건강』이라는 책을 썼다.

의학의 권위는 우리 개인의 삶에는 특별하고 중대한 영향을 주는지 모르지만, 우리가 대하는 의학계는 근본적으로 국민의 삶에 행사하는 다른 공적인 권위와 별반 다르지 않다. 일반 국민들은 해외의 어떤 나라가 정말 대량 살상 무기를 갖고 있는지 전혀 알 수가 없다. 나름의 견해를 갖기 위해서는 그 문제와 관련된 권위 있는 기관, 즉 정부의 발표와 언론의 보도에 의지해야 한다.

이 모든 경우에 우리는 신뢰(또는 불신)의 근거가 지식이라고 생각한다. 즉, 누군가의 말을 우리가 알고 있는 정보와 비교한 다음 그들이 믿을 만한 사람인지를 판단한다는 것이다. 그래서 신빙성이 있으면 대체로 그들을 믿게 된다. 예를 들어, 우리는 의사가 처방하는 투약 양을 약사나 천식 관련 서적에 제시된 양과 비교한다. 수리공이 우리 차를 고쳤다고 말하면 우리는 귀에 거슬리던 잡음이 정말로 사라졌는지 들어본다. 권위자를 신뢰하기까지는 이러한 과정을 반복한다. 의사의 말이 옳다는 것이 증명된 후에야 우리는 그 의사를 믿는다. 수리공이 차를 제대로 고친 다음에야 우리는 그를 믿는다. 다른 전문가들도 모두 마찬가지다.

그런데 지식을 바탕으로 신뢰감을 형성하는 것은 사실이지만, 그 반대의 경우도 사실이다. 우리는 신뢰를 바탕으로 지식을 얻는다. 동생의 주치의와 어머니 얘기로 돌아가 보자. 의사의 실력을 평가하기 위해 어머니는 의학 서적에서 투약 양을 찾아봤다. 그 행동에 내포된 의미는 근본적으로 책 자체를 신뢰한다는 것이다. 그런데 그 서적의 저자가 동생의 주치의보다 더 믿을 만하다고 어떻게 장담할 수 있는가? 책에 있는 정보가 옛날 정보였을 수도 있고, 그 저자가 교활하게 제약 회사와 비밀 계약을 맺어 그 회사에 유리한 방향으로 조언을 했을 수도 있는데 말이다. 어머니가 책을 찾아보는 게 아니라 친구가 추천한 다른 의사와 상담을 했을 수도 있다. 만약 그랬다면 어머니는 친구와 그 친구의 판단에 대한 자신의 믿음에 의지한 것이다. 만약 어머니가 책의 내용과 다른 의사들의 의견을 모두 참고한 후에 동생의 주치의가 처방한 투약 양이 과도하다는 것을 알아냈다면 어떨까. 이 경우는 설득력이 있다. 하지만 그것도 어머니가 동생의 주치의보다 의학적인 합의를 더 신뢰하기로 결정한 것에 지나지 않는다. 그리고 의학적 합의에도 오류가 있다는 것은 여러 차례의 역사적 사건에서 입증됐다.

이런 복잡한 조정에서 벗어날 길은 없다. 우리가 자신 있게 알아낼 수 있는 정보들은 극히 드물기 때문이다. 우리가 알 수 있는 것은 피부에 와닿는 봄바람의 감촉, 우리 자신의 공상과 공포 정도다. 이런 개인적인 지식의 미약한 통로 외에는 다른 사람들의 의견에 기대는 수밖에 없다. "우리 지식의 대부분—아마 사실상 거의 전부—은 다양한 방식으로 타인에게 의존하고 있다. 근거가 필요한 대부분의 지식을 그것을 알 것으로 짐작되는 타인으로부터 얻는 것이다."[6] 정치철학자 러셀 하딘이 한 말이다. 뭔가를 알아낸다는 것은 믿을 만한 출처에서 그 정보를 듣는다는 것이다. 지식의 몇 가지 연결고리를 따라가보라. 그러면 분명히 기관의 권위라는 기반에 가 닿을 것이다. 이 기반이 없으면 우리의 기본 지식 구조는 자리를 잡지 못할 것이다.

인정사정없는 폭풍우 속에서 고향의 항구를 찾아가는 지친 선원을 떠올려 보라. 그의 눈에 수평선을 따라 수십 개의 등대 불빛이 타오르는 게 보인다. 하지만 경험상 그는 그중 몇 개는 너무 오래 돼서 파도에 밀려 육지에서 멀어졌음을 안다. 또 어떤 것들은 잔인한 사람들이나 다른 경쟁 항구에서 세워둔 가짜 불빛에 불과하다. 이런 이상한 시대의 시민으로 살아가다 보면 우리도 그 위험한 처지에 놓인 가여운 선원과 다를 바 없음을 매번 깨닫게 된다. 어둠 속에 위험이 도사리고 있다는 것은 알지만 과연 그것을 피할 수단이 있는지 우리는 알 수 없다. 이런 암담한 상황이 실패의 시대라는 가장 암울한 결과를 가져온 것이다. 연달아 드러난 엘리트의 배신 때문에 엘리트와 우리 사회의 핵심 기관들은 신용을 잃었고, 세상을 신뢰하기 위해 우리가 의존했던 바로 그 인식 과정도 믿지 못할 것이 돼버렸다. 설상가상으로 인터넷에서는 걸러지지 않은 정보가 그 어느 때보다 엄청나게 쏟아지면서, 신뢰의 대상을 찾아야 하는 우리의 힘겨운 과제를 급속히 확대시켰다.

기존의 권위 기관은 불신을 얻고 새로운 권위 기관이 기하급

수적으로 증가하면서 객관적 사실을 판별하는 우리의 능력은 완전히 무너졌다. 가장 핵심적인 기관들은 이제 믿을 수 없기 때문에, 우리는 각자 쉽게 접근할 수 있는 인터넷의 도움을 받아 소규모로 분열된 인식의 야영장으로 도피한다. 일부 야영장이 과학과 실증주의를 벗어나 점점 더 높은 담을 쌓는 동안 우리의 앞에는 두려운 미래가 펼쳐질 것이다. 그 미래에서는 사회 발전에 꼭 필요한 기본적인 합의가 불가능할 수도 있다. 어마어마한 재앙이 될 수 있는 기후변화에 직면한 우리에게 지금 일어나고 있는 일이 바로 그것이다. 인류가 지구상에 출현한 이래 기후변화만큼 심각한 문제는 없었다. 그런데 우리를 단단하게 묶어줄 토대가 가장 필요한 바로 지금, 우리 앞에는 불길하고 갈피를 잡기 힘든, 그래서 한치 앞을 내다볼 수 없는 초현실적인 상황이 놓여 있다.

우리는 어떻게 아는가?

우리는 주변을 떠다니는 수백만 가지의 정보를 모두 살펴보고 진위를 판별할 수 없기 때문에 그 작업을 대부분 다른 사람들에게 의뢰한다. 생계비를 벌고 가족을 건사하기에도 벅차기 때문이다. 그래서 우리는 서둘러야 하는 아침 출근길에, 부족한 점심 시간에, 그리고 한가한 저녁 시간에 되도록 많은 정보를(혹은 욕구를 채워줄 만큼) 얻어내려고 한다.

정보를 놓치지 않기 위해 우리는 관습적으로 몇 가지 인식상의 지름길을 사용하지만, 그 지름길 하나하나는 실패의 시대를 겪으면서 모두 불신의 쓰레기통에 버려졌다.

합의

우리가 알고 있는 것 중 대단히 많은 부분은 합의에 근거를 둔다. 어떤 사실에 모든 사람이 동의하면 그것을 진실로 받아들이는 것이다. 중력이 존재한다는 것, 미국에는 50개 주가 있다는 것, 그리고 태양이 지구 주위를 도는 것이 아니라 지구가 태양 주위를 돈다는 사실을 '알게' 된 것도 모두 합의를 통해서다.

그런데 정치적인 분야에서는 합의가 불가능하지는 않지만 굉장히 어렵다. 어떤 중요한 공익 문제를 보더라도—사회보장 제도의 장기적 안정성, 세금이 경제성장에 미치는 영향, 학생의 성적에 따라 교사에게 보상금을 주는 제도의 정당성 등—똑똑하고 충분한 자격이 있고 열정적인 대변인들이 서로 반대되는 의견을 제시하지 않는가. 국민들은 전문적인 지식이 전혀 없는 경기에서 계속 판결을 내려야 하는 난감한 상황에 처해 있다.

자유민주주의 사회에서 정당이 필수적인 이유가 여기에 있다. 정보 부족이라는 부담을 정당이 상당 부분 짊어지기 때문이다. 시민들은 가치관의 유사함, 중대한 문제에 대한 의견 일치, 지역이나 민족끼리의 유대 같은 다양한 이유로 특정 정당과 자신을 같은 편으로 인식한다. 그 보답으로 정당은 지지자들에게 수많은 문제에 대한 전반적 입장을 제시해준다. 정당이 아니었으면 개인이 독자적으로 자원이나 시간을 들여 어떻게든 특정한 입장을 정해야 했을 문제들에 대해서 말이다. 정당은 또한 합의를 찾는 사람들 사이에서 일정한 인원을 뽑는다. 그래서 민주당원이라면 모종의 문제에 대해 민주당의 합의에 의지하며, 그것이 비교적 자신의 의견과 일치할 거라고 확신한다.

수많은 결점에도 불구하고, 정당이라는 제도 덕분에 시민들은 한없이 복잡한 정치적 분쟁의 정황을 대강이라도 파악할 수 있다. 하지만 지난 수십 년 동안 정당의 위력은 약해졌고, 지지 정당이 없거나 두 정당 사이를 왔다 갔다 하는 유권자는 매우 많아졌다. 복잡한 문제에 대한 입장 정리를 도와주던 조직화된 정당의 기반이 없어지면, 이른바 무당파들은 자연스럽게 사회 전반적인 합의에 따르려는 경향을 보인다. 그래서 '이 문제에 관해서 대부분의 전문가와 권위자들은 어느 편에 있는지'를 궁금해한다.

이러한 사회 변화가 정당에서 점점 멀어지는 국민들 사이에서 (개념적으로나마) '초당파주의'가 믿을 만한 기준으로 확산되는 이유다. 국민들이 '초당파주의'에 기대는 것은 사회 전반적인 합의 내용을 좋아해서가 아니라, 정당 간의 이견이 초래하는 인식상의 스트레스를 피하기 위해서다. 공공 정책에서 중요한 문제에 대해 두 정당이 극렬하게 대립하면, 우리는 어느 한쪽 편을 들

어야 한다는 압박감을 느낀다. 그리고 그 문제에 대해 전문 지식
이 거의 없거나 가치관이 명확하지 않은 사람들은 자신이 잘못된
편에 가담하는 건 아닐까 하는 걱정 때문에 계속 신경이 쓰인다.
자신이 가담한 편이 이 나라를 망친 거라고 정당한 분노를 터뜨
리는 국민들이 어마어마하게 많기 때문이다. 그 사람들 말이 옳
을지도 모르지 않은가.

　반면 초당파성은 다른 신호, 즉 문제가 해결됐다는 신호를 보
낸다. 모든 사람이 같은 의견이라면 견해차를 조정하기 위한 보
충 자료나 권위자를 찾을 필요가 없다. 여러 차례 이루어진 믿을
만한 여론 조사에 의하면 대중은 늘 초당파적인 합의를 원한다.
상충하는 주장들, 언쟁, 데이터 해석 사이에서 하나를 선택해야
하는 부담에서 벗어나고 싶어 하기 때문이다. 이것은 게으른 것
이 아니라 어느 모로 보나 합리적인 방침이다. 논쟁을 하는 것은
우리의 인식체계에 굉장히 피곤한 활동이기 때문이다.

　하지만 지난 10년 동안의 경험에서 우리는 초당파적인 합의
때문에 형편없는 정책이 나올 수도 있음을 깨달았다. 9 · 11 사태
후 두 정당은 아프가니스탄에 군사력을 투입하기로 거의 만장일
치로 결정했다. 투표는 하원에서 420 대 1, 상원에서 98 대 0으로
통과했지만, 거의 11년이 흐른 지금도 그 전쟁은 좋게 끝날 가능
성은 희박해진 채 계속되고 있다.*

---

* 이 글을 쓴 시점인 2012년 기준이다. 2001년에 시작된 아프가니스탄 전쟁은 2014년 12
월 28일 미국과 북대서양 조약기구(NATO)가 종료를 선언했다.

아프가니스탄 전쟁을 승인한 지 1년 남짓 됐을 때, 의회는 이라크 전쟁까지 승인했다. 그 결정은 상원 77 대 22로 통과됐는데, 찬성 측에는 민주당 의원 29표(당원의 60퍼센트)도 포함되어 있었다. 물론 공화당 행정부와 당이 전쟁을 적극적으로 밀어붙였지만 정치에 큰 관심이 없는 이들도 민주당의 많은 유명인사들, 실은 가장 유명한 인사들도 이라크 문제에 대해서는 부시 행정부나 공화당 의원들과 별 다를 것 없었음을 알아차렸을 것이다.

하원 민주당 원내대표 딕 게파트는 〈페이스 더 네이션〉에 출현해 이렇게 말했다. "우리가 걱정하는 것은 뉴욕에서, 워싱턴에서, 세인트루이스에서 라이더 트럭이 원자 폭탄을 싣고 다닐 수도 있다는 겁니다. 그런 사태가 벌어지면 안 됩니다. 우리가 막아야 합니다. 제가 이라크 전쟁에 찬성표를 던진 것도 그런 이유에서입니다." 2003년 1월, 한 연설에서 상원의원 존 케리는 "사담 후세인은 거짓말을 일삼고 대량 살상 무기를 계속 보유하고 있으면서도 그에 대한 미국의 대응을 잘못 예측하고 있다"고 말했다. 몇 주 후에는 앨 고어가 이라크는 "어느 나라와도 비교할 수 없는 악의 위협"이라고 경고했다. 매사추세츠 주 상원의원이자 진보주의자들의 정신적 지주인 테드 케네디마저 이라크 전쟁 결의안에 반대표를 던진 건 자신이 한 투표 중 가장 잘한 일이라고 하면서, 백악관의 적의에 찬 발언을 되풀이했다. "사담 후세인이… 치명적인 대량 살상 무기를 보유하려 한다는 것은 의심의 여지가 없다. 그 자를 무장 해제시켜야 한다."

국회의원들만이 아니었다. 보통 '진보적'으로 생각되던 언론이나 각계각층의 유명인도 전쟁을 최선으로 생각했다. 진보 매체로 (잘못) 알려져 명성을 얻었던 《뉴리퍼블릭》은 이라크 전쟁을 찬성했을 뿐 아니라 '비굴한 반전론'을 비난하고 '진보적인 반전론자들의 논리적 모순'을 역설하기까지 했다.[7] 폭로 위주의 블로그 〈토킹포인츠 메모〉는 중동 문제 전문가 케네스 폴락과의 호의적인 장시간 인터뷰를 특집으로 다뤘다. 국가 안전보장회의 연구원이었던 케네스 폴락은 침공을 정당화하는 논리로 쓴 『폭풍이 불어올 조짐』을 통해 파병 결정에 큰 영향력을 행사한 인물이다. 《뉴요커》의 데이비드 렘닉은 편집장 칼럼에서 조지 W. 부시가 설득력이 부족해서 전쟁 찬성론이 압도적인 세를 얻지 못했다고 비판했다. 그리고 폴락의 주장을 인용하여 "우리가 대량 살상 무기를 개발해서 사용하려는 악랄한 독재자에게 즉각 심판을 내리지 않는다면… 역사가 우리를 쉽게 용서하지 않을 것이다"라고 경고했다. 그리고 "효과도 없는 봉쇄 정책으로 다시 돌아가는 것은 가장 위험한 선택"이라고 결론지었다.[8]

물론 반대 의견도 많았다. 내가 관여하는 《네이션》이나 《뉴욕타임스》 편집위원회, 브렌트 스코크로프트와 즈비그뉴 브레진스키 같은 외교 정책 분야의 중요인물들이 그들이다. 거리로 나와 전쟁 반대를 외친, 미국을 비롯한 전 세계의 시민들은 말할 것도 없다. 하지만 주요 언론사는 이들의 의견을 다루지 않거나 축소 보도했다. 시러큐스대학교의 한 연구팀이 이라크 전쟁을 준비하던 시기의 ABC와 CBS의 뉴스 항목들을 일일이 분석해봤더니, 부시 행정부 관료들의 발언은 자주 인용된 반면 전쟁 반대론자들과 야당인 민주당의 주장은 거의 다루지 않았고, 전반적인 보도의 방향도 전쟁 찬성론 쪽이었다.[9]

만일 자신의 입장을 정할 때 주로 엘리트 계층의 전반적인 합의 내용—주요 대중매체와 정치인들—을 참고한다면, 전쟁 찬성쪽으로 기울었으리라는 것은 의심의 여지가 없다. 당시의 견해들은 엄격히 말하면 합의가 아니었지만, 합의라고 봐도 무방할 정도로 일방적이었다.

이라크가 대량 살상 무기를 보유하지 않았다는 사실이 밝혀지고 전쟁이 피로 물든 재앙으로 끝나갈 때, 마지못해 이라크 침공을 찬성했던 많은 사람들이 자신들의 입장을 정한 근거로 공통적으로 내세운 것이 바로 그 폭넓은 합의였다. 2008년 인터넷에 올라온 동영상에서 《뉴요커》의 렘닉은 이라크 전쟁에 대한 대중매체의 책임에 대해 이렇게 변명했다. "이라크에 대량 살상 무기가 있다고 주장한 건 미국의 지식인층만이 아니었습니다. 이스라엘, 독일, 프랑스에서도 모두 이라크에 무기가 있다고 했습니다."

이라크 전쟁은 보기 드문 대합의가 오류로 드러난 사례였기 때문에 한 세대에 한 번쯤 있을 법한 실수라고 치부하고 싶을 것이다. 하지만 비슷한 시기에 주택 가격 거품 문제가 대두되었다. 그것은 경제학자들, 국회의원들, 그리고 주택 가격은 새로운 자산평가 영역에 들어가서 절대 떨어질 일이 없을 거라고 이구동성으로 말한 사람들이 부추겨 생긴 문제였다.

2003년 연방준비제도 이사회 의장 앨런 그린스펀은 주택 가격에 거품이 있다는 문제 제기를 일축하며 이렇게 말했다. "물론 주택 가격이 1990년 두 분기 동안 그랬듯이 떨어질 가능성이 있긴 하지만… 이 문제를 주식 가격과 거품에 비유하는 것은 기우라 할 수 있습니다."[10] 1년 후, 약탈적 대출이 폭발적으로 늘어나고 대출 기준이 완화되었을 때도 그린스펀은 "은행들이 신중한 대출 관행을 유지한다면 가계는 향후의 난관을 헤쳐 나갈 수 있을 것입니다"라고 조언했다. 같은 해 연방예금보험공사는 "미국 주택 가격에 거품은 없다"[11]고 공언했고, 뉴욕 연방준비은행은 2004년 12월 보고에서 "전국적으로 주택 가격에 거품이 있음을 뒷받침하는 증거는 거의 없다… 또한 주택 시장 강세가 주택 가격 급등에 대한 기대 심리 때문도 아닌 것으로 보인다. 일부 분석가들은 악화되는 경제 지표에 영향을 받아 주택 가격이 급락할 거라고 우려했지만, 우리가 관측한 바에 의하면 그 정도로 떨어지지는 않을 것이다"라고 결론지었다.

2005년, 그린스펀의 후임자로 예정되어 있던 벤 버냉키는 의회에서 주택 가격의 유례없는 상승은 "대체로 탄탄한 경제 지표를 반영하는 것"[12]이라는 견해를 밝혔다. 2007년 3월에 서브프라임 문제가 처음으로 전국적인 언론의 관심을 끌기 시작할 때도 버냉키는 그 문제가 확산될 가능성이 없다고 단언했다. 그리고 의회에서 "서브프라임 시장 문제가 다른 경제 분야와 금융시장에 주는 영향은 미미할 것"[13]이라고 예측했다. 주택 가격 거품이 꺼지기 시작할 때 연방주택기업감독국의 수석 경제 분석관 패트릭 롤러는 "현재 주택 가격이 정점에 다다랐다는 증거는 없습니다. 오히려 주택 가격은 탄력을 받아 계속 오를 겁니다"[14]라고 발표했다.

주택 가격 거품현상은 급기야 관전 스포츠의 양상을 띠며 A&E 채널의 〈플립 더 하우스〉나 TLC 채널의 〈플립 댓 하우스〉* 같은 리얼리티 쇼에서는 개조한 주택이 가격 경쟁이 붙어 공개될 정도였다. 2005년에 연방준비제도 이사회의 한 경제학자는 회의 중에 그린스펀에게 "〈플립 댓 하우스〉를 봤는데 아무리 시장의 효율성을 믿는 사람이라도 그런 프로그램을 보면 심각한 위기의식에 휩싸일 것"[15]이라는 의견을 냈다고 한다.

아니나 다를까, 2006년에서 2011년 사이에 주택 가격은 전국적으로 3분의 1이 떨어졌고, 특히 라스베이거스나 마이애미처럼 과열 양상을 보였던 지역에서는 50퍼센트 이상이 하락했다.[16] 가

---

* 플립이란 상태가 좋지 않아 시세보다 싸게 나온 집을 구매하여 개조한 후에 비싸게 판매하는 전략을 말한다. 이들 방송에서는 그런 주택의 구매가격과 개조비용, 개조한 주택의 시장가격과 예상 수익이 제시되었다.

격 거품이 꺼지자 금융위기가 가속화하여 결국 80년 만에 최악의 경기 침체를 낳았다.

2010년, 앨런 그린스펀은 이러한 파국을 초래한 전문가들의 합의에 대해 "학계, 연준, 감독기관들에서 일하는 모든 사람들이 이런 사태를 예측하지 못했다"[17]는 결론을 내렸다.

다시 말하지만, '모든 사람'이 틀렸다.

물론 합의에서도 잘못된 결론이 나올 수 있음을 우리는 알고 있다. 천동설이나 노예제 등 말도 안 되는 통념을 사회 전체가 진리로 합의한 적도 있다. 하지만 이런 가능성의 지식을 일상생활에 적용하기는 쉽지 않다. 단호하게 비주류인 사람이 아니라면 누구나 '모든 사람'이 견지하는 관점 쪽으로 자기도 모르게 자석처럼 끌려가기 때문이다. 합의의 오류 가능성을 불쾌하게 깨닫게 해준 발언들이 오랜 여파를 남긴 이유가 여기에 있다. 그 여파란 우리가 합의라는 것에 의구심을 갖게 되었다는 사실인데, 이는 당연한 일이다. 문제는 우리에게 합의만큼 강력한 대안이 없다는 것이다.

근접성

합의 다음으로 지식 습득에 근본이 되는 원칙은 근접성이다. 진실을 찾기 위해서는 지식의 근원에 최대한 가까이 접근해야 한다. 근원에서 멀어질수록 조작이나 오류로 인해 진실이 왜곡될 가능성이 커지기 때문이다. '말 전하기 게임'에서 한 사람씩 말을 전할 때마다 원래의 문장이 터무니없이 달라지듯이 말이다.

대중의 삶에서 근접성은 늘 불가능에 가깝다. 예를 들어 이스트세인트루이스의 고등학교 교사가 일요일 시사 프로그램에 출연하는 백악관의 '주요 정치인들'에게 가까워지는 데는 한계가 있다. 그러므로 우리는 대중매체, 즉 일반 시민과 정부의 주요 정책 결정권자들을 매개하는 언론기관에 의지하는 수밖에 없다.

대중매체는 원래 근접성의 원칙을 중시한다. 2011년에 카이로의 거리에서 시위가 발발했을 때도 모든 방송국들이 자사의 앵커들을 현장으로 파견했다. 기자들의 가장 핵심적인 자부심은 '현장에 있다는 것'과 '접근한다는 것'인데, 정확히 말하면 그 두 가지는 기자가 사건을 최대한 가까이에서 관찰한다는 뜻이다. 뉴스 시청자들도 똑같은 이유로 근접성을 추구한다. 만약 CIA에 관한 뉴스가 궁금할 때, 뉴저지 주택가의 지하실에 사는 블로거의 글과 CIA 본부가 있는 버지니아 주 랭글리에서 살다시피 하는 기자의 글 중에서 하나를 고르라고 하면, 대부분은 후자의 글을 고를 것이다.

하지만 합의가 이라크 전쟁이라는 참화와 금융위기를 낳았듯이 근접성에 대한 통념도 마찬가지였다. 국가 안보기관이나 금융산업에 가장 가까이 있던 사람들은 파국이 가까워진 시기에 가장 무지했다.

《뉴욕 타임스》의 주디스 밀러가 이런 사례의 대표적 인물이다. 백악관 출입 기자였던 밀러는 수집한 해외 정보를 토대로 이라크 전쟁의 당위성을 주장하던 외교 정책 거물들과 누구보다 가까웠다. 또한 이라크 정권 내부에서 일하다가 미국으로 망명하여 후세인의 무기 개발 계획을 직접 목격했다고 주장한 인물들을 만나본 유일한 기자였다. 당시 이라크 정권의 무기 개발 계획을 직접 조사하는 것은 거의 불가능했기 때문에 이것은 사실상 가장 근접한 증거였다. 밀러의 접근 권한은 방대한 핵무기 개발 계획을 자세히 설명했다고 알려진 이라크 망명자의 심문을 지켜볼 정도로, 다른 기자와는 비교할 수 없을 만큼 막강했다.

밀러가 특히 가까이에서 만난 인물은 아마드 찰라비로, 그는 미국이 이라크에 선전포고를 하도록 배후에서 끈질기게 밀어붙인 것으로 알려져 있다. 밀러는 동료 기자 존 번즈에게 보낸 이메일에서 "우리 신문의 독점 머리기사 대부분은 찰라비가 제공"[18]했다고 했다.

문제는 찰라비가 최고의 선전꾼이었다는 사실이다. 암호명이 커브볼이고, 밀러가 심문 과정을 목격한 찰라비는 독일 정보 요원이 표현한 대로 '심리적으로 불안정한 인물'[19]로 밝혀졌다. 밀러가 단독으로 드나들었던 부통령 집무실에서는 그들이 알리고 싶은 정보만 선별하여 그녀에게 떠먹여주었다. 밀러는 그 정보가 아무리 의심스럽고 근거가 빈약하더라도 개의치 않았다. 그리고 부통령 딕 체니는 노회하게도 텔레비전에 출연하여 자신이 제공한 정보가 실린 《뉴욕 타임스》를 인용하며 그 정보가 옳다는 것을 역설했다.

밀러는 미국 외교 역사상 최악의 사기 사건 중 하나를 확산시키는 데 일조했다. 이라크 침공 하루 전날, 무려 85퍼센트의 미국인이 이라크가 대량 살상 무기를 보유하고 있다고 믿었지만, 결국 이것은 사실이 아님이 드러났다. 몇 년 후 《뉴욕 타임스》는 밀러의 보도 내용에 대해 사과하고 정정 보도를 내는 이례적인 조치를 취했다.

금융위기 때는 주디스 밀러의 역할을 짐 크레이머가 맡았다. 유명한 시장 분석가이자 CNBC의 〈매드머니〉 진행자인 크레이머는 거품 경기가 한창일 때 금융계의 스타가 되었다. 크레이머는 상식을 벗어난 기행 때문만이 아니라, 헤지펀드를 오랫동안 다루고 금융 뉴스 사이트인 〈더스트리트 닷컴〉을 운영한 경력 덕분에 명성을 얻었다. 이 사이트는 일반인들에게 월가의 정보를 엿볼 수 있는 창문 역할을 해주었다. 〈매드머니〉 예고편을 위해 CNBC가 내보낸 슬로건은 대담하면서도 다소 불경스럽게도 "우리가 믿는 크레이머의 품 안에서"*였다.

하지만 〈데일리쇼〉의 진행자 존 스튜어트의 지적대로 그런 크레이머도 월가에서 가장 중대한 사건을 놓치고 말았다. 주택

---

* 미국의 공식 국가 표어인 'In God We Trust(우리가 믿는 하느님 안에서)'에 빗댄 어구. 1956년에 지정된 이 표어는 20달러 지폐의 뒷면에 인쇄되어 있다.

가격 거품을 부채질해서 금융위기로 몰고 간 서브프라임 모기지의 증권화를 말한 것이다. 베어스턴스*가 망각을 향해 미끄러지기 7주 전인 2007년 봄, 크레이머는 시청자들에게 "베어스턴스 주식을 사라"고 권했다.

    크레이머: 장담하건대 이 주식은 오를 것이고, 떨어질 가능성은 아주 낮습니다. 제가 보기에 지난 분기 때 그들은 손해 보는 사업에서 재빨리 손을 뗐습니다. 손실을 피하는 데 능수능란하다는 거죠. 살 수 있을 때 사야 합니다. 구매자는 많습니다.
    진행자: 입찰 전쟁이 벌어질 수도 있겠군요.
    크레이머: 그렇죠. 베어스턴스 주식을 사세요! 자신 있게 말씀드립니다.

    2007년 7월 16일, 크레이머는 '서브프라임 대출'이 특별히 위험하지 않으며 증권화하는 데도 '아무 문제가 없다'고 공언했다. 하지만 3주도 안 돼서 크레이머는 생방송 중에 이성을 잃고 월가를 구하려면 연방준비제도 이사회가 기준 금리를 인하해야 한다고 외쳤다. "연준은 창문을 열어야 합니다. 버냉키는 바깥 상황이 얼마나 열악한지 전혀 모르고 있습니다. 전혀요! 저와 함께 일하는 사람들은 이 바닥에서 25년을 보냈습니다…. 그 사람들이

---

* 뉴욕에 본사가 있는 세계적인 투자 은행이었으나, 2008년 금융위기 때 JP모건체이스에 헐값으로 인수되었다.

직장에서 쫓겨나고 있어요. 은행들이 문을 닫고 있어서 말입니다…. 연준은 아무것도 모릅니다. 잠만 자고 있어요…. 아마겟돈이 닥쳤는데 말입니다!"[20]

크레이머는 여러 면에서 훨씬 심각한 문제를 상징하는 특별한 사례다. 업계 사정에 가장 밝은 경제지 기자들도 상황 파악을 못한 것은 크레이머와 똑같았다. "우리는 언론인으로서 직무상 과실을 범했다." 《시애틀 타임즈》의 경제 칼럼니스트 존 탤튼이 2009년 3월에 블로그에 쓴 고백이다. "우리는 금융계의 거물들을 격찬하는 기사만 썼다. 제너럴모터스의 잭 웰치나, 엔론이 무너지기 전의 켄 레이 같은 인물들을 흠모하며 그들의 동정을 전하기 바빴던 것이다. 금융파생상품에 대해, 그리고 은행 시스템의 불안한 변화에 대해서는 거의 묻지 않고 합병이나 새로 출시된 증권 같은 폼나는 뉴스만 쫓아다녔다. 유명 스타들에게만 집착하는 스포츠 기자들처럼 말이다."[21]

《월스트리트 저널》의 경제부 기자였던 딘 스타크먼은 금융위기가 오기 전의 경제지에서 주택과 금융 관련 기사 2천 건 이상을 대상으로 광범위한 분석을 시도했다. 그는 "다들 예상하는 대로 경제부 기자들은 대체로 명석하고 교양 있으며 정세에 밝다. 그런데도 인쇄 매체만 해도 전국적으로 약 9천 명에 달하는 경제 기자 군단은 하나같이 가장 치명적인 문제를 보지 못하고 놓쳤다"[22]고 지적했다. 모기지 시장에 잠재된 문제를 분석한 탁월한 기사도 적지 않았지만, 대부분의 경제지들은 "짖지 않는 경비견" 이었다는 것이 그의 결론이다.

근접성은 남들이 접하지 못하는 정보를 얻게 해주는 반면, 인식상의 포로로 만들 가능성도 크다. 예를 들어 투자 은행가들에 대한 소식을 전하고 그들과 거의 대부분의 시간을 보내는 기자들은 세상을 투자 은행가의 눈을 통해서 보기 때문에 그들과 똑같은 사고방식을 갖게 된다. 이런 경향이 비윤리적인 것은 아니지만—그 세계에서 오랫동안 지내면 어쩔 수 없이 그렇게 된다—그로 인해 모든 투자 은행가들이 강세 시장과 증권화로 인한 대박이 영원히 계속되리라고 믿을 때 많은 기자들도 똑같이 믿었다는 것이 문제다.

더 치명적인 폐해는 접근성이 기자 편에서 일방적으로 얻는 혜택이 아니라는 것이다. 정계와 재계 최고위급 간부에 대한 접근성은 그들의 허용 하에 주어진다. 그리고 그들은 당연히 그런 근접성을 자신들의 시각에 동조하는 기자에게 주는 경향이 있다.

따라서 접근성과 근접성이 필연적으로 남보다 뛰어난 통찰과 지식으로 이어진다고 볼 수도 없다. 그것들은 특혜로 볼 수도 있지만 대가를 치러야 하는 조건일 수도 있는데 이 둘을 분리하기는 결코 쉽지 않다. 인터넷을 통해 독자적인 의견을 표출할 수 있게 되면서, 접근성의 혜택을 누리는 기존 언론에 실망한 사람들은 다방면에서 신랄하고 가차 없는 비판을 가하고 있다. 블로거

집단이 폭발적으로 증가한 것은 단지 정보 과학기술의 발전 때문만은 아니다. 주류 언론의 실패를 목격했기 때문이다. 위에서 말한 가정으로 돌아가 보면, 우리는 뉴저지의 지하실에서 인터넷을 통해 대량 살상 무기에 관한 광범위한 해외 정보를 읽은 누군가가 랭글리에서 내부 정보에 휘둘리다 판단력을 상실한 기자보다 실제로는 진실에 더 가까울 수도 있음을 알게 되었다.

신뢰

무엇을 믿어야 할지 결정할 때 우리는 기본적으로 모든 사람은 믿을 만하다는 가정을 전제로 하는 경험 법칙을 사용한다. 물론 거짓말을 하는 사람도 있다는 것을 알기 때문에 남의 말을 전적으로 믿지는 않는다. 하지만 보통은 증거가 나타나기 전에는 상대방이 우리를 속이거나 조직적으로 사기를 친다고 생각하지 않는다. 수많은 언론이 정치 관료계 인사들을 옹호하기 위해 정보를 조작하고 숨긴다는 것도 알지만, 그들이 단결해서 사회 전체를 뒤흔들 비밀 계획을 덮으리라고 생각하지는 않는다.

그러다 조직적인 속임수가 드러나면 신뢰라는 가장 근본적인 토대가 무너지기 때문에, 그 기관의 권위는 치명상을 입는다. 비밀로 묻혀 있던 이전의 과오들—스테로이드 복용, 폰지 사기, 조작된 정보—이 하나하나 드러날 때마다 그것들은 웬만해선 회복하기 힘들 만큼 심리적으로 극심한 해악을 끼친다. 이때의 정신적 혼란은 수십 년 동안 자신이 신뢰를 바탕으로 결혼 생활을 해왔다고 믿었는데 그동안 배우자가 불륜을 저질렀음을 알게 되었을 때 받는 충격과 비슷하다. 이때 우리는 생각보다 이 세상이 훨씬 더 부패했다는 것을 별안간 깨닫게 된다.

이런 심리적 경험은 권위의 위기가 휩쓸던 1970년대 중반, 많은 미국인들이 뚜렷하게 겪었다. 다음은 뉴저지의 한 시민이 1973년에 《뉴욕 타임스》에 보낸 독자 투고 내용 중 일부다. "워터게이트 사건의 청문회 방송은 이제 우리가 경험한 현실도 믿을 수 없다는 두려운 결과를 초래했다. 우리는 정치와 경제 분야에서 거짓 발표, 계략, 속임수에 너무 많이 당했다…. 마치 영화 세트장 내에서 살고 있는 느낌이 든다. 실존 인물 같은 등장인물들과 모두 진짜 같아 보이지만 실제로는 세트장에 불과한 가짜 사회 말이다. 우리가 받아들인 수많은 가치들에 워터게이트 사건이 남긴 폐해 중 가장 심각한 것은 액면 가격에 대한 불신, 즉 우리가 사실이라고 인식하는 현실이 사실이 아닐 수도 있다는 깨달음일 것이다."[23]

대량 살상 무기를 둘러싼 조직적인 속임수가 70년대의 워터게이트 사건과 똑같은 충격을 불러올 무렵, 이라크 전쟁은 완전히 잘못된 전쟁이었음이 만천하에 드러났다. 워터게이트 사건과 베트남 전쟁으로 국민들이 이미 대통령과 전쟁을 바라는 권력자들에 대한 순진한 믿음을 버린 지 30년 만이었다.

하지만 가톨릭교회의 고위 지도자들이 사제들의 아동 성추행 범죄를 덮어준 사건은 차원이 다른 충격을 던져줬다. 독실한 신자와 냉담자들, 그리고 신자가 아닌 이들까지 그들의 부패와 뻔뻔함을 보고 워터게이트 사건 때보다 더 경악했다.

그 추문의 대략적인 내용은 널리 알려진 대로, 수십 년 동안 사제들이 성직을 방패삼아 어린이들을 성추행해왔다는 것이다. 교회 당국에 보고가 들어가자 상부에서는 그 범죄자들을 다른 교구로 이적시켰다. 성추행은 거기에서도 계속될 텐데 말이다. 이런 일은 한두 번으로 그친 게 아니라 하나의 정책처럼 시행됐다. 2007년, 아일랜드 가톨릭교회는 위기가 급속히 커지자 성추행범으로 의심되는 사제를 주교가 경찰에 신고하도록 규정을 수정하려 했다. 하지만 바티칸 당국은 '의무적 신고' 방침을 보류하고 주교들에게 (세속법과 상반되는) 교회법을 '철저히 따를 것'을 지시하는 서한을 보냈다.[24] 다른 말로 하면 그 지시는 주교들에게 범법자인 사제들의 기소를 막고, 어떤 형태의 정의든 교회의 울타리 안에서 운영되는 방식을 따르라는 것이었다.

가톨릭교회가 다른 거대 권력기관과 달랐던 점은 범죄를 덮으려고 시도했다는 것이 아니라 그것에 성공했다는 것이다. 교회 내 학대 사건에 대한 (지금까지의 연구 중 가장 대규모인) 존제이대학의 보고서에 의하면 학대 혐의 건수가 최고조에 달한 때는 1970년이었다. 하지만 총 기소 건수의 3분의 2는 1993년 이후에야 신고된 것이었다. 그 전까지는 말 그대로 침묵의 시기였던 것이다. 신고 건수의 3분의 1 이상은 보스턴의 그 악명 높은 존 가이건 신부*가 뉴스를 장식하던 2002년에서 2003년에 수면 위로 떠올랐다. 추문을 덮어온 교회의 교묘한 관료주의 체제는 수천 건의 개별 사건들을 언론과 경찰로부터 30~40년 동안 감쪽같이 감춰왔다. 닉슨 대통령이 부러워했을 만한 성공이다.

돌아보면, 이런 통제 방식은 엄청난 판단 착오였다. 모든 것이 밝혀진 지금, 아랫사람들에게 비밀로 하라고 지시하거나 참담한 심정의 부모들에게 고통을 혼자서만 간직하라고 설득했던 방침은 나중에 수습이 불가능할 정도로 상황을 악화시켰기 때문이다. 하지만 사건이 발생하는 동안에는 그런 방식이 교회 운영자들에게는 손쉽게 불을 끄는 방법으로 보였을 것이다.

가톨릭교회를 상대로 법적 대응을 하며 유명해진 미니애폴리스의 변호사 제프 앤더슨은 우연히 처음 맡았던 1983년의 사건을 이렇게 기억한다.[25] 한 부부가 그의 사무실을 찾아와 아들이 신부님한테 성추행을 당했다고 제보했다. 부부는 그전에 담당 주교에게 이야기했지만 교회에서는 아무 조치도 취하지 않았고, 앤더슨이 경찰에 신고했을 때는 공소시효가 이미 지났다는 통보뿐이었다. 그래서 앤더슨은 고소를 하기로 결심했다.

---

* 60년대 중반부터 90년대에 이르기까지 30여년에 걸쳐 130여명의 어린이를 성추행한 사실이 드러났다. 2002년에 징역 9~10년 형을 받고 복역하다가 다음 해 동료 재소자에 의해 살해됐다.

그 소송은 교구의 관심을 끌었고, 몇 번의 줄다리기 끝에 교회 측 변호사가 앤더슨의 의뢰인들에게 100만 달러를 지급하겠다고 제안했다. 그러면서 당연하다는듯이 합의금의 조건이 '관행에 따른 기밀 협약'이라고 말했다.

"관행이라고요?" 앤더슨이 물었다.

"우리는 항상 그렇게 합니다." 돌아온 대답이었다.

앤더슨은 소스라치게 놀랐다. "이런 일이 전에도 있었단 말입니까?"

성범죄 피해자이자 시민운동가인 한 바버라 블레인*은 처음에는 그 범죄가 얼마나 만연해 있었는지 자기도 다른 사람들만큼이나 몰랐다고 했다. "성추행 범죄에 대해 처음 대처하기 시작했을 때 저는 순진한 가톨릭 신자였어요."[26] 자신이 다니던 오하이오의 톨레도 교구 신부에게 성추행을 당했던 블레인은 1988년 '성직자들에게 학대 당한 이들을 위한 생존자 네트워크(SNAP)'를 설립했고, 지금은 가톨릭교회가 가장 골칫거리로 생각하는 인물이 되었다. 에이즈 위기 때 '액트업'이 나섰다면 가톨릭의 성범죄 추문에는 SNAP이 나선 셈이다. 블레인은 애초에 전국적인 피해자를 20명 정도로 예상했다. 성범죄를 초반에 보도한 기자들과 피해자의 변호사들에게 도움을 청하는 한편, 그녀는 여러 도시의 피해자들을 모아 소모임을 꾸렸다. 한 모임에서 블레인은 자신이

---

* 2017년 9월 급성 심장 질환으로 세상을 떠났다.

겪은 일을 이야기하면서, 톨레도 교구의 주교한테서 교구 전체를 통틀어 그녀가 첫 번째 성추행 피해자라는 말을 들었다고 했다. 그러자 오클랜드 출신의 한 여성이 자신의 경험을 털어놓으면서, 오클랜드의 교회 당국에 성추행 사건을 고발했을 때 자신도 첫 번째 피해자라는 말을 들었다고 했다. 그러자 세 번째 여성이 웃음을 터뜨리며 말했다. "그걸 믿어요? 우리가 모두 첫 번째 피해자일 리가 없잖아요."

교회는 시치미를 떼고 있었던 것이다. 그들이 쓴 방식은 괴롭히기, 협박하기, 그리고 신학을 들먹이며 그 끔찍한 비밀을 묻으라고 설득하는 것이었다. 그것은 수십 년 동안 먹혔던 막무가내 방식이었지만 진실이 까발려지는 10년 동안 가혹한 대가를 치른 방식이기도 했다. 교회는 소속 사제들 중 소아성애자들이 저지른 범죄를 적발하여 교회 전체의 짐을 벗는 길을 택하지 않고 일종의 비밀 거품을 만들어냈다. 언론과 경찰의 눈을 피해 무사히 덮은 으스스한 범죄가 하나씩 늘어감에 따라 거품의 공기는 점점 압력을 더해갔다. 주택 가격 거품이 결국은 터졌듯이, 가톨릭교회가 끌어안고 있던 거품도 언젠가는 터질 운명이었다.

조직에 대한 불신은 이렇게 생겨난다. 즉 비밀이 드러나면서 신뢰도 깨지는 것이다. 그리고 우리를 견디기 힘든 환멸에 빠뜨리는 것은 폭로의 과정, 즉 더럽고 추악한 진실이 서서히 밝혀지는 과정이다.

테리 맥키어넌은 지난 10년 동안 교회의 비밀주의가 가져온 참혹한 결과를 고통스럽게 기록해왔다. 그는 당시 대부분의 아일랜드계 미국 소년들과 마찬가지로 로마 가톨릭교회와 더불어 성장했다. 복사를 서고, 견진 성사를 받고, 일요일은 항상 성당에서 보냈다. 그의 삼촌은 사제이기도 했다. 하지만 어린이 연쇄 강간을 가톨릭교회에서 비호했다는 보도가 그의 신념을 뒤흔들었다. "그런 사태가 벌어진 2002년에 저는 여기 보스턴에 있었어요. 어린아이들을 키우는 저로서는 그 내막을 알고 솔직히 머리를 얻어맞은 것처럼 멍해졌죠. 우리 자식들을 가톨릭 신자로 키우고 있었거든요. 그런데 가장 악질이던 신부 폴 섄리가 저희 교구와 연관이 있지 뭡니까." 맥키어넌은 9ㆍ11 테러 때 친한 친구를 잃었는데, 그 일로 인해 가치관이 바뀌었다고 한다. "그 일을 겪고 보니 무력감이 찾아오더군요. 성당에 다니는 동안 한 번도 느껴보지 못한 감정이었죠."[27]

맥키어넌은 경영컨설팅 일을 그만두고 비숍어카운터빌리티라는 웹사이트를 만들었다. 처음에는 어렵게 생계를 꾸려가면서 자원봉사로 일했지만, 기금을 모금하면서 상근자 세 명의 임금을 지불할 수 있게 되었다. 그들은 가톨릭교회의 소송 절차 중에 공개된 자료 수백만 건을 정리하여 올리는 일을 한다. 지난 5년간 맥키어넌은 관련 자료들을 파헤치는 데 미국에서 가장 많은 시간을 보냈을 것이다. "솔직히 말하면 그것은 생각지도 않게 입수한 자료들인데 도저히 믿기 어려운 내용들입니다. 가톨릭교회 역사상 그 조직이 어떻게 굴러가는지 속사정이 드러난 것은 이번이 처음입니다. 아름답지는 않지만 흥미진진한 건 사실이죠."

가장 눈에 띄는 특징은 비밀주의다. "예외 없이 모든 사건에서 범죄자들이 나서서 비밀을 강요합니다. 때로는 협박도 서슴지 않고요." 맥키어넌이 전하는 말이다. "그런데 피해자 가족들마저 그 지시를 따릅니다. 어떻게 보면 사제들이 모든 사안을 좌지우지하는 지위에 있기 때문이겠죠. 그래서 경찰에 신고하지 않고 대신 주교에게 연락을 하죠. 성추행 사제가 다른 교구로 옮겨가고 나면, 교회에서는 교구민들에게 그 신부님이 건강이 안 좋아졌다는 공고를 냅니다. 정직함보다 거짓말을 택한 경우가 너무 많습니다. 비밀스러운 사건들을 수도 없이 보게 되면 정말이지 비밀이 가톨릭교회의 본성으로 보입니다."

맥키어넌은 천주교 내부의 운영 방식을 밝혀내면서, 권위의 위기를 구성하는 다른 요소에 주목했다. 그것은 지금까지 우리의 인식 습관을 불신하게 한 요소와는 성격이 다른 것이다. 맥키어넌이 보기에 지난 10년 동안 드러난 성추행 사건은 이라크 전쟁이나 금융위기와는 달리, 가톨릭교회에 대한 신뢰를 잃어버리게 한 요인이 아니었다. 지난 10년은 단지 그것이 마침내 발각된 시기일 뿐이다. 이런 추잡한 진실을 밝혀내는 것은 꼭 필요한 일이었고 카타르시스를 느끼게 했지만, 이러한 폭로로 인해 교회에 대한 의심은 더 커졌다.

성추행 사태로 인해 수백만에 이르는 가톨릭 신자들은 교회에 대한 진실한 믿음을 영원히 상실했다. 또한 그 추문을 가까이에서 접한 사람들은 다른 곳에는 얼마나 많은 비밀이 도사리고 있을지 의심하게 되었다. 새로 알게 된 지식으로 인해 기존의 지식들을 모두 믿을 수 없게 된 것이다.

SNAP의 2010년 대회에 참석한 사람들과 이야기를 나누다 보니, 많은 사람들이 얼토당토않은 거대한 규모로 결탁과 음모가 진행되고 있을 거라는 의심을 암암리에 내비쳤다. 지역 경찰과 검사, 정치인, 언론이 모두 그 성추행 사건들을 대중에게 알리지 않으려 기를 쓰고 있다는 것이다. 대부분의 사건에서 그런 의심은 전혀 근거가 없었기 때문에, 나는 당연히 그런 주장을 흘려들었다. 가톨릭교회는 그렇다 쳐도, 경찰이 왜 그들의 범죄를 덮어주려고 하겠는가?

하지만 대강 조사를 해보니 의심은 처음 생각과 달리 그렇게 터무니없지는 않았다. 한 가지 예만 들어보자면, 1969년에 어린 남자아이 몇 명이 곤자가 대학 총장 존 P. 리어리 신부에게 성추행을 당했다고 주장한 일이 있었다. 그런데 현지 경찰은 리어리를 체포하고 기소하지 않았다. 그저 리어리에게 24시간 내에 그 도시를 떠나라는 최후통첩만 보냈다.[28]

적극적인 공모와 계략의 증거가 있는 사례들을 더 많이 접할

수록, 도저히 있을 법하지 않은 범죄의 가능성도 생각하게 된다. 이는 교회보다 훨씬 더 광범위한 세계에도 적용된다. 비밀의 누설과 추문은 결국 진실이 드러난다는 증거로 볼 수 있다. 개혁파들이 그런 식으로 해석한다. 하지만 냉소적인 관점을 취할 수도 있다. 버니 매도프가 수십 년 동안 500억 달러를 사기 치면서도 아무런 처벌을 받지 않았고, 투자 분야에 정통한 내부 고발자가 "세계 최대의 헤지펀드는 사기입니다"[29]라는 확실한 제목으로 상세한 설명을 적은 편지를 보냈건만 증권거래위원회는 이 편지를 계속 무시했다.* 그러니 내가 이 글을 쓰고 있는 지금 또 다른 매도프가 활약하지 않는다고 어떻게 장담하겠는가.

이런 식으로 정보가 더 많이 공개될수록 희한하게도 불신과 억측은 더 커진다. 아는 게 많아질수록 사실은 우리가 얼마나 깜깜한 곳에서 살고 있는지를 깨닫는 것이다. 세상사를 알리는 일이 직업인 나 같은 사람에게 이런 경험은 극복하기 힘든 무력감을 준다. 티파티 활동가 수잔 사우스윅이 자기는 '조직을 무조건 믿으려는 본능 같은 게 있다'고 했는데 나도 그렇다(언론인에게는 이런 성향이 어울리지 않는다는 것은 인정한다. 하지만 사실이다). 그리고 사우스윅처럼 나도 믿음이 배신으로 돌아오는 사태를 목격한 후 충격을 받고 급진론자가 됐다.

---

* 증권업계에 종사하던 해리 마르코폴로는 무려 9년 동안이나 매도프의 위험 신호를 포착하여 2000년부터 2005년까지 여러 차례 증권거래위원회에 관련 자료를 제보했지만 아무도 귀를 기울이지 않았다.

우선 합의는 어리석은 판단 착오일 수 있기 때문에 믿을 수 없다는 것을 알았다. 현장에 가장 가까이 있는 사람도 믿을 수 없다. 근접해 있는 사람들이 멀리 있는 사람들보다 더는 아니더라도, 그만큼 맹목적일 수도 있기 때문이다. 또한 기본적인 신뢰에만 기댈 수 없다는 것도 분명하다. 특히 주요 기관들과 그 기관들을 운영하는 권력층에 대해서는 말이다.

이처럼 세상을 이해하는 기존 방식들은 우리를 실망시켰다. 그러니 새로운 방법을 찾아서 거기서 얻을 수 있는 것을 모두 찾아봐야 한다. 하지만 우리가 잃어버린 믿음을 다시 회복할 수는 없을 것이다.

지난 10년 동안의 경험으로 우리는 우리의 인식 습관을 믿을 수 없게 되었고, 이로 인해 무척 혼란스러웠다. 그러면서도 우리는 새로운 정보환경에 적응하고 있다. 더 많은 정보를 얻을수록 역설적이게도 전보다 더 많은 비밀이 남는 환경 말이다.

중요한 예를 한 가지 들어보겠다. 1966년에 통과되고 1974년 대통령의 거부권 행사에도 불구하고 훨씬 탄탄한 형태로 개정된 정보 공개법*은 시민들이 정부의 기록에 접근할 수 있는 권리에 혁명을 가져왔다. "국가 안보기관이 공개하기를 원하지 않는 정보라도 개인이 요구하면 토해낼 수밖에 없는 거죠."[30] 정보 공개

---

* 공개되지 않은 연방정부의 정보를 누구나 열람할 수 있는 권리를 인정한 법.

시민 활동가인 스티브 애프터굿의 말이다. 그는 수십 년 동안 연방 관료들이 비밀 정보를 공개하게 하는 활동을 해왔다. 1995년부터 대략 15억 페이지의 역사 자료가 비밀 해제되었는데, 이는 대체로 법 지식에 해박한 외부 전문가들의 압박 때문이었다. 정보 공개법 덕분에 우리는 부시 행정부 때 고문을 허용한 연방법률자문국의 메모부터 연방정부의 농업 보조금 수령인까지 속속들이 알 수 있다.

현재 공개된 자료들의 양만큼 중요한 것이 이 자료들을 쉽게 이용하게 만드는 기술이다. 우리는 이웃의 정치 기부금 액수를, 또는 국내 소송 사건들을 몇 초는 아니라도 몇 분 내에 검색할 수 있다. 30년 전에는 일반 시민이 의회에서 논쟁하고 표결에 붙일 법안의 전문을 읽어본다는 것은 상상도 할 수 없는 일이었다.

물론 이런 유익한 접근에는 한계가 있다. 인터넷을 사용할 수 있는 사람은 누구나 '환자 보호 및 의료 비용 합리화법' 전문을 읽을 수 있겠지만, 2천 페이지나 되는 그 자료를 읽은 사람은 거의 없을 것이다. 정보에 접근할 수는 있지만 이 정보를 적절하게 이용할 수 없다는 현실은 양심적인 시민들을 늘 초조하게 만들며 이에 대한 확실한 치료법도 없다.

정보 공개와 정보처리 기술의 결합으로 우리는 주요 기관들에 관한 정보를 지금까지보다 더 많이 얻을 수 있다. 최근의 증권거래위원회 고발 사건에서 전날 밤의 케이블 뉴스 순위, 월가에서 돌고 있거나 금융업계 정보통의 블로그에 올라온 소문과 험담 까지 말이다.

하지만 정보의 폭발적 증가와 접근성에 몰두하는 동안 동전의 반대쪽 면은 간과되기 쉽다. 동시에 비밀도 폭발적으로 증가한다는 사실 말이다. "우리 정부는 세계에서 가장 열려 있지만, 동시에 비밀도 터무니없이 많습니다. 미국만큼 비밀을 많이 양산하는 나라도 없습니다." 애프터굿의 말이다.

스탠포드대학교 역사학과 교수인 로버트 프록터는 자신이 '비밀 정보의 세계'라고 명명한 분야를 연구하다가 그 세계가 어마어마하다는 사실을 알고 경악했다. "비밀 세계는 공개된 정보의 세계보다 더 넓습니다." 그가 내게 설명했다. "미국은 핵무기 관련 비밀을 지키는 인력만 4천 명에 달합니다. 우리는 비밀 군사 정보 중 극히 일부분만 공개된 세상에서 살고 있는 겁니다."[31]

이런 추세는 9·11 이후 가속화했다. 정부는 냉전 시대 40년 동안 이미 엄청난 규모로 구성한 국가 안보기구에 더해 완전히 새로 민영화한 안보기구를 구축하기 시작했다.

기밀문서 취급 인가를 보유한 인원만 대략 85만 명에 달한다.[32] 《워싱턴포스트》기자 데이나 프리스트와 윌리엄 아킨은 '일급비밀 미국'[33]이라는 탐사 보도를 위해 광범위한 조사를 벌인 결과, 국가 안보 비밀기관이 너무 방대하고 복잡하게 얽혀 있어서 개별 부서가 하는 업무를 실제로 책임질 수 있는 사람이 거의 없었다고 밝혔다.

비밀과 폭로가 파도처럼 반복되는 이 체제는 현재와 같은 인식상의 위기를 불러왔고, 이런 추세는 국가 안보를 넘어 훨씬 넓은 범위에서 진행되고 있다. 우리는 역사상 어느 때보다 금융 관련 자료에 쉽게 접근할 수 있지만, 지난 몇십 년 동안 금융계의 암흑세계는 극적으로 확장되었다.

증권거래위원회와 공공 기록의 영향권 밖에서 비공개적으로 기업을 사고파는 사모펀드 산업은 2001년과 2007년 사이에 규모가 3배 이상으로 커졌고, 장외파생상품은 2004년에서 2007년 사이에 74퍼센트 증가했다.[34] 대개 이런 파생상품은 매우 복잡하고 일대일로 거래되기 때문에 조직화된 거래소의 날카로운 감시망을 피할 수 있다. 주택 가격 거품의 붕괴를 전 세계적인 금융위기로 악화시킨 것도 이런 특이한 유형의 파생상품인 신용부도스왑이었다. 신용부도스왑은 거래소에서 거래되지 않기 때문에 다른 사람의 미결제 부채가 얼마인지 아무도 알 수 없다. 화요일에 재정 상태가 안정적으로 보였던 기관이 수요일 아침에는 파산 상태가 될 수도 있는 것이다. 그런데 놀랍게도 금융위기 이후 장외파생상품 시장은 122퍼센트나 증가하여 2011년에는 25조 달러에 달했다.

장외파생상품이 늘어나는 동안 기존의 은행 규제 범위 밖에서 운용되던 그림자 금융도 확산되었다. 이 자본 시장은 공적인 통제를 받지 않는 비밀 시스템이어서 그 규모가 어느 정도였는지는 금융위기가 터지고서야 일반인들에게 알려졌다. 뉴욕 연방준비은행의 보고서에 의하면, 금융위기가 터지기 전날 그림자 금융은 정부의 규제를 받는 기존 금융의 2배 규모였다.[35]

생각해보면 우리는 필요 이상으로 많이 알면서도 그것만으로는 부족한 이상한 시대에 살고 있다. 예를 들어, 우리는 브리트니 스피어스의 근황은 알면서 정찰 위성에 국가가 얼마나 많은 예산을 쓰는지는 모른다. 환자 보호 및 의료 비용 합리화법을 구성하는 2천 페이지에 달하는 내용은 전문을 읽을 수 있지만, 백악관과 대형 제약회사들이 그 법안을 통과시키기 위해 무슨 계약을 맺었는지는 잘 모른다. 전 세계의 신문을 즉시 번역해 읽을 수 있지만, 국내 주요 금융기관 중 어디가 파산 위기인지는 알 수 없다.

이 시대는 정보의 공백기라 할 수 있다. 기존의 정보 매개자들은 불신을 받고 내쳐졌지만, 새로운 정보 매개자들은 합의와 권위를 전복시켰을 뿐 그것들을 재구성하지는 못했다. 그런데 그 틈으로 줄리안 어산지가 선명한 복음을 가지고 등장했다. 모든 정보를 장악하는 능력이 우리를 구원하리라는 것이다. 줄리안 어산지가 없었다면 우리가 그런 인물을 만들어내야 했을지도 모른다. 그의 은발, 뽐내는 것 같기도 하고 비웃는 것 같기도 한 입매, 장난스러우면서도 묘하게 불길한 느낌을 주는 인상의 어산지는 실존 인물이라고 하기엔 너무 영화 같았다. 마치 우리의 집단적인 회의주의와 불신이 그를 현실의 인물로 빚어낸 것 같았다.

위키리크스는 전 세계의 내부 고발자와 해커들이 익명으로 비밀 정보를 제보할 수 있도록 2006년에 설립된 매체다. 그리고 망상증에 가까울 정도로 어떤 기관도 믿지 못한다는 어산지의 세계관이 위키리크스의 바탕이 되었다. "그는 인간의 투쟁을 좌파와 우파가 아니라 개인과 기관 사이의 싸움으로 규정했다. 카프카와 쾨슬러, 솔제니친의 영향을 받은 그는 진실과 창의력, 사랑과 연민은 '인간 정신'을 왜곡하는 조직의 계급성에 의해 오염된다고 믿었다."[36] 《뉴요커》가 2010년에 어산지에 대해 묘사한 대목이다. 다른 말로 하면 그가 극단적인 혁명파라는 것이다.

설립된 후 5년 동안 위키리크스는 케냐의 부패한 정부부터 관타나모 수용소의 일상적인 작전 매뉴얼까지 분야를 가리지 않고 폭로하면서 언론에 대서특필되었다. 하지만 미국의 비밀 정보를 거의 25만 건이나 보유하게 된 2010년에는 온갖 비난에 시달렸다. 2010년 4월 5일, 위키리크스는 '부수적 살인'이라는 자극적인 제목의 비디오를 사이트에 올렸다. 이라크에서 아파치 헬리콥터가 (실수로)《로이터》기자 2명과 이라크 민간인 12명에게 총격을 가하는 장면이었다. 희생자는 대부분 비무장 상태였다. 그 비디오는 해외 언론에서 집중적으로 다루어지면서 전 세계를 격분시켰다. 미국 내에서도 문제의 비디오를 둘러싸고 수많은 블로거들 사이에서 논쟁이 격화됐다. 위키리크스가 아프가니스탄 전쟁에 대한 비밀 정보 7천 페이지를 공개한 후에는 미국 국방부가 격렬한 규탄 성명을 발표했다. "위키리크스가 개인들에게 불법으로 비밀 정보를 누설하라고 부추기고, 그 비밀 정보를 우리의 적을 포함한 전 세계에 경솔하게 공개한 데 대해 국방부는 개탄을 금치 못하는 바입니다."[37]

하지만 그것은 시작에 불과했다. 2010년 12월, 위키리크스는 전 세계 정부에 충격파를 보냈다. 미국의 비밀 외교 전문 6천 건(보유하고 있던 15만 건 중에서)을 올려 미국의 수치스러운 국정 운영 방식을 낱낱이 까발린 것이다. 특히 미국이 예멘에서 여러 차례의 전쟁을 치를 계획이었다는 것, 힐러리 클린턴이 외교부 직원을 파견해 (유엔 헌장에 위배되게) 외국의 정치인을 정탐하라고 지시했다는 것도 폭로했다. 튀니지의 반정부 세력은 자국의 독재적인 대통령 벤 알리의 지독한 부패 행위와 공금 횡령을 상세히 기록한 미국의 외교 문서에 흥미를 보였고, 그 사실이 알려지고 한 달 후 벤 알리는 민중 혁명에 의해 대통령직에서 쫓겨났다.

공화당 의원 피터 킹은 위키리크스를 해외 테러 조직으로 지정하고 어산지는 형사 사건으로 기소해야 한다고 주장했다. 빌 오라일리*는 생방송에서 미국이 무인 공격기로 어산지를 폭격해야 한다고 했다. 부통령 조 바이든은 위키리크스를 '테러리스트'로 규정했고, 법무부 장관 에릭 홀더는 어산지가 간첩법 위반 혐

---

* 폭스뉴스 채널의 시사 토크쇼 〈오라일리 팩터〉를 진행하는 방송인이자 정치평론가.

의로 재판을 받을 수 있는지 알아보라는 지시를 내렸다고 한다.

위키리크스를 옹호하는 사람들은 명쾌한 원칙을 내세운다. 민주주의 국가의 시민들은 정부가 하는 일을 알 권리가 있다는 것이다. 베트남 전쟁 때 《뉴욕 타임스》에 그 유명한 펜타곤 문서*를 제공함으로써 정보 공개라는 일격을 가했던 대니얼 엘즈버그는 바로 이러한 입장에서 어산지를 옹호한다. "국민들이 듣고 생각하고 읽을 권리를 정부가 좌지우지하는 것은 이 나라의 건국이념이 아닙니다." 그가 2010년 12월 방송인이자 정치평론가인 스티븐 콜베어에게 한 말이다. "정보가 너무 많이 누설되어서 사회가 이렇게 부패했단 말입니까."[38]

어산지도 언젠가 위키리크스의 철학을 이런 식으로 얘기했다. "우리가 바라는 것은 시민들이 진실을 가지고 싸우는 것입니다. 서로가 진실만을 가지고 공격한다면, 그래서 핵심적인 진실과 역사적 자료만 남는다면 뭔가를 이룰 수 있을 겁니다."[39]

진실은 결국 드러난다는 어산지의 가장 핵심적인 신념은 조작과 왜곡, 선별적 누설이라는 포스트모더니즘 세계에서 진기해 보이기까지 하다. 우리가 지식을 습득하는 수많은 방식이 모두 무효가 되고 진실을 매개하던 기관들의 부정행위까지 탄로나자

---

* 국방부 장관 로버트 맥나마라 아래 작성된 보고서. 미국이 베트남 참전의 구실로 내세운 '통킹 만 사건'이 북베트남의 도발로 촉발된 것이 아니라 미국 군대가 조작한 사건이라는 사실이 담겨 있다. 베트남 전쟁이 미국 정부와 군수 기업체, 광신적 반공주의자들이 결탁한 침략 전쟁이었다는 사실을 폭로하여 15년 동안의 베트남 전쟁을 끝내는 데 결정적인 역할을 했다.

어산지는 그 매개 자체를 제거하는 일에 나선 것 같다.

하지만 세상에는 무수한 진실이 있고, 우리에게 전해지는 진실은 그 중 극소량에 불과하다. 누군가가 중간에 개입하여, 또는 집단이나 기관들이 개입하여 우리가 알아야 할 것과 알면 안 되는 것들을 결정할 것이다. 무엇이 중요하고 무엇이 중요하지 않은지도 결정할 것이다. 다시 말하면 모든 진실과 모든 객관적 사실이 동등한 방식으로 만들어지지는 않기 때문에 '유일한 진실'에 매달리는 것은 의미가 없다는 것이다. 예를 들어 어떤 매체가 어산지의 성폭행 주장과 고소에 대해 진실만을 보도하기 위해 최선을 다한다고 해보자. 그런 경우 어산지는 '정직하다'는 이유로 그들을 무작정 존중하지는 않을 것이다.

미국 안보기관의 내부 정보를 폭로한 위키리크스의 활동이 어산지의 관점을 긍정적으로 보여준 것이라면, 이스트앵글리아 대학교의 기후 연구학과 학자들이 보낸 방대한 이메일과 자료들을 사이트에 올린 일은 그것의 한계를 보여준다고 할 수 있다.

그 대학 내의 기후학자들과 외부인들이 10년간 주고받은 개인 이메일에서 기후학자들은 자신들이 부유하고 비열한 비판 세력의 포위 공격을 받고 있다며 분개했다. 기후변화를 의심하는 외부인들을 업신여기고 온난화 주장을 변호한 것은 물론이다. 그다지 아름다운 인상은 아니었다. 그런데 지구온난화를 부정하는 세력은, 그 이메일을 보면 탄소 배출량이 늘어나면서 지구의 온도가 높아진다는 주장을 강화하기 위해 학자들이 데이터를 조작하는 등 그야말로 과학적 사기를 치고 있다고 주장한다.

공인도 아닌 시민들의 이메일을 해킹하여 공개하기로 한 결정이 옳은가라는 질문에 어산지는 공개할 수밖에 없었다고 주장했다. "우리가 어떻게 생각하느냐는 중요하지 않습니다. 선택의 여지가 없었습니다."[40]

그 이메일들이 공개되자 호시탐탐 기회를 노리고 있던 언론, 특히 영국과 미국의 보수 언론이 들썩거렸다. 특히 글렌 벡, 숀 해니티, 그리고 음모론 전문가 알렉스 존스가 그 이메일들은 바로 현장 증거라며 목소리를 높였다. 지구의 온도가 상승하고 있다는 전 지구적 차원의 거대한 음모에 학자들이 개입했다는 명백한 증거라는 것이다. 그리고 그 목적은 세금 인상, 정부의 권력 확대, 그리고 기업의 규제 강화를 위한 전초 작업일 거라고 추측했다. 글렌 벡은 시청자들에게 말했다. "직감적으로 '잠깐, 저 지구온난화라는 게 좀 사기 같은데'라는 느낌이 든다면, 여러분은 제대로 감을 잡은 겁니다. 증거는 없었지만 그런 일이 벌어지고 있다고 저희가 말씀드렸었죠. 저희는 직감에 귀를 기울였거든요."[41]

보수 언론은 주류 언론을 부추겨 그 사건을 보도하게 했고, NBC, CBS, ABC 모두 저녁 뉴스에서 증거도 빈약한 그 해킹 이메일 토막들을 방송하면서 광란은 극에 달했다. 도가 넘은 관심은 곧이어 무려 6개 기관이 나서서 해당 학자들의 행실을 공식 조사하는 데까지 나아갔다. 이스트앵글리아대학교, 펜실베이니아 주립대학, 영국 하원 과학기술위원회, 영국왕립학회, 심지어 미국 상무부 감사관까지 나서서 불법 행위나 속임수, 직권 남용 등의 증거를 찾으려 이메일을 샅샅이 뒤졌다. 하지만 그 기후학자들이 과학적 과실을 행했다는 증거는 한 건도 없었다. 단 한 건도. 다방면으로 조사를 벌인 결과, 그 학자들이 발표한 논문에 대해, 더 넓게는 지구온난화가 인류의 파멸을 가져올 수 있다는 일치된 의견에 의문을 제기한 이메일은 전혀 없었다. "해당 학자들의 '엄밀함과 정직함'은 의심의 여지가 없다"는 것이 이스트앵글리아대학교 조사관들의 결론이었다.[42] 예상할 만한 일이지만, 그 학자들이 혐의를 벗었다는 뉴스는 그들이 위법 행위를 저질렀을 거라고 암시하던 처음의 자극적인 보도와는 비교도 안 되게 적었다. 환경문제에 관한 글을 쓰는 데이비드 로버츠는 이런 행태에 대해 논평했다. "그 사건은 우울할 정도로 익숙한 방향으로 흘러갔다. 보수 언론은 무자비하게 선동하고, 주요 언론은 이렇다더라 저렇다더라 하면서 무고한 사람들을 괴롭힌다. 그러고는 한참 후에야 그것이 헛소문이었음이 밝혀지는 것이다."[43]

이 사건은 현재 에너지 산업과 연관된 세력과 보수 언론이 대중의 마음에 의심의 씨를 뿌리기 위해 일치 단결한 하나의 사례에 불과하다. 그리고 그런 시도는 어마어마한 악영향을 끼쳤다. 영국 국민의 4분의 1은 지구의 온도가 올라가고 있다는 말을 '믿지 않는다'고 한다.[44] 4년 전에 비해 2배나 증가한 수치다. 미국 국민의 3분의 2는 지구온난화가 '매우 심각한 문제'라는 주장을 믿지 않는다.[45]

이런 경향은, 진실은 승리한다는 어산지의 신념과 정면으로 충돌하는 현상이다. 기후학자들이 진실을 내세우며 저항하고 있지만 압도적인 기세에 밀리고 있는 것이다.

역사 부문 퓰리처상을 받은 책 『인종문제와 언론: 언론과 시민권 운동, 그리고 국민의 각성』에서 진 로버츠와 행크 클리바노프는 1960년대 언론의 활약상을 그렸다. 인종차별이 어떤 식으로 행해지는지 그리고 시민권 운동이 그 인종차별주의를 어떻게 무너뜨리는지를 언론이 충실하게—위험을 무릅쓰지 않고 신중하게—보도함으로써 역사상 처음으로 여론의 향방을 바꾸는 과정을 보여준 것이다. 두 저자는 "미국 역사상 1950년대와 60년대만큼 언론이 큰 영향력을 발휘한 때는 없었다"[46]고 주장한다. 당시 시민권 운동 지도자들도 언론의 힘을 잘 알고 있었다. 그들의 1차 목표는 주요 대중매체 중 핵심적인 위치에 있던 《뉴욕 타임스》와 방송사의 저녁 뉴스 팀들에게 시민권 쟁취를 위한 투쟁을 있는 그대로, 즉 보수주의와 증오에 맞선 정의와 진보의 싸움으로 보도록 설득하는 것이었다. 먼저 북부 백인계층이 넘어왔다. 그리고 그들의 상당한 힘이 짐 크로우 법* 아래서 시민권 운동 시

---

* 1876년부터 1965년까지 시행됐던, 인종간 분리를 합법화한 미국의 주법. 이 법을 근거로 공립학교, 공공장소, 대중교통, 화장실, 식당, 식수대에서 백인과 흑인이 격리되었다.

위자들이 당하는 폭력과 증오, 잔혹함을 증명하는 데 집중되면서 여론이 방향을 바꾸기 시작했다.

정리하자면, 당시 대중매체에 집중한 전략은 활동가들에게 지렛대의 작용점 역할을 했다. 그들은 모든 역량을 비교적 소수인 언론사에 집중했고, 그들의 보도를 통해 시민권 운동의 메시지를 거의 모든 유권자들에게 전달할 수 있었다.

어떻게 보면, 『인종문제와 언론』에서 다룬 민권 운동 이야기는 줄리안 어산지의 명료한 관점이 옳다는 것을 보여주는 사례다. 인종차별주의의 본성이 폭로되었고 진실이 승리했기 때문이다. 스웨덴의 경제학자 군나르 뮈르달은 1944년에 쓴 책에서 "미국 백인들 대다수가 흑인들의 실상을 알게 된다면 기꺼이 지금보다 훨씬 더 잘 대우해줄 것이다"[47]라고 예언했다. 그리고 로버츠와 클리바노프는 뮈르달이 한 이 말을 위의 책에 인용했다.

인종문제라는 '진실'의 폭로에서 중요한 역할을 한 것은 당시 기존 언론계, 특히 《뉴욕 타임스》가 장악한 집중된 권위였다. 만약 시민권 운동이 오늘날에 일어났다면 어떤 대접을 받았을지 생각해보라. 폭스 뉴스는 북부 지역 시청자들에게 시위자들은 마르크스주의자에 불순분자들이며 미국의 앞날에 위협이 될 거라고 끊임없이 주장할 것이다. 마틴 루터 킹 목사의 내연녀들의 천박한 인터뷰들이 인종차별주의자들의 블로그에 올라오고, 우파 활

1954년 연방대법원에서 공립학교에서의 차별은 위헌이라는 판결을 내렸고, 잔재했던 짐 크로우 법은 1964년 시민권법과 1965년 선거권법으로 인해 효력을 상실했다.

동가들은 곤혹스러워하는 시위자들과 인터뷰한 영상을 신나게 유포할 것이다.

이것은 추측이 아니다. 기후변화라는 난제 앞에서 우리는 기존 기관의 권위가 몰락한 후 남겨진 어두운 심연을 마주하고 있다. 내가 아는 민주당 선거대책 자문위원은 현대 사회의 이런 특징을 '탈진실 정치'라고 규정한다. 진실을 수호할 정치적 성향과 자원, 평판 좋은 자본을 가진 중심 기관들이 없기 때문에, 우리는 실제로 홉스가 말한 혼란스러운 사회, 즉 권력을 향한 의지에 진실이 잠식되는 위험한 사회에 살고 있다는 것이다.

현 체제를 옹호하는 세력만이 이런 결과를 두려워하는 건 아니다. 현 엘리트 계층과 기관들을 가차 없이 비판하는 사람들도 공포를 느낀다. "이 나라에서는 주요 기관에 대한 불신을 떨쳐버리기가 너무 힘들기 때문에 모두가 벼랑을 향해 나아가고 있습니다." 노암 촘스키가 2011년 기후변화에 대한 강연에서 한 말이다. "모든 대상에 대한 분노와 두려움과 혐오감이 이런 상황을 몰고 왔습니다. 여론 조사 결과를 보면 누구나 의회를 증오하고, 민주당을 증오하고, 공화당은 더 증오하고, 대기업을 증오합니다. 은행을 증오하고, 과학자들을 불신합니다. 그런데 책상머리 엘리트들이 하는 말을 어떻게 믿는단 말입니까? 우리는 아무도 믿을 수가 없습니다. 그들도 못 믿습니다."[48]

내가 보기엔 어산지도 이런 심각한 문제를 인식한 것 같다.

2006년에 그는 '국가와 테러리스트 음모'[49]라는 제목으로 위키리크스의 급진적인 시각을 담은 선언문을 발표했다. 거기에서 그는 위키리크스의 활동 목표가 이른바 '부당한 체제'의 이면에 있는 '기관의 음모'를 무너뜨리는 것이라고 했다. 내부 정보를 누설하여 그 기관들을 피해망상증에 빠뜨리면 그들끼리도 의사소통이 불가능해지고 결국 종말을 맞게 되리라는 것이다.

하지만 2011년 무렵에는 어산지의 시각이 진화했다. 데이비드 프로스트와의 인터뷰에서 정보 누설을 통해 기관들의 내부 붕괴를 꾀하는 게 아니라 그 기관들을 구해내고 싶다고 말한 것이다. "권위에 대해 무조건 반대하지는 않는다는 건가요?" 프로스트가 어산지에게 물었다.

"그게 말이죠, 조직을 운영해 보니 기관을 설립하는 것이, 나아가 좋은 기관을 만든다는 것이 쉬운 일이 아님을 알겠더군요."

기관은 무척 중요합니다. 무슨 말이냐면, 저도 해봤지만 아프리카에서 일해본 사람은 제대로 굴러가는 민간 기관이 하늘에서 뚝 떨어지는 게 아니라는 걸 체감할 겁니다…. 깨끗한 도로 같은 것들은 저절로 생기는 게 아닙니다. 그 뒤에는 기관이라는 토대가 있어야 하죠. 하지만 비밀이 많은 기관들은 어쩔 수 없이 부패하게 됩니다. 관료들은 대중이 알면 반대할 비밀스러운 계획을 짜서 그들이 원하는 방향으로 그 계획들을 실천할 겁니다. 결국 국민들

이 그들에게 맡긴 역할을 내팽개치는 거죠.[50]

　지금까지의 내용을 정리하면 다음과 같다. 사회 발전은 혁명과 개혁 사이의 생산적이고 역동적인 긴장이 바탕이 되어야 한다. 혁명주의자들은 사회의 기관들을 투명하게 유지한다. 개혁주의자들은 국민의 전반적인 삶을 안정적으로 관리한다. 실패의 시대를 경험한 우리가 떠안아야 할 가장 중대한 사회적 과제는 주요 기관들을 진심으로 신뢰할 수 있는 수준으로 재건하는 것이다. 신뢰받는 기관들의 뒷받침 속에 사회 통합을 이루지 못하면 난제를 해결하기 위해 꼭 필요한 합의를 이루기가 불가능하기 때문이다. 나는 우리가 직면한 최대 난제가 기후변화라고 확신한다. 과학자들이 제시한 만큼 지속가능한 수준으로 탄소배출량을 줄이려면 정책을 획기적으로 전환해야 한다. 하지만 현재 미국 사회의 여론은 이를 전혀 뒷받침해주지 못한다. 2001년에는 미국 국민들의 75퍼센트가 지구온난화 문제가 인류의 존속을 위협한다고 믿었지만, 2012년에는 그 수치가 44퍼센트로 떨어졌다. 근본적인 문제는 기후변화의 위험을 경고하는 학계나 지도층을 무작정 불신하는 국민들이 너무 많다는 것이다.

　가장 큰 문제는 이것이다. 지난 10년 동안 엘리트의 권위를 인정할 수 없는 건 당연했지만, 그 엘리트의 권위가 없으면 아무런 문제도 해결할 수 없다.

5장

우리가 그
1퍼센트다

우리가 그 1퍼센트다.[1]

-시카고 상품거래소 창문에 쓰인 문구

/

미국 정치 어휘에서 '자유' 다음으로 많이 쓰이는 단어는 아
마 '엘리트'일 것이다. 정치적 스펙트럼 양쪽에서는 엘리트에 대
해 나름의 정의를 내리겠지만, 현 정치 지형에서는 우파가 엘리
트주의에 대한 증오를 끊임없이 조장한다. 그들이 보기에 엘리트
란 생산수단의 소유자라기보다는 지성인이나 학자, 언론과 정부
에서 일하는 사람들이다. 세라 페일린은 2010년 3월 공화당 선거
자금 후원 행사에서 격렬하게 외쳤다. "워싱턴과 언론의 엘리트
들은 국민들의 지혜를 무시하지 말라!"

2008년 선거운동 기간에 브라이언 윌리엄스*가 엘리트가 어
떤 사람이냐고 끈질기게 묻자, 페일린은 마음 자세가 엘리트 여
부를 결정한다는 식으로 말했다. "제 생각엔 자신이 다른 사람들
보다 더 낫다고 생각하는 사람은 누구나 엘리트라고 할 수 있습

---

* 미국 NBC 저녁 뉴스 프로그램《NBC 나이틀리 뉴스》의 앵커이자 편집장.

니다. 그게, 그게 엘리트에 대한 저의 정의입니다." 그녀가 대답을 끝내자마자, 그녀의 러닝메이트였던 존 메케인이 나서서 목소리를 높였다. "그런 사람들은 주로 워싱턴과 뉴욕에 많죠. 저도 거기 가봤고, 살아본 적도 있습니다. 그래서 그 도시들의 분위기를 압니다. 대부분의 엘리트가 어떤 사람인지도 알 만큼 알죠. 조지타운에서 열리는 칵테일파티에 페일린 같은 사람들이 절대 같이 안 갈 사람들이죠." 그가 음흉하게 웃으며 말했다(널리 알려진 대로 해군 제독의 아들이고, 주택을 10채나 소유하고 있으며, 수백만 달러 가치의 맥주 회사 회장의 남편이기도 한 매케인은 진짜 거부들이 어떤 삶을 사는지 잘 알고 있었다).

보수주의자들의 이런 인기 영합주의는 그 역사가 상당히 길다. 석유 재벌의 아들이자 예일대 출신인 윌리엄 F. 버클리 주니어가 1963년에 한 말은 유명하다. "나는 하버드 대학 교수 2천 명이 운영하는 사회보다 보스턴 전화번호부 맨 앞에 나온 2천 명이 운영하는 사회에 살고 싶다."[2] 인종차별주의자 조지 월리스는 시민권 운동가들을 '물정 모르는 샌님들'[3]이라고 비난했다. 언론계 엘리트를 항상 사악한 적이라 부르는 스피로 애그뉴는 그들이 '뻔뻔하고 퇴폐한 속물 군단'[4]이라며 격한 감정을 숨기지 않았다(애그뉴의 많은 연설문은 윌리엄 사파이어가 써주었는데, 그는 광고 회사가 밀집한 매디슨 가에서 고액의 연봉을 받고 홍보와 광고 일을 했었다). 오늘날 폭스 뉴스에서 '언론계 엘리트'를 언급하는 횟수는

기업 엘리트를 언급하는 횟수보다 4배나 많다.[5]

우파에 의하면 엘리트를 결정짓는 요건은 권력의 등급이나 정치적 영향력이 아니라 겸손함, 세계관, 취향, 기호, 그리고 음식 문화다. 대중들이 라디오 토크쇼나 〈아메리칸 아이돌〉을 보는 반면 그들은 〈매드맨〉*을 시청하고 공영 라디오 방송 NPR을 듣는다. 언어학자 지오프 넌버그의 표현을 빌리면 엘리트들은 '치즈와 음료에 삐딱한 취향'이 있다.[6] 또한 속물적인 코스모폴리탄으로서 신앙이나 가족, 국가라는 기본적인 덕목에 순수하고 성실하게 헌신하는 보통 사람들을 안타깝게 여긴다.

딕 아미—공화당 하원 원내 대표이자 백만장자인, 그리고 정가에서 고위급 관료의 영향력을 팔던 기업 디엘에이 파이퍼의 로비스트였던—는 바로 이런 이유를 들어 '엘리트'와 '기존 체제'를 혹평한다. 마치 자신은 창밖에서 유리창에 코를 대고 귀족들을 구경하는 불쌍한 신문 배달부라도 되는 것처럼 말이다.

보수주의자들은 '엘리트'라는 명사를 순전히 편할 대로 해석해서, 거의 쓸모없는 단어로 만들어버렸다. 그래서 우리는 '엘리트'는 믿을 수 없는 사람들이라는 데에는 동의했지만, 그들이 정확히 어떤 사람들인지는 도저히 알 수 없게 되었다. 다만 불신이

---

* 매튜 와이너 감독이 만든 드라마 시리즈. 2007년 7월에 시작하여 2015년 5월 17일 종영됐다. 1960년대 뉴욕 시 매디슨 거리에 위치한 가상의 광고 회사 스털링 쿠퍼가 배경이다. 대본, 연기, 역사적 사실 묘사에서 격찬을 받았으며, 에미상 15개 부문과 골든 글로브상 4개 부문을 포함해 다수의 상을 수상했다. 역사상 최고의 텔레비전 드라마로 널리 평가된다.

라는 전염병이 퍼져나가면서 모든 기관 그리고 엘리트와 연관 있는 것 같은 이들에게는 악감정이 생겼다. 그런데 만약 보이지 않는 곳에서 미래의 기후변화를 연구하는 데 시간을 바치는 '물정 모르는 샌님들'이 엘리트에 포함된다면, 세계에서 가장 힘 있는 석유 회사들이 자신들의 이익을 지키고 환경을 오염시키기 위해 반엘리트주의 정서를 중심으로 대중을 단결시키는 예상치 못한 상황이 벌어질 수도 있다.

그렇다면 엘리트가 일반 대중과 구분되는 특성은 무엇일까?

아리스토텔레스는 "태어날 때부터 어떤 사람들은 복종하는 데 적합하고 어떤 사람들은 명령하는 데 적합하다"[7]고 했다. 인류 역사의 거의 전부에 해당하는 기간 동안 전자는 후자보다 숫자가 많았고, 유일하게 현대 민주주의는 이 불변의 원칙에 거세게 도전했다. 하지만 그렇다고 엘리트의 지배 가능성이 완전히 사라지지는 않는다는 것을 바로 미국의 역사가 보여준다.

선거권이 소수 집단에게만 주어지면, 또는 대중을 대표하는 각계각층의 대표자와 정치지도자들이 강력한 이해 집단에 휘둘린다면, 허울뿐인 민주주의는 여전히 다수에 대한 소수의 지배라는 특성을 유지할 수 있다. 19세기 후반과 20세기 초반 민주주의라는 이념이 유럽으로 퍼져나갈 때, 일군의 이론가들은 민주화는 권력을 하향 이동하도록 압박하는 제도인데 어떻게 소수가 사실상의 통제권을 계속 유지할 수 있는지를 분석하는 일에 매달렸다. 로버트 미헬스는 그런 학자들 중 한 명이었다. 그가 제시한 '소수 독재의 철칙'은 우리 사회의 능력주의에 대해 생각해볼 만한 화두를 던졌다.

미헬스처럼 엘리트를 연구한 빌프레도 파레토, 가이타노 모스카, 호세 오르테가 이 가세트도 비슷한 분석을 내놓았다. 다만 그들은 평등주의에 혐오감을 갖고 있어서 엘리트 현상을 하나의 문제라기보다는 특성으로 본다. 그들에게 '엘리트'는 가장 뛰어난 능력을 갖고 있어서 강한 권력을 가질 자격이 있는 사람들이다. 가장 뛰어난 인물이 가장 높은 자리를 차지한다는 것이 그들 이론의 핵심으로, 능력주의의 초기 시각이다. 고대 그리스인들의 이상이었던, 가장 뛰어나고 가장 명석하고 가장 고결한 사람들에 의한 지배가 엘리트주의라는 것이다. 오르테가 이 가세트는 1930년에 쓴 책 『대중의 반역』에서 말했다. "나이가 들고 경험이 쌓이면서 절실히 깨닫게 되는 것은, 대부분의 사람들은 외부에서 강압적으로 주어지는 의무 외에는 어떤 노력도 할 능력이 없다는 사실이다. 그런 이유로 자발적이고 기꺼이 노력을 바치는 극소수의 사람들은 대중과 격이 다른 탁월한 존재로 추앙된다. 이런 소수 정예에 해당하는 사람들이 귀족이다. 이들은 그냥 반응만 하는 게 아니라 능동적으로 움직인다. 그들에게 삶은 계속되는 투쟁이며 끝이 없는 훈련이다."[8] 오르테가 이 가세트는 민주주의가 유럽으로 퍼져나가는 현실에 극도의 공포를 느꼈다. 바람직한 사회칙서를 만드는 데 꼭 필요한, 신중한 지도력과 탁월한 능력을 갖춘 귀족들보다 무지한 육체 노동자이자 극단적 이념에 물든, 자신이 '군중 인간(Mass Man)'으로 명명한 세력이 권력을 얻는다고 생각했기 때문이다.

몇십 년 후, 미국의 가장 유명한 엘리트 연구자 찰스 라이트 밀스가 이전 학자들의 엘리트 이론을 완전히 뒤엎는 연구 결과를 제시했다.

오르테가 이 가세트 학파는 군중 인간에 부여된 과도한 권력 때문에 사회가 위험에 처했다고 주장했지만, 밀스는 이들이 권력 수단에서 사실상 소외되었던 전후 시대의 풍경을 연구했다. 기관들의 규모가 커지고 전쟁과 정치가 더 복잡해지면서, 밀스가 '파워엘리트'라고 이름 붙인 세력이 국가의 중심 기관들에 점점 더 많이 진출하여 통제권을 갖기 시작했다. 밀스는 책에서 파워엘리트란 '국가적 행사와 관련된 문제를 결정하는 사람들'이라고 설명했다.[9]

여기서 내가 다시 논하고 싶은 것이 바로 '엘리트'에 대한 이런 기본 시각이다. 몇 세대가 흐르는 동안 엘리트에 대해 연구해온 좌우파의 학자나 사상가들은 엘리트의 가장 두드러진 특징이 그들의 소비 성향이나 미적 취향 또는 '속물성' 같은 애매한 개념이 아니라 상대적으로 적은 숫자, 다수 대중에게는 없는 권력, 그리고 그들의 상호 연결성이라는 데 인식을 같이 하고 있다.

그렇다고 해서 '엘리트'에 속하는 사람들이 보수주의자들이 조롱하는 특성이 전혀 없거나 대중과의 차이점이 별로 없다는 뜻은 아니다. 어느 시대나 엘리트들은 대체로 대중과 상당히 구별되는 나름의 소비 성향, 종교적 신념, 취향, 기호, 가치관 등을 가지고 있었다. 하지만 이렇게 구별되는 특성은 엘리트라는 지위의 원인이 아니라 결과로 이해하는 게 맞다. 엘리트의 취향은 높은 권력과 지위, 부의 소산이다. 19세기 런던의 굴뚝 청소부가 오페라 관람과 여우 사냥이 취미라고 해서 엘리트에 속할 수는 없었을 것이다. 그래봤자 그는 굴뚝 청소부다. 반대로 워렌 버핏이 낡아빠진 미국산 세단을 몰고 오마하의 저렴한 집에 살고 소박한 전통 음식을 먹는다고 해도, 그가 엘리트라는 지위를 잃는 것은 아니다. 세계 경제가 절망의 구렁텅이로 추락하려고 할 때, 버핏은 세계 최고위급 정치인과 부호들이 혼비백산해서 조언을 구하는 전화에 응답하며 건재함을 과시했다. 그가 엘리트가 아니라면 엘리트로 불릴 사람은 아무도 없을 것이다.

하지만 '엘리트'라는 집단을 서로 연결된 소수의 힘 있는 사람들로 정의한다면, 가장 중요한 문제는 그 집단이 얼마나 작은가 하는 것이다. 미국인들 과반수는 4년제 대학을 졸업하지 않았다. 하지만 대학 졸업장이 있는 6,400만 명을 '엘리트'라고 할 수 있을까? 아니면 대학원 졸업자인 2천만 명이 엘리트일까?《뉴욕 타임스》는 독자들이 주로 엘리트인 언론사로 널리 알려져 있다.

하지만 그 '엘리트 독자'에는 헨리 키신저뿐 아니라, 이스트할렘에 살며 뉴욕시 보건복지부 공무원을 지냈던 나의 아버지도 포함된다. 사회학적으로 이 두 사람의 공통점을 어디서 찾을 수 있겠는가. 마찬가지로 '엘리트'에는 종신직이 보장될 컬럼비아 대학 인류학 교수와 수십억 달러 자산가인 JP모건체이스의 CEO 제이미 다이먼도 포함된다. 하지만 인류학 교수는 가령 매점을 지키는 식료품점 주인보다는 영향력이 더 클지 모르지만, 제이미 다이먼과 비교한다면 그런 작은 차이는 무시해도 될 정도다.

월가 점령 시위는 99퍼센트와 1퍼센트라는 단순한 표현으로 전체 사회에서 엘리트를 구분했다. 이 구분은 젊고 고등 교육을 받았지만 상대적으로 권력이 없는 인류학자와 제이미 다이먼을 나누는 기준이다. 월가 점령 시위자들은 엘리트 집단의 규모가 어느 정도인지를 규정했고, 그것은 능력주의 시대 미국의 정치경제 면에서 가장 중요한 특징을 기반으로 한 것이었다. 그 1퍼센트는 경제적 파이 전체에서 거의 4분의 1을 차지한다. 상위 1퍼센트가 그만큼의 몫을 마지막으로 차지한 때는 1929년 주식 시장이 붕괴하기 직전이었다.

사실 1퍼센트마저도 극심한 빈부격차가 어느 정도로 치솟았는지를 정확히 보여주지 못한다. 국세청에 의하면, 2007년 기준 납세자 상위 400명의 평균 수입은 하위 90퍼센트 평균 수입의 1만 배가 넘었다.[10] 헤지펀드 갑부인 존 폴슨은 2010년에 시간당

240만 달러를 벌어들였다. 이것은 연봉이 5만 달러인 노동자가 퇴직하기까지 꼬박 47년을 일해야 벌 수 있는 액수다. 1981년 시카고 대학 경제학 교수 셔윈 로젠은 이런 유형의 분배가 이루어지는 것은 그가 '슈퍼스타의 경제학'이라고 이름 붙인 체제 때문이라고 주장했다. 책에서 그는 설명한다. "어떤 경제체제에서는 그 성과가 대부분 몇 명의 개인에게 돌아간다. 이런 사회의 특징은 수익 배분이 편향적이고 최상위층에 엄청난 보상이 주어진다는 것이다."[11]

로젠은 과학기술의 발전 때문에 어떤 분야에서는 최고 실력자들에 대한 수요가 급증했다고 말한다. 예를 들어 1950년에는 가장 뛰어난 농구 선수라도 그의 재능을 이용해 돈을 벌 수 있는 방법은 대중에게 특정 운동화를 광고하는 것 정도였다. 그에 비해 오늘날엔 스타 농구 선수 르브론 제임스의 경우 플로리다를 넘어 터키와 중국의 광고판에까지 등장한다. 이런 현상은 분야를 막론하고 어디서나 볼 수 있다. 가장 유명한 오페라의 소프라노는 엠피쓰리와 인터넷 덕분에 아이팟이 있는 사람이라면 누구나 그녀의 노래를 살 수 있고, 그것은 다섯 번째로 유명한 소프라노에게는 속상한 일이다. 하지만 대중의 입장에서는 최고를 살 수 있는데, 왜 그보다 못한 것에 만족하겠는가? 1982년에 상위 1퍼센트의 팝스타들은 전체 콘서트 티켓 수입의 26퍼센트를 차지했지만, 2003년에는 저스틴 팀버레이크, 크리스티나 아길레라,

50센트 같은 상위 1퍼센트의 유명 가수들이 56퍼센트를 쓸어갔다.[12]

농구나 대중음악 같은 분야에만 슈퍼스타가 존재하는 건 아니다. 그들은 거의 모든 직업군에서 점점 더 표준이 되고 있다. 법조계를 보면, 대형 법률회사의 최고변호사들은 그들 아래서 일하는 고용변호사들을 훨씬 앞섰고 동업자들까지 앞선다. 2011년 《월스트리트저널》의 보도에 의하면, 이제 법조계의 슈퍼스타들은 '1년에 천만 달러 이상'을 버는 것으로 추정된다. "이는 법률회사 동업자 평균 수입 64만 달러와 비교가 되지 않을 정도다. 스타변호사들은 같은 회사의 동업자 변호사들보다 보통 8~10배 정도 더 벌고 있는데 이는 10년 전에 비해 대략 2배나 벌어진 차이다."[13]

최고경영자(CEO) 세계에서도 똑같은 추세가 나타난다. 1970년과 2000년대 초반 사이에 상위 10퍼센트의 CEO들과 상위 50퍼센트에 위치한 CEO들의 수입 차이는 2배에서 4배로 뛰었다.[14] 그뿐 아니라 CEO들과 바로 아래 직원들 사이의 수입 격차도 벌어졌다. 2006년의 조사에 의하면 1980년에서 2005년 사이 CEO의 연봉과 그 회사에서 두 번째와 세 번째로 연봉이 높은 직원들 사이의 격차는 거의 2배로 벌어졌다.[15]

엘리트의 실체를 파악할 때 수입은 권력을 더 폭넓게 대신하는 유용한 수단이다. 돈은 다른 추상적인 기준과 달리 양적으로 비교할 수 있기 때문이다. 하지만 권력과 돈이 서로 대체 가능하다고 간단히 결론내릴 수는 없다. 이 두 가지는 종종 함께 다니지만, 권력은 단순한 물질적 부보다 더 영향력이 크기 때문이다. 선출직 공무원과 정부 관료들에게 부여된 공식적인 정치권력 외에, 21세기의 미국에서는 주요 권력의 원천으로 세 가지를 들 수 있다. 그것은 돈과 플랫폼, 네트워크다.

돈

물론 대부분의 경우 돈이 있으면 권력도 생긴다. 어떤 제품을 생산할지, 어떤 혁신을 촉진하고 어떤 혁신을 폐기할 것인지 결정할 권한이 생기기 때문이다. 주택 차압 위기 때 보았듯이, 자본을 소유한 사람들은 채권자로서 엄청난 지배력을 행사한다. 국제통화기금은 개발도상국이 마지막으로 의지하는 채권자라는 지위 때문에 신용 확대를 위한다는 명분으로 한 국가의 사회 계약과 국내 정치를 완전히 새로 재편하는 법령을 만들어낼 수 있다.

하지만 미국 같은 자본주의 사회에서 돈이 중요한 또 다른 이유는 돈으로 모든 유형의 권력을 쉽게 살 수 있기 때문이다. 돈으로 살 수 있는 것으로 우선 플랫폼을 들 수 있다. 폭스 뉴스의 거물 로저 에일스는 허드슨밸리에 넓디넓은 부동산을 살 때 지역 신문사 두 곳도 함께 사들였다. 그리고 그 신문사들을 현지의 토지 이용법을 바꾸기 위한 교두보로 활용했다(《뉴욕 타임스》의 기고가 A. J. 리블링이 빈정거린 말은 유명하다. "언론의 자유는 언론사를 소유한 사람들한테나 해당되는 말이다."[16])

마찬가지로 돈이 있으면 부자들이 사는 파크가든 컨트리클럽 같이 권력이 집중된 사회 네트워크에 접근할 수 있다. 돈 있는 사람들은 돈 있는 사람들끼리 어울리게 마련이다. 이러한 사회적 결합은 조정 비용을 줄여주고 상호 이익이 되는 목표를 위해 당사자들을 더 쉽고 효율적으로 조직해 준다.

돈이 있으면 정치권력도 살 수 있다. 로비스트와 정치활동위원회에 정치 헌금을 낼 수도 있고, 그 밖의 중요한 접근을 위해서 돈을 쓸 수도 있다. 정치학자 제프리 윈터스는 『과두정치』라는 책에서 그가 '소득 방어 산업'으로 규정한 문제를 중점적으로 다뤘다. 그 산업의 구성원들은 변호사, 회계사, 로비스트, 자산 관리 전문가 등 세금제도와 복잡한 규제에 관해 고도의 전문 지식으로 무장한 이들이다.[17] 그들은 자신의 전문성을 이용하여 다양한 세금 '상품'과 '수단'을 만들어내고 '조언'을 해주면서 소수 지배층들이 해마다 수백억 달러의 수입을 지킬 수 있게 해준다. 그들이 아니었으면 국가에 바쳐야 했을 그 돈을 말이다.

지난 10년 동안 소득 방어 산업은 눈부신 활약을 벌였다. 부시 행정부가 통과시키고 오바마 행정부가 확대한 세금 감축안으로 인해 총 815억 달러가 국고에서 상위 1퍼센트 부자들의 손으로 넘어갔다. 한편 헤지펀드 매니저들과 그들의 대리인들은 이른바 성과보수제도의 허점을 유지하기 위해 수백만 달러를 로비스트들에게 뿌렸다. 이 세법 조항은 펀드매니저들이 투자로 얻은 수입을 '성과보수'로 분류하여 15퍼센트라는 낮은 자본 이득 세율을 적용받게 하는 것이다. 그렇지 않으면 대부분 30퍼센트 이상의 세율을 적용해야 하는데 말이다. 재산이 2억 5천만 달러로 추정되는 밋 롬니가 2010년에 14퍼센트가 채 안 되는 세율의 세금을 낸 것도 바로 이런 법률상의 결함을 이용한 덕분이었다. 2008년, 2009년, 2010년에 하원은 이 부작용을 제거하는 법안을 통과시켰지만 상원에서 벌인 치열한 로비 활동의 역풍을 맞고 끝내 저지되고 말았다.

이것은 돈으로 법률을 직접 산 어처구니없는 사례지만, 미국에서 민주주의적 대의제도가 전체적으로 부자들의 이익을 중시한다는 증거는 점차 늘고 있다. 프린스턴 대학의 정치학 교수 래리 바텔스는 「경제적 불평등과 정치적 대의제」라는 2005년 논문에서 소득 격차에 따른 선거구민들의 입장과 상원의원들의 투표 성향을 추적하여 분석했다. 바텔스의 결론에 따르면 "거의 모든 경우에 상원의원들은 중간층 선거구민들의 의견보다 부유층 선거구민들의 의견에 훨씬 더 호의적이다. 반면 수입이 하위 3분의 1에 해당하는 선거구민들의 의견은 상원의원들의 투표에서 통계적으로 거의 눈에 띄지 않았다."[18]

몇 년 후, 바텔스의 프린스턴 대학 동료교수인 마틴 길렌스는 이 현상을 보여주는 증거를 더 제시했다. 그는 1981년부터 2002년까지의 '정책 수정 요구'에 대한 방대한 답변 자료를 연구한 다음, 그것들을 법률적 성과와 대조했다. 소득이 서로 다른 집단의 요구가 법률 제정에 어떤 영향을 미쳤는지를 분석해보니 놀라운 결과가 나왔다. 먼저 부자들(상위 10퍼센트)과 빈곤층(하위 10퍼센트)의 이해관계가 갈리는 문제들을 살펴봤을 때 법률적 결과는 "부자들이 바라는 쪽이 압도적으로 많았고… 빈곤층이 바라는 쪽은 거의 없었다."[19]

　　물론 이 결과는 예상할 만한 것인지도 모른다. 하지만 중간계급 유권자(수입이 50퍼센트에 해당하는)와 부유층 유권자의 이해관계가 갈리는 문제에서도 중간계급의 바람은 거의 완전히 무시된 채 부유층이 원하는 쪽으로 나왔다. 그가 내린 결론은 "정부 정책은 부자들이 원하는 방향으로 확연히 기울고, 빈곤층과 중간층의 바람은 사실상 도외시한다"는 것이다.

　　민주주의의 기본 원리는 1인 1표지만, 우리의 전반적인 대의제는 분명히 돈 많은 사람들의 요구와 이해관계를 중시하며, 더 부자가 되려는 그들의 열망에 힘을 보태주고 있다.

플랫폼

내가 플랫폼이라는 단어를 처음 들은 곳은 출판업계다. 출판업계에서는 저자의 잠재 판매력이 주로 그 저자가 얼마나 많은 독자들을 (특히 유명인물) 끌어들일 수 있는지에 달려 있다고 본다. 매주 청취자가 1,500만에 달하는 러시 림보는 누구보다 거대한 규모의 플랫폼을 갖고 있다.[20] 매일 밤 케이블 뉴스 중 가장 많은 300만 시청자를 동원하는 빌 오라일리도 거대한 플랫폼을 갖고 있다. 그리고 놀랄 일은 아닐지 모르지만, 두 사람 모두 그들이 펴낸 책들이《뉴욕 타임스》베스트셀러에 올랐다. 부익부 빈익빈의 또 다른 예다.

그런데 앞에서 설명한 돈이나 정치권력의 힘이 갈수록 강력해진 것과는 정반대로, 플랫폼은 지난 10년 동안 집중도가 더 약해졌다. 무서울 정도로 빠르게 언론사들이 합병되고 대형화되었지만, 시청자나 독자의 수는 그만큼 빠르게 줄어든 것이다. 60년대와 70년대에 월터 크롱카이트는 매일 밤 2천만 시청자를 만났다. 그런데 현재 저녁 뉴스에서 1위를 달리고 있는〈NBC 나이틀리 뉴스〉의 시청자가 900만 명 정도밖에 안 된다. 이런 경향은 거의 모든 대중매체에서 나타난다. 시청자가 분산되면서 지금은 전성기의《타임》이나《워싱턴포스트》처럼 선두를 달리던 언론매체가 보유했던 독자들보다 더 적은 독자가 매체별로 흩어져 있다.

독자들이 분산되는 이유는 대중매체의 발언 통로와 소식통이 우후죽순처럼 늘어났기 때문이다. 지금은 2천만 시청자를 거느 렸던 월터 크롱카이트 대신 각자 자신의 생각과 활동을 소규모로 연결된 독자들에게 방송하는 8억 명의 페이스북 사용자가 활동 하고 있다.[21] 그러므로 21세기 미국에서 플랫폼의 힘은 아직 천 지차이로 불평등하지만, 10년밖에 안 되는 기간에 훨씬 더 평등 해졌다고 할 수 있다. 20년 전이라면 뭔가 할 말이 있으면, 즉 의 견을 나누고 싶으면 친구 몇 명과 통화를 하거나 저녁을 먹으면 서 얘기했을 것이다. 열정이 넘치고 시간과 에너지도 많은 사람 이라면 몇십 명에게라도 신념을 전파하기 위해 몇 시간 동안 등 사판 인쇄물을 만들거나 일일이 전화를 걸었을 것이다. 지금은 페이스북에 링크를 걸면 즉시 250명에게 연결될 수 있다. 더 대 단한 것은, 열정이 전염병처럼 퍼질 수 있는 인터넷의 속성상 인 간관계가 극도로 좁은 사람이라도 그의 글이나 유튜브 동영상 또 는 블로그 포스팅이 순식간에 퍼져 수백만 명이 볼 수 있다는 것 이다. 이제는 평범한 10대도 20년 전의 웬만한 전문가보다 더 큰 플랫폼을 가질 수 있다. 이것은 국내에서 힘의 배치가 역사적으 로 유례없이 뿌리째 바뀔 수 있음을 뜻한다.

네트워크

초기의 엘리트 연구자들은 사회적 네트워크가 굉장히 강력하면서도 불규칙하게 분포되어 있음을 발견했다. 사회학자 C. 라이트 밀스는 대부분의 엘리트 권력이 각계각층의 파워엘리트라는 한정된 인간관계에서 나온다는 결론을 내렸다. 재무성에 출근하는 CEO들이나 CEO의 이사회에 앉아 있는 퇴역 장성 등이 여기에 속한다. 엘리트 계층의 사회적 자본, 즉 그 구성원들이 과시하는 끈끈한 인간관계에 주목함으로써 밀스는 마르크스의 지배계층이라는 개념보다 엘리트 파워에 대한 더 정교한 이론을 발전시킬 수 있었다. 밀스는 이렇게 주장한다. "미국 정부는 단순하게 보든 구조적으로 보든 '지배계급'의 위원회가 아니다. 그것은 '위원회'들의 네트워크이며, 이 위원회에는 부유한 기업인들 외에도 다양한 분야의 상위계급 출신들이 참석한다."[22]

앞서 소개한 세금 반대론자 그로버 노퀴스트는 네트워크 파워를 통해 권력을 행사하는 엘리트의 전형적인 인물이다. 보수주의 운동의 핵심에 있는 노퀴스트는 공화당 의원들로 하여금 어떤 세금 인상에도 반대하도록 만들 수 있는 힘이 있다. 그 힘은 재력이나 정치적 지위에서 나오는 것이 아니다. 후원자와 활동가들을 결집시켜 소신 있는 공화당 의원들에게 앙갚음하도록 할 수 있는 끈끈한 인간관계에서 나온다. 현대의 보수주의를 연구하는 어떤 정치학자는 이런 결론을 내렸다. "보수주의적 네트워크가 존재하는 한, 리모컨를 쥐고 있는 주인공은 그로버다."[23]

우파의 '리모컨'을 쥐게 되면 경우에 따라 부자들에게 접근하는 것보다 더 많은 권력을 장악할 수 있다. 노퀴스트는 대규모 플랫폼에 접근할 수 있는 굉장한 부호이기도 한데, 이는 어떻게 보면 당연한 일이다. 그것은 돈과 정치권력, 그리고 네트워크 파워가 개념적으로는 구분될지 모르지만, 현실에서는 밀접하게 연관되어 있기 때문이다. 밀스는 다양한 유형의 권력이 꼭대기에서는 하나로 합쳐지는 계층 구조에 주목하여 이러한 현상을 간파했다. 오늘날 그런 경향은 훨씬 더 뚜렷해졌다. 복잡하고 광범위한 능력중심주의 시스템은 밀스가 살았던 시대보다 더 복잡하고 다변화된 사회에서도 어떻게든 유지되고 있지만, 엘리트 계층은 훨씬 강력한 소수 정예 집단이 되고 있다. 밀스가 살았던 시대의 파워 엘리트는 구성원들이 좀 더 동질적이긴 했지만—거의 예외 없이 백인, 남성, 개신교도인—지역적으로는 다양하게 분포했다. 디트로이트와 밀워키에 파워엘리트가 있듯이 클리블랜드에도 그곳의 파워엘리트가 있었다. 반면 오늘날의 파워엘리트는 특정 지역에 집중되어 있다. 경제학자 제이미 갤브레이스가 1990년대에 미국의 빈부격차를 측정해 봤더니, 빈부격차가 심화된 지역의 절반이 3,150개 카운티 중 5개 카운티에 집중돼 있었다. 바로 뉴욕 주의 뉴욕, 워싱턴 주의 킹카운티, 샌프란시스코, 산타클라라, 그리고 노던캘리포니아 주의 샌머테이오였다.[24]

오늘날의 엘리트들은 과거 어느 때보다도 중간소득 계층과 멀어졌고, 동료 실력자들과는 훨씬 더 가까워졌다. 게다가 후기 능력주의 사회에서는 돈이 가장 중요하기 때문에 하나의 권력을 팔고 다른 권력을 사들이기가 쉽다. 즉 돈으로 영향력을 살 수 있고, 그 영향력으로 다시 돈을 벌 수 있는 것이다.

선출된 정치인들만 봐도 알 수 있다. 공직에 선출되기 위해서는 막대한 선거운동자금이 필요할 뿐 아니라, 자신에게 돈을 모아줄 부자 인맥들을 동원하기 위해서라도 본인이 우선 부자여야 한다. 하원의원 후보자를 모집할 때 민주당 하원 선거위원회는 굉장히 빨리 거액을 모을 수 있는—후보자 명단을 발표하고 3개월 안에 25만 달러를 모을 수 있을 정도로—지원자를 찾는다. 그것은 개인이나 가족의 은행 잔고로 그만한 금액을 감당하지 못한다면 후보조차 될 수 없다는 말이다. 국회의원 후보자였던 사람은 이렇게 증언한다. "당에서는 25만 달러 이상이 필요하다고 할 텐데, 10만 달러를 마련하는 데도 허덕인다면 경제적 문제를 해결할 방도를 본격적으로 찾아봐야 한다. 은행 잔고가 거액이 아니라면 모금 운동이 그 후보의 진짜 직업이 돼야 한다. 이것은 실제 직업을 뺏기고 거기에서 나오는 수입까지 몰수당한다는 뜻이므로, 모금 운동을 실제 직업으로 삼지 않으려면 부자들을 아주 많이, 엄청나게 많이 사귀어야 한다."[25]

이런 집중화의 결과는 미국 국민들이 가장 불신하는 기관인 의회의 구성에서 뚜렷이 나타난다. 의회 구성원 중 거의 절반이 순자산 100만 달러 이상을 보유하고 있다.[26] 이는 전국 평균 21가구 중 한 가구만이 100만 달러 이상의 자산을 갖고 있는 현실과 큰 차이가 난다. 1984년과 2009년 사이에, 미국 가구의 중간치 순자산은 거의 변화가 없는 반면, 하원의원들의 중간치 순자산은 260퍼센트가 올랐다. 부자들은 더 부유해졌을 뿐 아니라 국회의원들도 더 부유해진 것이다.

돈이 있으면 네트워크와 정치권력에 가까워질 수 있지만, 반대로 높은 권력과 영향력만 갖고 있는 사람들도 시기를 잘 봐서 그들의 네트워크와 영향력, 접근권을 비싼 값에 팔 수 있다. 이는 워싱턴 D.C.에서 흔히 일어나는 일로, 이 일을 가리키는 말이 따로 있을 정도다. '시내로 이사하기'가 그것이다. 상대적으로 수입이 적은 의회 직원들이 현재 월급의 2~3배를 주는 로비 회사로 들어가는 것이 여기에 해당된다. 의회 직원 3분의 1 이상이 의회를 떠나 로비스트가 된다. 로비스트로 이직한 의회 직원이 특별 대우를 받는 이유는 그가 의회에서 구축한 확고한 네트워크 덕분이다. 2010년의 연구에 의하면, 이직한 의회 직원이 보좌했었던 의원이 의회를 떠나면 그 직원의 연봉은 6개월 후 평균 50퍼센트가 삭감된다.[27]

의회 직원들만 로비 회사가 몰려 있는 케이 가로 진출하는 게 아니다. 2010년에는 국회의원 선거에서 떨어진 후보자들 중

37퍼센트가 로비 회사나 로비 의뢰인 측으로 일자리를 옮겼다. 2006년 상원의원에 출마했다가 탈락한 테네시 주 민주당 의원 해럴드 포드 주니어는 200만 달러의 연봉을 보장받고 뉴욕에 있는 메릴린치 사에 입사했다. 당시 금융계 경험이 전혀 없었던 그가 고액의 보수를 받은 이유는 네트워크 때문이었다.《타임즈》에 의하면 "폭넓은 국내 인맥을 갖췄고 텔레비전 화면에 준수하게 나오는 젊은 포드는 4년 전 테네시 주 상원의원 선거에서 낙마한 후 월가의 몇몇 기업으로부터 구애를 받았다."[28] 오바마 행정부에서 첫 2년 동안 예산관리국 국장을 맡았던 42살의 피터 오재그는 2010년 7월에 사임하면서 곧바로 시티그룹 부회장으로 입사한다고 발표했다. 월가 관계자들은 그의 연봉이 200~300만 달러에 이를 것으로 추측했다.

세라 페일린은 오재그와는 다르지만 훨씬 더 실익이 많은 방식을 택했다. 그녀가 국내에서 주목을 받을 무렵 페일린 부부의 연봉은 25만 달러였다. 그것만 해도 고소득자의 반열에 들지만 슈퍼스타의 수준은 아니었다. 정치활동의 근거지가 알래스카였던 페일린이 굉장한 네트워크 파워를 가졌다고 볼 수도 없었다. 알래스카 주가 본토 파워엘리트의 사회적 네트워크에서 동떨어진 작은 지역이었기 때문에 주지사라 해도 그녀의 정치력은 한계가 있었던 것이다. 하지만 그녀가 확실히 갖고 있는 것은 플랫폼이었다. 국민들은 그녀가 무슨 말을 하는지 궁금해했고, 언론도 그녀의 소식을 다루고 싶어 했다. 2009년 주지사직을 돌연 사임한 후 페일린은 자신의 플랫폼을 이용해 책 계약, 케이블 방송사와의 계약, 강연을 통해, 심지어 〈디스커버리〉 채널에서 프로그램까지 진행하면서 직접 돈을 벌어들였다.

주지사를 사임하고 1년 만에 그녀는 약 1,200만 달러를 벌어들인 것으로 알려졌고, 현재는 2천만 달러의 수익을 올리는 것으로 추측된다.[29] 21세기형 최첨단 아메리칸 드림을 제대로 보여주는 사례라 할 수 있다.

엘리트에 속하는 사람이 자신의 능력으로 충분한 돈을 벌었다면, 그 돈은 다른 종류의 힘으로 바꿀 수 있고, 그렇게 바꾼 힘은 또 다시 투자하여 몇 배의 보상으로 거둬들일 수 있다. 해럴드 포드 주니어는 정치적 네트워크와 언론 네트워크 덕분에 시티그룹에서 탐내는 인재가 되었고, 그곳에서 그는 인맥을 넓히고 돈 버는 능력까지 키울 수 있었다. 이런 상향식 피드백이 반복되는 동안 엘리트는 힘들이지 않고 공적인 삶과 사적인 삶, 국가권력과 시장권력 사이를 왔다 갔다 하면서 점점 더 대중과 동떨어진 집단이 된다.

현실에서 이 과정을 단적으로 보여주는 사례로, 오바마의 첫 임기 중간 무렵 행정부 관료들이 얼마나 위와 똑같은 행태로 전직했는지를 살펴보자. 오바마의 비서실장 람 이매뉴얼은 시카고 시장으로 출마하기 위해 비서실장직을 사임했다. 이매뉴얼은 리처드 데일리가 시카고 시장에 출마할 때 선거운동 재정을 담당하면서 정치권에 발을 들여놓았다. 클린턴 행정부 때 백악관으로 자리를 옮긴 그는 그곳에서 8년 가까이 일하다 마침내 대통령의 정책 보좌관이 되었다. 클린턴 행정부에서 일한 후 서른아홉의 나이에 백악관을 떠난 그는 와서스타인 페렐라에서 투자 은행가로 2년 반을 보냈다. 거기에서 1,800만 달러 이상의 재산을 모은 그는 국회의원에 출마했고 결국 백악관 비서실장이 되었다. 하지만 다시 그 자리를 떠나 시카고 시장에 출마하여 당선되었다.[30]

백만장자가 된 람 이매뉴얼의 후임자로, 백만장자인 오바마 대통령은(총자산 500만 달러) 역시 백만장자이자 시카고 시장인 리처드 데일리의 동생 윌리엄 데일리를 지명했다. 이매뉴얼은 리처드 데일리에 이어 시카고 시장이 되고 싶어 했다. 윌리엄 데일리는 클린턴 행정부에서 상무장관을 지냈고 앨 고어의 2000년 선거운동에서 선거 본부장으로 활동한 경력이 있었지만, 그가 오바마 대통령의 비서실장으로 발탁되던 당시에는 JP모건 중서부 지역 회장으로서 연봉이 870만 달러였다. 그의 총자산은 5천만 달러 이상인 것으로 추측됐다. 데일리가 2012년 1월에 비서실장 직을 사임하자 후임으로 잭 루가 임명되었는데, 그는 시티그룹에서 4년을 일한 후 2009년에 보너스로 95만 달러를 받았다.[31] 그가 맡은 부서가 주택 시장에 고위험 투자를 했다는 사실이 밝혀졌는데도 말이다.

이매뉴얼이 백악관을 떠날 무렵, 백악관에서는 또 다른 핵심 인물을 보내야 하는 상황에 직면했다. 국가경제위원회 위원장이었던 래리 서머스가 하버드 대학으로 돌아가고 싶다는 뜻을 밝힌 것이다. 재무부 차관과 하버드 대학 총장을 역임한 서머스는 헤지펀드 회사 디이쇼에서 한동안 컨설턴트로 일하면서 연봉 520만 달러, 정확히 말하면 일주일에 하루만 일하고 주당 10만 달러를 받았다.[32] 그의 재산 공개 보고서에 의하면 백악관을 떠날 당시 그의 총자산은 1,700만 달러에서 3,900만 달러 사이였다. 백만장자 서머스를 대체하기 위해 백악관은 두 명의 백만장자 중한 명을 골라야 했다. 로저 앨트먼과 진 스펄링인데, 클린턴 행정부에서 재무부 차관을 지낸 로저 앨트먼은 에버코어 파트너스라는 투자 은행의 설립자이자 회장이었고, 진 스펄링은 클린턴 행정부에서 재무부 경제고문, 국가경제위원회 부위원장을 지냈다. 앨트먼이 2010년에 받은 총 보수는 650만 달러에 육박했다(물론 개인 제트기도 갖고 있다). 스펄링은 사회에 진출한 후 대부분 공직에서 정책 연구를 했지만, 골드만삭스나 헤지펀드 같은 금융기관에서 컨설팅을 해준 대가로 2008년 한 해에만 220만 달러를 벌어들였다.

2011년 2월에는 백악관 정치고문 데이비드 엑셀로드가 백악관을 떠나 시카고에서 오바마 대통령의 재선을 위한 선거운동을 준비하겠다고 발표했다. 엑셀로드는 오바마 대통령이 당선되던 해에 수입을 150만 달러로 신고했지만, 20년 이상 눈부신 성공을 거둔 정치 컨설팅 회사 엘셸로드 앤 어소시에이츠—나중에 AKPD 미디어로 이름을 고쳤다—덕분에 그의 총자산은 훨씬 더 많았다.[33] 오바마 대통령과 함께 백악관에 입성한 원년 멤버 중 유일하게 남은 사람은 시카고 시절부터 오랜 친구로 지내온 발레리 재럿뿐이었다. 백악관으로 들어가기 전에 재럿은 자산관리회사 해비타트의 CEO였다. 시카고 주택관리국의 폐기된 사업을 대신하기 위해 정부와 공영주택 개발 계약을 맺고 수백만 달러의 수익을 낸 기업이다. 재럿은 백악관에 들어갈 때 100만에서 500만 달러 사이의 머니마켓펀드*를 신고했다.[34]

정리하자면, 앞에서 말한 1퍼센트와 정부 관료층은 어떻게 보면 같은 부류다. 정부 고위층이면서 백만장자가 아니라면 그 사람은 너무 순진한 것이다. 지금까지 본 것처럼 1퍼센트와 나머지 99퍼센트 사이의 분열이 우리 사회의 뚜렷한 특징이라면, 광적으로 이익을 도모하는 1퍼센트와 똑같이 부유한 정부 고위층을 나머지 99퍼센트의 대중이 어떻게 믿을 수 있겠는가?

---

* 고객의 돈을 모아 금리가 높은 CD(양도성예금증서)나 CP(기업어음) 등 단기금융상품에 집중 투자해 여기서 얻는 수익을 되돌려주는 실적배당 상품.

1퍼센트 질환

미국의 빈부격차 심화에 대한 거의 모든 연구 결과는 수입과 재산의 분포가 피라미드의 아래쪽을 차지하는 사람들에게 부당하다는 것을 보여준다. 그 결과 월급이 제자리걸음을 하고, 희박한 위치재*에 대한 경쟁이 높아지고, 중간계층과 육체 노동자 계층, 그리고 빈곤층이 소외된다. 하지만 장기적으로 봤을 때 극심한 빈부격차가 가져올 가장 위험한 결과는 대부분 간과되고 있다. 그것은 사회계층 구조의 맨 꼭대기를 차지한 사람들에게도 부정적인 영향을 끼친다는 사실이다.

남아공의 아파르트헤이트를 종식시키는 데 기여하여 영웅으로 존경받는 데스몬드 투투 대주교도 아파르트헤이트가 백인 지배계급에 미친 악영향에 대해 비슷한 의견을 밝혔다. 『용서 없이 미래는 없다』라는 책에서 그는 이렇게 주장했다. "아파르트헤이트를 찬성하는 사람들도 그들이 그토록 열렬하게 옹호하며 실행한 사악한 제도의 피해자였다. 다른 이들을 차별하고 끔찍한 고통을 가하며 비인간화하는 과정에서 가해자까지 어쩔 수 없이 비인간화되었기 때문이다."[35]

투투 대주교가 한 말은 극심한 불평등 때문에 아파르트헤이트 제도 위에서 군림하던 사람들까지 도덕적으로, 심리적으로 피

---

* 다른 사람들이 소비한 것과 상대적인 맥락에서 그 가치가 결정되는 재화 또는 서비스를 말한다. 그러므로 사용자 수가 적을수록 그 가치가 커진다.

폐해졌다는 뜻이다. 그뿐 아니라 정신적, 조직적, 사회적인 비용도 발생한다. 남북 전쟁 전, 노예제도가 바탕이 된 남부의 경제는 극소수의 부유한 백인 농장주들에게는 막대한 부를 보장해주었지만 남부 전체의 경제성장은 철저히 가로막았다. 저비용 노동력이 꾸준히 제공되었기 때문에 혁신과 산업 발달에 필요한 자극이 전혀 없었던 것이다. 그래서 남부에는 미국 최고의 부호들이 북부보다 훨씬 많았지만, 남북 전쟁이 일어날 무렵 북부는 남부보다 훨씬 발전해 있었다.

지금은 남북 전쟁 이전의 남부와 상황이 많이 다르긴 하지만, 우리가 현재 겪고 있는 극심한 빈부격차도 그 나름의 특유한 엘리트 병을 유발하고 있다. 이 병은 엘리트계층을 더 무책임하게 만들고, 부정부패에 물들게 하고, 사회적 지위에 더 집착하게 만들며, 공감 능력과 판단력을 떨어뜨리고, 결정을 내리는 데 꼭 필요한 정보의 피드백에 둔감하게 만든다. 이런 이유로 극심한 빈부격차는 평등한 사회에서보다 능력은 떨어지고 부패는 더 심한 엘리트를 양산한다. 이것이 수십 년 동안의 실패한 능력주의가 낳은 가장 뚜렷하고 역설적인 결과다. 엘리트 사회가 심화될수록 더 저급의 엘리트가 생산되는 것이다.

문제의 핵심인 이러한 불평등은 프랙털형 불평등이라고 부를 수 있다. 프랙털은 처음의 한 형태가 수학적 공식에 따라 일정한 비율로 계속 반복되는 멋진 패턴으로, 촉수 모양의 테두리가 나

선형으로 계속되어 환각에 사로잡히는 느낌을 준다. 프랙털 형태에 가까이 다가가 그 촉수 중 하나를 확대해보면, 그것은 그 촉수를 포함한 더 큰 형태와 구조는 똑같으나 비율은 더 작은 촉수들로 이루어져 있다. 그 작은 촉수를 다시 확대해 보면 똑같은 구조가 반복된다. 이론적으로 볼 때, 촉수 하나는 똑같은 형태의 작은 촉수로 이루어져 있고, 그 작은 촉수는 다시 더 작은 촉수로 이루어지는 방식이 무한히 반복된다.

프랙털 형태의 빈부격차도 이와 똑같다. 거대한 불평등이 분석의 각 단계에서 똑같은 구조로 되풀이되는 것이다. 소득의 분포를 넓은 범위에서 보면, 상위 1퍼센트와 하위 99퍼세트의 격차는 상위 0.01퍼센트와 0.99퍼센트의 격차와 비슷하고, 그것은 상위 0.0001퍼센트와 0.0099퍼센트의 격차와도 비슷하다.

이런 계층 구조는 특이하고 초현실적인 마우리츠 에서* 스타일의 탑을 연상시킨다. 탑의 꼭대기를 향해 올라가도 위쪽으로 향하는 계단이 무한히 계속되는 것이다. 이런 분배 구조는 필연적으로 그곳에 오르려는 야심가들에게 현기증을 일으킨다. 기대 이상의 목표를 성취한 사람들은 상대적으로 높은 지위에서 오는 특혜를 누리지만, 그 기쁨은 닿을 수 없는 더 높은 특혜와 권력, 지위가 시야에 들어오면서 허무하게 사라진다.

내가 이런 체계를 언뜻 포착한 것은 2011년 세계경제포럼에

---

* 1898~1972. 네덜란드 출신의 판화가. 기하학적 원리와 수학적 개념을 토대로 착시 효과를 일으키는 작품들로 유명하다.

참석했을 때다. 이 포럼은 매년 1월 스위스 다보스에서 열리는 세계적인 지도자들의 회의다. 취리히 공항에 처음 도착했을 때 우리는 세계에서 가장 영향력 있는 인물들과 만나는 극소수의 인재로 뽑혔다는 데 본능적으로 약간의 자부심을 느꼈다. 공항에는 포럼 참석자들을 환영하는 문구들이 보였고, 우리는 특별 부스로 안내되어 깍듯한 직원들이 나눠주는 무료 셔틀버스 승차권을 받았다. 그리고 2시간 동안 그 버스를 타고 알프스의 작은 스키리조트 도시인 다보스로 갔다.

그런데 우리는 어쩔 수 없이 다른 참석자들의 존재도 알아차리게 되었다. 그들은 우리와 똑같은 비행기를 타고 왔지만 일등석에 앉아서 왔고, 공항에 도착하자 붉은색 코트를 걸친 멋진 경호 부대가 재빨리 짐을 받아들고 검은색의 반지르르한 메르세데스 벤츠 S 클래스로 안내했다.

그 광경을 보고 나니 우리의 관점이 돌연 바뀌었다. 처음에는 우리 자신을 세계경제포럼이라는 세계적인 지도자들의 성소에 절대 초대받지 못할 불쌍한 사람들과 격이 다른 특별한 인물로 생각했는데, 다른 계층의 참석자들과 비교하자마자 우리가 버스에 짐짝처럼 실려 가는 하층민처럼 느껴진 것이다.

그런 깨달음을 얻는 동안, 우리가 시샘하던 특별한 VIP들은 호화스러운 가죽 좌석에 앉아 승차감을 만끽했을 것이다. 하지만 그날 밤 칵테일을 들면서 그들이 알게 된 사실은, 최고 상류층은 취리히에 올 때 민간 항공기가 아니라 개인 제트기를 타고 와 헬리콥터로 갈아탄 뒤, 취리히에서 다보스까지 오는 30분 동안 알프스의 절경을 즐겼다는 것이다.

이러한 단계적인 부러움이 다보스 포럼에서 겪은 가장 중요한 경험이었다. 프랙털형 빈부격차 사회에서는 자신이 알지도 못하는 네트워크 활동으로 상승 계단이 까마득하게 계속된다는 것을 깨닫고 강박적으로 주변을 힐끗거리게 된다. "다보스 포럼은 모든 참석자들을 사정없이 위축시키는 자리죠." 노벨경제학상을 수상하고 다보스 포럼에도 자주 참석하는 조지프 스티글리츠의 부인 아냐 쉬프린이 한 말이다. "수십억 달러 자산가들과 국가수반들이 모두 자신이 가장 안 좋은 호텔방을 배정받았고, 가장 재미없는 패널 토론회에 참석했으며, 가장 중요하거나 가장 흥미로운 비공식 만찬에 초대받지 못했다고 생각해요. 세계경제포럼을 창설한 클라우스 슈밥은 정말 대단해요. 수백 명의 성공한 기업인들이 집단적으로 굴욕감과 불안감을 느끼면서도 수천 달러나 내고 참석하게 만들다니요."[36]

이때 아이러니한 것은 다보스에 참석하지 않은 사람은 자신이 갖지 못한 것이 무엇인지 모른다는 사실이다. 하지만 한 단계씩 성공하는 사람들은 시샘할 만한 더 높은 단계의 지위가 눈에 들어올 것이고, 이는 능력주의 사회에서 일어나는 끊임없는 쟁탈전에 추진력이 된다.

다보스는 프랙털형 빈부격차를 극명하게 보여주는 사례지만, 미국인들의 삶도 대부분, 특히 엘리트층의 삶은 그와 작동 원리가 비슷하다. 끝없는 상승 계단을 올라야 하는 사회계층은 잠재적으로 병적 자부심과 불안감이 섞인 심리에 휘둘린다. 진정으로 성공하지 못했다는 느낌 때문에 상승 욕구는 더욱 강렬해지고, 무슨 수를 써서라도 성공의 관문들을 통과하려는 위험한 열정도 불타오른다. 언젠가는 펜트하우스든 어디든 결승점으로 생각한 지점에 도달하리라는 믿음을 버리지 못하는 것이다.

시대도 다르고 국가도 다르지만 영국의 C. S. 루이스는 그런 계급 사회에서 신분 상승을 노리는 도덕적 모험에 대해 조언한 적이 있다. 1944년 런던대학교 학생들에게 연설하면서 그는 자신이 '핵심 그룹'이라고 이름 붙인 존재의 치명적인 유혹을 경고했다. "여러분은 핵심 그룹의 존재를 눈치 챘을 겁니다. 첫 학기가 다 가기 전에 교내 동아리에서 그런 그룹을 발견했겠지요. 그리고 2학년이 끝날 무렵엔 하나의 핵심 그룹 안에 또 하나의 핵심 그룹이 있음을 발견했을 겁니다. 하지만 여러분은 사실 양파로 치면 중심을 관통하기 위해 가장 바깥쪽 껍질만 통과한 것입니다."[37]

루이스는 핵심 그룹에 대한 인식은 부패의 씨앗이 싹트기 쉬운 온상 역할을 한다는 것을 꿰뚫어봤다. 핵심 그룹에 들어가지 못했다는 느낌만으로도 자기 불신이라는 불쾌감이 생기고, 그 안에 속하기 위해 악행도 주저하지 않게 된다는 것이다. 그는 강연을 듣던 학생들에게 물었다. "지금까지 살아온 동안 여러분은 보이지 않는 그 경계선 앞에서 선한 쪽에 속하려는 의지에 따라 어떤 행동이나 말을 한 적이 있습니까? 잠 못 이루는 추운 한밤중에 다행스러운 마음으로 뒤돌아볼 그런 행동 말입니다. 그렇다면 여러분은 대부분의 사람들보다 운이 좋은 겁니다."

핵심 그룹에 소속되고 싶다는 유혹은 너무 강하다. 그래서 그것을 차단하지 않으면 사회에 첫걸음을 내디딘 순간부터 너무 늦어서 이미 늦어버릴 날까지, 그러한 욕구가 우리 삶의 가장 강력한 동기 중 하나가 된다고 루이스는 경고했다.

2차 대전 이후 영국의 계급 사회는 여러 면에서 21세기의 미국 계급 사회와 다르겠지만, 끊임없이 더 작은 핵심 그룹이 존재하는 사회가 곧 능력주의 사회 아니겠는가? 능력주의 사회는 '최고의 적임자'를 계속 더 좁아지는 핵심 그룹으로 모으기 위해서만이 아니라, 성취에 대한 지치지 않는 욕구, 바늘구멍 같은 중심에 도달하려는 욕구를 부추기기 위해서 상당히 의도적으로 설계된 사회다. 하지만 루이스가 이미 수십 년 전에 예언했듯이, 끝없이 나타나는 핵심 그룹으로 진입하라고 부추기는 사회는 도덕이 썩어빠진 세계로 끊임없이 초대하는 사회다.

상류계급이 출생과 직함, 혈통에 의해 정해지는 사회는 현대 사회와 달리 경쟁에 대한 탐욕스러운 욕망을 부추길 가능성이 낮

다. 가장 높은 계급에 속해 있으면 안정감을 느껴야 하지만, 프랙
털형 빈부격차 사회에서는 가장 높은 계급이란 존재하지 않는다.
올라야 할 더 높은 지위, 이겨야 할 더 치열한 경쟁, 벌어야 할 더
많은 돈만 있을 뿐이다. 그렇기 때문에 우리 사회의 엘리트들이
한편으로는 병적인 자부심과 특권 의식, 다른 한편에는 불안감이
라는 파괴적이고 위험한 조합을 보여주는 것이다.

2011년 피델리티*에서 행한 조사에서는 수십억 자산가 1천여
명 중 무려 42퍼센트가 자신이 부유하지 않다고 답했다.[38] 응답
자들은 퇴직 펀드와 부동산을 제외하고도 투자 가능 자산이 적어
도 100만 달러 이상이었으며, 이는 재산상으로 상위 1퍼센트에
해당했다. 하지만 그들은 평균 750만 달러는 갖고 있어야 진정한
부자라고 생각했다. 이 설문 조사를 지휘한 산지브 머천다니는
그 이유를 "그들이 비슷한 계급의 다른 사람들과 비교하기 때문"
[39]이라고 설명했다.

'사회적 지위가 비슷한 사람들'을 따라잡는 것은 전후 미국인
들의 삶에 큰 자극제 역할을 했다. 그런 행태가 당시에는 암묵적
이었으나 오늘날에는 노골적으로 변했다. 그리하여 경쟁은 미국
인들 삶에서 일상이 되었고 '승리'는 곧 성공의 전형이 되었다.
경쟁은 능력주의 사회와 자본주의 사회 모델 양쪽에서 가장 중요
한 동력이기 때문에, 우리는 어릴 때부터 경쟁을 선호하고 거기

---

* 미국의 다국적 자산운용사. 세계에서 네 번째로 큰 뮤추얼 펀드와 금융서비스 그룹이다.

에 깃든 정신적, 심리적 조건에 순응하는 교육을 받는다. 성공하기 위해서 우리는 절대 만족하면 안 되고, 그래서 누구도 만족하지 않는다. 우리 사회의 엘리트들은 이룬 것이 아무리 많아도 앞으로 나아가기 위해 최후의 일각까지 싸울 태세를 갖추고 있다. 이러한 경쟁체제는 심리적으로 위험한 두 가지 부작용을 낳는다.

하나는 경쟁에서 승리한 사람들이 그것을 순전히 자기 힘으로 이뤄냈다고 믿는 것이다. 아리비리그 출신인 부모 덕분에 그 대학에 합격한 학생들도 절대 자신이 아버지의 후광에 힘입어 합격했다고 생각하지 않는다. 자신이 명문 고등학교에서 4년 동안 죽도록 공부해서 학점을 땄고, 인턴 과정을 거쳤으며, 대학 졸업 후에 면접 기회를 얻었다고 주장한다. 조지 W. 부시를 두고 한 말처럼, 3루에서 태어난 사람들은 자신이 3루타를 쳤다고 믿고 싶은 것이다.

그로 인해 상류층들은 대중을 트집 잡기 좋아하는 패배자들, 즉 각자가 누리는 특혜보다는 상대적으로 불리한 점을 따지고 드는 무리로 본다. 놀랍게도 사회의 가장 힘 있는 사람들마저 자신들이 집중포화를 맞는 희생자라 느끼고, 기회만 있으면 자수성가한 이야기를 늘어놓는다. 사실, 성공한 집단에 진입한 사람들이 공통적으로 하는 일은 자신이 얼마나 각별한 노력과 재능과 결단력으로 거기에 힘겹게 도달했는지를 보여주는 개인사를 구성하는 것이다.

자동차 회사의 CEO이자 미시건 주 주지사의 아들이며 수십억 달러 자산가인 밋 롬니가 2012년 공화당 대선 후보 토론회에 참석했을 때, 그를 유심히 본 사람은 그의 차림새가 마치 호라시오 엘저*의 소설 속 주인공 같았음을 눈치 챘을 것이다. "저는, 그러니까, 음, 저의 아버지는, 아시겠지만, 멕시코의 가난한 집안에서 태어나 대학에 못 갔지만 자동차 회사의 사장이 되셨죠. 저는 아버지처럼 디트로이트에 남아서 그 회사를 물려받을 수도 있었지만 독립해서 나왔습니다. 부모님한테서 재산을 물려받은 게 아닙니다. 지금 제가 갖고 있는 건 모두 제 힘으로 얻은 것이죠. 미국식으로 열심히 노력해서 말입니다."[40]

로저 에일스는 어떤가. 과장하지 않더라도 그는 미국에서 최고 권력자 집단에 속한다. 그는 여러 대통령들에게 가까운 상담자이자 조언자였다. 그리고 한 해에 2천만 달러 이상을 번다. 무엇보다 국내에서 시청률이 가장 높고 정치적으로 가장 큰 영향력을 행사하는 케이블 뉴스 네트워크인 〈폭스 뉴스〉의 회장이다**.

그런데도 에일스는 진심으로 자신을 엘리트 속물들에게 둘러싸여 박해받는 피해자로 여기는 것 같다. 공장 노동자였던 아버지에게 '대학물 먹은 사람들'을 믿지 말라고 배운 에일스는 자신이 정말 서민적인 인물인 것처럼 행세한다. "그는 정말 자신을 보

---

* 1832~1899. 미국의 소설가. 주로 가난한 집안의 성실한 청년이 열심히 노력해서 중산층으로 신분 상승하는 소설을 썼다.
** 2016년 성추문에 휘말려 자리에서 물러났으며 2017년 5월 사망했다.

통의 미국인이라고 믿는다." 2011년 톰 주노드 기자가 《에스콰이어》에 기고한 글에서 에일스에 대해 한 말이다. "그리고 실제로 자신을 우러러보고 두려워하는 사람들에게 무시당한다고 생각한다."[41]

맨해튼 중심가에 있는 '마이클스'라는 레스토랑은 유명 언론인들에게 인기가 많다. 당연히 가장 좋은 자리는 매일 에일스의 자리로 지정되어 있다. 하지만 그것도 에일스에게는 충분치 않다. 언젠가 그와 점심을 함께 했던 사람이 주노드에게 한 말이다. "이 레스토랑 지정석에서 에일스랑 함께 점심을 먹어 보세요. 사람들이 줄서서 그에게 아부하는 동안에도 그는 자신이 전혀 존경받지 못하는 아웃사이더라고 불평할 겁니다. 그러면 '로저, 당신은 최고급 레스토랑의 가장 좋은 자리에 앉아 있잖아요. 뭐가 부족해서 그럽니까'라는 생각이 절로 들죠."

이런 태도는 능력주의 사회의 엘리트들에게 만연해 있다. 심지어 폰지 사기의 대명사인 버니 매도프도 《뉴욕 타임스》 기자에게 자신이 겪은 월가의 부당함에 대해 불평을 늘어놨다. "그곳에서는 항상 남들이 모르는 걸 알고 있어야 했습니다. 그래서 멋모르는 일반 투자자들은 절대 기회가 없죠. 기관들이 모든 걸 장악하고 있거든요. 저는 처음부터 그 시장이 완전히 조작돼서 투자자들에게 아무 기회가 없다는 것을 눈치 챘습니다."[42]

자신을 아웃사이더로 보는 이러한 성향은 무한 경쟁이 낳은 또 다른 심리적 부작용인 강박적 자기중심주의와 짝을 이룬다. 지난 40~50년 동안 나타난 무척 흥미로운 심리적 변화가 있는데, 그것은 대중의 자부심이 눈에 띄게 높아졌다는 것이다. 미국인들의 정신 성향에 대해 오랜 기간 연구해온 심리학자 진 트웬지에 의하면, 1950년에는 10대 청소년 중 12퍼센트만이 자신이 '중요한 사람'이라고 생각했지만 30년 후 그 비율은 80퍼센트로 급증했다.[43]

그런데 심리학자들은 자신을 중요하게 생각하는 사람들이 뚜렷하게 두 부류로 나뉜다는 것을 알게 됐다. 한 집단은 자부심도 높고 행복지수도 높으며, 친구나 그 밖의 인간관계에서 만족감을 나타낸다. 다른 한 집단은 자부심은 높지만, 폭력, 인종차별주의, 공감능력 결여 같은 여러 가지 반사회적 경향을 보인다. 『평등이 답이다』라는 책의 저자 리처드 윌킨슨과 케이트 피킷은 후자 유형의 자부심을 "주로 방어적으로 자신을 칭찬하려는 심리적 반응"이라고 설명한다.

자부심에 불안감이 깃든 사람들은 다른 사람들에 대해서는 무심한 반면, 자신에 대해, 성공에 대해, 그리고 남의 이목에는 과도한 집착을 보인다. 이렇게 건강하지 못한 높은 자부심은 흔히 '겁에 질린 자만심'이나 '불안한 자존심' 또는 나르시시즘으로 불린다.[44]

자신이 누리는 특권보다 늘 경쟁을 의식하고, 실패의 가능성을 외면하려는 욕구가 극단적으로 흐를 경우, 이러한 겁에 질린 자만심에 빠질 가능성이 높아진다. 프랙털형 빈부격차는 지위라는 것이 결코 안정되어 있지 않으며 어떠한 성공도 최종적이 아님을 의미한다. 이런 구조에서는 계층 사다리에서 항상 바로 위의 가로대를 올려다보느라 자신보다 아래쪽에 있는 사람들에게 공감할 여유가 없다. 트웬지가 행한 장기간의 연구는 이러한 심리적 성향이 뚜렷이 증가했음을 여실히 보여준다.

랄프 왈도 에머슨은 이렇게 말했다. "모든 사람은 무수한 등급 중에서 자신의 등급을 정확히 나타내는 지표를 눈에 담고 있다. 그리고 우리는 항상 그것을 읽는 법을 배우고 있다." 인간의 이런 기본적인 본능은 21세기 미국에서 가장 두드러진 특성으로 진화했다. 그리하여 우리 사회는 가장 아름다운 인물들, 가장 영향력 있는 정치인들, 최고의 부호 500인 같은 온갖 목록과 순위로 들끓고 있다. 온라인 잡지의 편집자로 일해 본 사람은 그런 소재가 업계에서 '미끼용 기사'로 통한다는 것을 알고 있다. 그런 제목은 아무리 흔해도 독자들이 그냥 지나가지 않기 때문이다. 순위에 대한 집착은 우리 사회가 1등을 향한 무한 경쟁에 불안함을 느끼면서도 그것에 깊이 중독되어 있음을 반영한다. 다람쥐 쳇바퀴같이 끝없이 계속되는 경쟁에 진절머리가 났으면서도 자신이 설정한 목표를 달성하는 데 도취해 있는 것이다. 전에는 고

결함을 위해 했던 일들이 지금은 너무 세속화되었다. 그리하여 너 나 할 것 없이 평등에 대한 퇴색한 애정마저 내던지고 실력 계층화가 주는 허황된 약속에 삶을 바친다.

명석함에 대한 숭배

우리 사회의 엘리트들을 사로잡고 있는 수많은 집착 중에서 똑똑함에 대한 집착만큼 두드러지는 것도 없다. 능력주의에서 핵심을 차지하는 가치는 지능인데, 지능에 집착하기 시작한 것은 초기의 지능 검사가 오늘날의 SAT라는 표준화된 시험으로 발전한 때부터다. 엘리트에 속한 사람들에게 '명석하다'는 말은 최고의 찬사다.

높은 지능은 권력층에게 빠져서는 안 될 필수적인 덕목이지만, 능력주의 사회의 특징은 '똑똑함의 칭송'에서 그치지 않는다. 그보다 더 치명적인 단계, 즉 똑똑함을 '숭배'하는 데까지 나아간다. 명석함은 순위를 매길 수 있고, 그래서 부에 순위를 매기듯 지능에도 순위를 매길 수 있다고 확신하는 사회에서 지능은 가장 소중한 가치가 된다. 미국 같은 계층화 사회에서 이러한 경향은 매혹적이고 자연스러운 결론이다. 같은 엘리트에 속하면서도 소득이 50만 달러인 사람도 있고, 500만 달러인 사람도 있으며, 50억 달러인 사람도 있으므로, 인식 능력도 당연히 그만큼의 차이가 존재하리라 생각하는 것이다.

변호사들과 오랜 시간을 보낸 내가 보기에 이런 믿음은 특히 법조계에 널리 퍼져 있다. 2009년 봄 버락 오바마가 대법관을 지명할 무렵,《뉴리퍼블릭》의 법조팀 기자 제프리 로젠은 하마평에 오른 인물들을 시리즈 기사로 다루기 시작했다. 2009년 5월 4일에 나온 첫 기사는 항소법원 판사 소냐 소토마요르에 대한 인물평이었는데, 제목은 '소토마요르에게 불리한 증거'였다. 기사는 제2항소법원에서 소토마요르 아래서 일했던 법원 직원들의 말을 여러 차례 익명으로 인용했다. 결론적으로 그 불리하다는 증거를 한 문장으로 요약하면 '소토마요르는 명석함이 기대에 못 미친다'였다. "가장 지속적으로 제기되는 우려는 소토마요르가 능력 있는 변호사이긴 했지만, 그렇게 똑똑한 건 아니라는 것과 권위를 이용해 아랫사람을 압박하는 부류라는 것이다." 글은 거기서 더 나아갔다. "그녀의 의견은 정당하긴 했지만, 이전의 검사들이 보기에 철두철미하지 않았고 나무를 보느라 숲을 보지 못하는 경우도 있었다."[45]

기사를 보면 소토마요르를 지지하는 사람들마저 로젠의 주장을 되풀이하는 것 같다. 한 법원 직원은 "항간에서는 그녀가 최고로 똑똑한 사람이 아니라고들 하지만, 저는 그렇게 보지 않았습니다"라고 했으며, 또 다른 사람은 이렇게 말한다. "소토마요르는 지금까지의 판사들 중 가장 명석한 사람은 아닐지 모르지만, 제2

항소법원 판사 중 훌륭한 편에 속합니다. 대체 대법관 후보 중 가장 똑똑하다는 사람이 몇이나 됩니까?" 문제의 인물 소토마요르는 브롱크스의 가난한 집안에서 태어나 프린스턴 대학에 입학해서 최우등으로 졸업한 뒤, 예일대 법학 대학원에 진학했다. 그리고 거기서 《예일 로 저널》 편집장을 지냈다. 능력주의 사회에서 성취해야 할 필수 관문을 하나도 빼놓지 않고 다 통과한 것이다. 하지만 그것만으로는 부족했나 보다.

이런 식으로 생각하는 사람들은 로젠이나 그의 취재원들만이 아니다. 같은 달 로젠의 기사에 의하면, 진보 성향으로 알려진 하버드 법학 대학원 교수 로렌스 트라이브는 은퇴한 데이비드 수터의 후임을 임명할 때 무엇을 유념해야 하는지 자신의 의견을 적어 버락 오바마 대통령에게 전달했다. 당시에 최종 후보에 오른 사람은 세 명으로, 소냐 소토마요르, 엘레나 케이건, 제7항소법원 판사 다이앤 우드였다. 트라이브가 보낸 편지의 요점은 오바마에게 소토마요르를 후보자로 지명하지 말라는 당부였다(하지만 오바마는 결국 그녀를 후보자로 지명했다). 트라이브가 오바마 대통령에게 쓴 편지에서 눈에 띄는 대목은 "거칠게 표현하자면, 소토마요르는 스스로 생각하는 것만큼 똑똑하지 않습니다"라는 문장이다. 트라이브는 케이건을 추천했다. "제가 보기에 엘레나 케이건보다 나은 사람은 없습니다. 그녀의 지적인 명석함과 정치적 수완은 볼링에 비유한다면 가히 스트라이크라 할 만합니다." 그리고 마지막으로 다이앤 우드에 대해서는 지적인 능력에 관한 한 케이건과 소토마요르의 중간이라고 봤다. 그는 "우드는 지적으로는 소냐 소토마요르나 현재 가능성 있는 다른 후보들보다는 한 수 위지만 케이건보다는 한참 부족합니다."

이건 뭔가. 다이앤 우드가 엘레나 케이건보다 '한참 부족하다'는 건 다이앤 우드가 소토마요르보다 '지적으로 훨씬 낫다'는 말인가? 이러한 판단은 명쾌해 보이지만, 트라이브와 로젠의 분석은 지적 능력에 대한 잘못된 인식을 바탕으로 한 것이다. 우선 그들은 지적인 능력을 키처럼 숫자로 나타낼 수 있는 단순한 특성으로 봤다. 야오 밍이 마이클 조던보다 키가 크고, 마이클 조던은 대니 드비토보다 키가 큰 것처럼, 엘레나 케이건은 다이앤 우드보다 더 똑똑하고, 다이앤 우드는 소냐 소토마요르보다 더 똑똑하다는 것이다. 하지만 단순한 기준으로 지능의 순위를 매기는 방식은 수십 년 동안의 인지심리학 연구에서 그 한계가 밝혀졌다. 그런데도 로젠과 트라이브는 지능의 순위를 매길 수 있다고 전제했을 뿐 아니라, 후보들의 논문을 읽어보거나 예전 동료들의 얘기를 들어본 사람이면 누구에게나 그 순위가 분명히 보일 거라고 생각했다.

명석함에 대한 평가와 순위에 대한 이 두 가지 가정은 충분한 자격이 있어 보이는 변호사들만 하는 것이 아니다. 이 가정은 능력주의 제도가 낳은 슈퍼스타 계층에도 넓고 깊게 퍼져 있다. 『호모 인베스투스』에서 캐런 호는 명석함에 대한 집착이 어떤 식으로 '능력주의의 순환 논리'를 가능케 하는지 보여준다. 이 논리에 의해 은행가들의 영향력이 커지는 현상은 그들이 실제로 '가장 똑똑한 사람들'이라는 더 확실한 증거로 탈바꿈된다.[46]

캐런 호가 인터뷰한 모건스탠리의 한 분석가에 의하면, 그 회사에 채용되는 사람들은 늘 그들이 '세계에서 가장 똑똑한 사람들, 금세기 최고의 두뇌들과 일하게 될 것'이라는 말을 듣는다. 리먼 브라더스의 인수합병 부서 책임자였던 로버트 홉킨스도 월가에서 일하는 사람들에 대해 그렇게 장담했다. "월가 사람들은 세계에서 가장 똑똑한 사람들입니다. 정말입니다! 그 사람들이야말로 세계에서 가장 똑똑하죠."

누구나 추측할 수 있듯이, 최상류층에도 프랙털형 빈부격차가 있으므로 월가에도 평범한 월급쟁이들보다 훨씬 더 똑똑하다고 자부하는 헤지펀드 거물들의 신세계가 있을 것이다. "월가에서 일하는 사람들은 경력은 눈부시지만 거의 전부가 발달장애가 있을 겁니다." 어느 날 저녁을 먹으며 헤지펀드 분석가가 농담반 진담반으로 얘기했다. 그를 일라이라고 하자. "아주 뛰어난 인재들은 2006년과 2007년 사이에 이미 회사를 떠나서 헤지펀드를 차렸습니다. 저도 헤지펀드에서 일하니까 자축한다고 할 수 있겠네요. 저는 하루에도 몇 번씩 월가의 은행원들과 연락을 하는데, 그들은 다른 데서 일하는 사람들과 비교도 안 되게 무능합니다."

일라이와 그의 동료들이 볼 때 월가는 '가장 똑똑한 사람들'이 가득한 능력주의 세계인 척하지만, 사실은 화려한 경력에도 불구하고 능력은 그에 못 미치는 사람들을 위한 주차장에 불과하다. "전반적으로 볼 때 투자 은행은 2류 능력자들로 가득 차 있습니다." 일라이가 한 말이다. "놀라운 건 능력에 비해 너무 많은 연봉을 받는다는 사실이죠."[47]

일라이와 그의 동료들에 의하면 헤지펀드야말로 진짜다. 핵심 중의 핵심이라는 것이다. 일라이가 들려준 얘기다. "저는 평생 지적인 능력을 가장 중요시하는 분위기에서 살아왔어요. 좋은 학교에 다녔고, 똑똑한 사람들과 함께 일했죠. 하지만 최고로 똑똑한 인재들을 보유했다고 자부할 뿐 아니라 실제로도 똑똑한 인재들이 포진한 곳에서 일해보기는 여기가 처음입니다…. 그래서 우리가 자축할 만하다는 겁니다."

그런 자신감은 당연히 외부를 향한다. 그리고 거기에서 전반적으로 금융 부문이 누렸던(그리고 일부 집단에서는 아직도 누리고 있는) 권위가 나온다. 일라이는 소리 내어 웃더니 말한다. "결국 월가의 법칙이 미국 전체에 적용되고 있는 겁니다. 월가가 가장 뛰어나서든 월가가 지능적으로 부정을 저지르고 있어서든, 아니면 아무 생각 없이 떠드는 말이든, 월가의 법칙이 미국의 법칙이 된 겁니다."

이것이 똑똑함의 숭배가 낳은 가장 치명적인 폐해다. '월가 사람들이 하는 말을 들어야 한다. 그들은 전 세계에서 가장 머리가 좋은 사람들이니까'라는 통념 말이다.

능력 있는 엘리트가 되려면 똑똑함은 필수 덕목이지만, 그것만으로는 충분하지 않다. 지혜와 판단력, 공감능력, 윤리적인 엄격함도 똑같이 중요하다. 하지만 이런 특성들은 거의 대접을 받지 못한다. 하버드 대학에 다니던 매튜 시겔은 2003년 학교신문 《크림슨》에 기고한 글에서 의문을 제기했다. "정말 하버드에서의 성공 문화가 가장 소중한 성찰―자기 자신에 대해, 그리고 그들이 원하는 것과 필요로 하는 것을 탐구하는 것―을 도외시하고 JP모건의 인력 관리부에 곧바로 뛰어들게 만든 것일까?"[48]

위에서 언급한 다양한 덕목이 없이 두뇌만 비상한 사람은 굉장히 위험하다. 하지만 공감능력은 명석함보다 깊은 인상을 남기지 않는다. 반면 명석함은 보는 사람을 압도하고 매료시키며, 더 중요한 것은 다른 사람을 겁먹게 한다. 그래서 권력을 가진 사람들이 결정을 내리기 위해서 모이면 갈등과 언쟁이 일어나지만, 결국은 '가장 똑똑한 사람'이 강하게 밀어붙인 방향으로 결정 나는 경우가 많다.

바로 이런 환경에서 암적인 지성이 활약한다. 부시 행정부가 내린 가장 시대착오적이고 불법적인 결정의 막후에는 한 사람이 있었다. 바로 딕 체니의 법률고문이었다가 비서실장이 된 데이비드 애딩턴이다. '체니의 체니' 또는 '숨은 실세'로 불린 애딩턴을 가리켜《유에스 뉴스 앤 월드리포트》는 '역사상 가장 강력한 권력자'로 묘사했다.[49] 부시 행정부에서 백악관 법률고문을 지낸 누군가는《뉴요커》기자 제인 메이어에게 테러와의 전쟁을 위한 행정부의 법률적 뼈대가―무기한 감금과 고문 허용, 1949년에 체결된 제네바 협정의 위반, 인신보호청원 거부까지― '전부 애딩턴의 작품'이라고 증언했다.

수많은 인물 소개란과 기사에서 묘사되었듯이, 애딩턴의 가장 두드러진 특성은 예리함과 이념에 집중된 비상한 두뇌다. 애딩턴의 고등학교 시절 역사 교사는 메이어에게 애딩턴을 이렇게 회고했다. "데이비드는 정말 기가 막힐 정도로 똑똑했어요. 글도 잘 썼고 언변도 무척 뛰어났고 자신의 의견을 서슴없이 피력했죠…. 순진한 말을 하거나 논리적이지 못한 친구들은 비웃었고요. 아주 노골적으로 빈정댔죠."[50]《유에스 뉴스 앤 월드리포트》에서는 애딩턴이 '복잡한 정보를 흡수하는 능력이 전설적'이라고 했다. 애딩턴의 동료는 그를 가리켜 '혀를 내두를 정도로 똑똑하고, 번뜩이는 기지도 천재급'이라고 했다.

이런 설명을 들으면 컴퓨터 같은 기억력과 면도날 같은 논리력, 그리고 방대한 지식을 이용하여 정부의 정책을 위험한 방향으로 막무가내로 밀어붙이는 인물이 떠오른다. 애딩턴은 법을 너무나 잘 알았고 타고난 머리를 갖고 있었기 때문에, 다른 사람들이 했다면 정신 나간 소리로 치부됐을 법적인 주장을 밀어붙일 수 있었다. 그는 항상 대통령에게 최대치의 권한을 주는 방향으로 정책 내용을 편집했고, 가차 없는 냉혹함과 분석력을 무기 삼아 회의에서 자신의 의견에 반대하는 이들을 깔아뭉갰다. 국방부 법률고문 리처드 쉬프린은 9·11 직후에 열린 회의에서 애딩턴이 보인 태도를 다음과 같이 회상했다. "그는 앉아서 듣고 이렇게 말합니다. '아냐, 그렇지 않아'…그는 다른 법률고문들의 지혜를 인정하지 않았습니다. 자기가 항상 옳다는 거죠. 남의 말은 듣지도 않았어요. 답을 정해놓고 있었으니까요."[51]

똑똑하고 냉소적이고 자기 확신에 찬 강경론자가 이념이 다른 상대방들을 깔아뭉개는 이런 방식은 이라크 전쟁의 예고를 지켜본 사람이라면 누구에게나 익숙할 것이다.

지난 10년 동안 가장 수수께끼 같은 일 중 하나는 어떻게 그렇게 많은 엘리트들이 부시 행정부의 이라크 전쟁이라는, 한 국가를 파괴하는 황당한 계획에 찬성할 수 있었느냐는 것이다. 거기에는 수많은 이유가 있을 것이다. 하지만 전쟁 후 지식인들의 성찰에 의하면 가장 큰 영향을 미친 요인은 '똑똑함에 대한 숭배'였다. 수많은 똑똑한 기자들이 보기에 전쟁을 찬성하는 사람들은 반대하는 사람들보다 더 '똑똑해' 보였기 때문에 그들이 설파한 전쟁의 장점에 설득됐다. 전쟁을 반대하는 측은 무엇이든 반대하는 좌파들이었고, 괴짜들이었고, 우둔한 코드핑크* 회원들이었지

---

* 진보 성향의 반전 여성 단체

만, 찬성하는 측은 천재 같은 크리스토퍼 히친스*, 비교할 상대가 없는 앤드류 설리반**, 그리고 누구보다 영향력이 큰 케네스 폴락*** 이었던 것이다.

클린턴 행정부 시기 CIA의 정보 분석가이자 국가안보회의 관료였던 폴락은 『폭풍이 불어올 조짐』이라는 책에서 미국이 사담 후세인과 군사적 대결에 나서야 한다는 주장을 펼쳤다. 그 책은 소위 진보적 강경론자들, 유명한 중도좌파 기자들, 그리고 부시의 전쟁 참여를 지지하는 지식인들의 필독서가 됐다.

블로그 〈토킹 포인츠 메모〉의 운영자 조시 마셜은 『폭풍이 불어올 조짐』의 서평에서 이렇게 썼다. "폴락은 이라크 정책에 대한 현재의 공론장에서 흔히 나타나는 위선과 어리석음, 그리고 혼란스러움을 용케도 피했다. 그리고 이라크 문제의 해결책을 찾는 사람들에게 꼭 필요한—어쩌면 유일하게 필요한—책을 내놨다."[52] 그는 전쟁을 둘러싸고 부시 행정부와 무조건 반대하는 좌파 양쪽에서 말도 안 되는 주장이 난무한다고 했지만, 서평에서 속마음을 드러냈다. 폴락의 책은 전쟁 찬성론을 한 단계 진화시켰다. 그 책으로 인해 마침내 조시 마셜이나 《뉴요커》의 데이비드 렘닉, 그리고 《슬레이트》의 제이콥 와이스버그 등 여론에 강

---

* 작가, 언론인, 평론가. 《월스트리트 저널》, 《네이션》, 《아틀란틱》 등에서 기고가와 문학 평론가로 활동했고, 저서로 『신은 위대하지 않다』, 『자비를 팔다』, 『키신저 재판』 등이 있다.

** 보수 성향의 게이 언론인으로서 정치 블로거로 유명해졌다.

*** 미국 중앙정보국(CIA) 이라크군 담당 애널리스트 출신으로 자유주의 성향의 대표적인 싱크탱크인 브루킹스연구소의 선임 연구원.

력한 영향을 미치는 인사들이 전쟁 찬성 쪽으로 전향한 것이다.

《뉴욕 타임스》칼럼니스트이자 나중에 편집국장이 된 빌 켈러는 폴락의 "이라크 침공 주장은 요즘 출간된 책 중 가장 영향력이 크다"고 하면서 그 책이 부시 행정부는 싫어하면서도 "전쟁에 찬성하는 진보주의자들에게 논리적인 변명을 제공했다"[53]고 강조했다. 블로거이자 작가인 매튜 이글레시아스도 블로그에 올린 글에서 하버드 대학 4학년 학생이었던 자신이 전쟁에 찬성한 이유에 대해 폴락의 주장을 인용하며 설명했다. 그리고 이어서 그 이면의 심리적 동기를 인정했다.

> 21살의 나는 어떻게 보면 재수 없는 놈이었다. 전쟁을 찬성하는 입장에 선다는 것은 대학 캠퍼스라는 환경에서 자유로운 영혼을 가진 반항자이면서 동시에 국내 파워엘리트와 같은 편임을 보여주는 길이었다…. 문제는 이런 태도 때문에 이라크와 관련해서 계속 잘못된 판단을 내리는 게 아니라, 실제로 세상을 어떤 관점으로 바라볼 것인가와 누구의 견해를 진지하게 받아들여야 하는지, 그리고 어떤 맥락에서 판단해야 하는지에 대해 계속 잘못된 판단을 내렸다는 것이다.[54]

위 글에는 '똑똑함의 숭배'라는 어두운 정서의 뿌리가 분명하게 드러난다. 즉 남들과 다르면서도 남들을 지배하고 싶은, 능력주의가 부추긴 욕망이 표현되었다. 역설적이게도, 남들과 다른 관점을 원하면서도 똑똑함을 숭배하는 마음가짐은 '영향력 있는 인물'의 입장에 기울게 함으로써 독자적인 사고를 가로막을 수 있다. 영향력 있는 그 인물의 시각은 전반적인 대중의 시각이나 자신이 속한 집단의 시각과 정반대일 때 특히 매력적으로 느껴진다. 그리고 이 반골의 입장은 예언자적인 아우라를 풍기고 일종의 사회적 신호로 작용한다. 대중과 반대되는 관점을 가진 사람들이 더 똑똑하다는 신호가 되는 것이다. 이는 그들이 핵심 집단을 둘러싼 경계선의 안쪽에 소속되어 있다는 뜻이다.

어느 투자 은행의 부사장이 캐런 호에게 털어놨듯이 월가가 미국 사회 전체에 지속적으로 보내는 메시지는 다음과 같다. "어떤 사람이[평범한 투자자나 평범한 기업이] 아무것도 모르면, 당연히 세계에서 가장 똑똑한 월가 사람들과 함께 투자하지 않겠습니까? 월가 사람들은 뭔가를 똑똑히 알고 있거든요." 일라이는 이렇게 말한다. "월가에서 일하는 사람들은 다들 자기 동료들이 똑똑하다고 생각하죠. 그래서 아무개가 어떤 결정을 내렸다면 그가 확실히 알고 판단했을 거라고 단정합니다. 그런데 복잡한 상황을 꿰뚫어보는 사람도 많지만, 회사에서 무조건 상부에서 시키는 대로 하라고 교육받은 사람도 많습니다."[55]

프랙털형 빈부격차는 이라크 전쟁 같은 판단 착오뿐 아니라 부패를 양산하는 시스템이기도 하다. 이런 유형의 부패는 대호황 시대나 범죄 조직이 정치인을 움직이던 대공황 시대와 달리 반대급부가 확실히 제시되지 않는다. 정치인들이 현금 가방을 갖고 가서 표를 부탁하는 경우는 극히 드물다는 말이다. 그보다 훨씬 더 흔한 방식은, 하버드 법학 대학원 교수인 로렌스 레식의 표현을 빌리자면, '제도적 부패'라는 것으로 이는 기관들의 '부적절한 의존' 관행을 말한다.[56] '정당한 의존'과 반대되는 의존이다.

이런 성격의 부패는 사회에서 흔히 찾아볼 수 있다. 제약 회사에서 선물과 사례금을 받는 의사를 생각해보자. 그는 이런 사례가 자신의 의학적 판단에 아무런 영향을 미치지 않고, 자신은 여전히 그동안 받은 교육과 직감과 가장 믿을 만한 자료를 토대로 소신 있게 진단할 거라고 주장할 것이다. 그가 거짓말을 하거나 교활하다는 뜻이 아니다. 그는 진심으로 그렇게 믿는다. 하지만 수많은 연구를 통해 밝혀진 바에 따르면, 제약 회사에게 선물을 받은 의사들은 처방전을 쓸 때 그 회사의 약을 처방하려는 경향이 강하다. 이러한 결과가 우려스러운 이유는 그런 행태는 분명 부적절한 의존이기 때문이다. 우리는 의사들이 가장 유용한 의학적 증거와 환자의 요구에 따라 약을 처방하길 바라지 대형 제약 회사의 이익에 의존하기를 바라지 않는다.

사회에 만연한 이러한 병폐는 가장 핵심적인 기관들을 오염시킨다. 사상 최고의 주택 가격 거품과 그것의 붕괴를 부추기는 데 결정적인 역할을 한 것은 레버리지 비율이 과도한 부실 유가 증권에도 AAA등급을 준 신용평가사의 관행이었다. 신용평가사의 존재 이유는 (그리고 시장에서의 그들의 목적은) 증권의 신용도를 판단하는 전문성으로 투자자들에게 도움을 주는 것이다. 원래 신용평가사는 투자자들이 자신들의 등급을 알아보는 대가로 지불하는 가입비에서 돈을 벌었다. 하지만 시간이 지남에 따라 대형 평가사들은 사업 모델을 바꿔서 은행이나 증권 발행 기관들의 등급을 평가해 주는 대가로 돈을 받기 시작했다. 분명한 것은 이 새로운 고객들은 최고 등급을 원했기 때문에 자사의 평가 등급을 AAA로 해달라고 압력을 가하기도 했다는 것이다. 그래서 신용평가사들도 그들의 고객들에게 부적절한 의존성을 보이기 시작했다. 이는 투자자들을 위해 일한다는 원래의 목적에서 멀어지는 처사였다. 그들은 부패했고, 그 결과 주택 거품이 터지고 나자 아마도 AAA등급을 받았을 수조 달러어치의 증권이 휴지조각이 돼버렸다.

로렌스 레식은 이와 유사한 시스템이면서 가장 파괴적인 예가 미국 의회라고 주장한다. 거의 모든 의원이 자신은 정치 헌금을 받고 그에 따라 투표한 적이 한 번도 없다고 강력하게, 그리고 그럴싸하게 주장할 것이다. 하지만 의회도 지금은 온전히 유권자들에게 의존하지 않고 정치자금 기부자들에게 의존한다. 헌법 정신에 비추어 볼 때 기부자들에게 과도하게 의존하는 것이 부적절하다는 것은 부정할 수 없는 사실이다. 의회의 본분에서 멀어지기 때문이다. 의회의 역할은 복잡하게 상충하는 국민들의 요구를 법에 의거해 공존이 가능한 방향으로 조정하는 것이다.

국민들은 몇몇 기관이나 국회의원들이 노골적인 상업적 이해관계와 거리를 두어야 한다고 생각하지만, 프랙털형 빈부격차 사회에서는 경제적 영향력이 급속히 확대되면서 비영리 기관들까지 점점 더 상업적 이해관계에 흔들리고 있다.[57] 그 결과 제인 제이콥스*가 구분한 명예 원칙과 영리 원칙 사이의 경계선이 흐릿해졌다. 제이콥스에 따르면 명예 원칙('거래를 피하라', '의리를 지키라', '명예를 소중히 하라')은 특히 군인이나 정치인, 경찰의 행동에 지침이 되는 반면, 영리 원칙('경쟁하라', '계약을 존중하라', '안락함과 편리함을 촉진하라')은 은행가, 제빵사, 기업인들의 행동에 지침이 된다. 이러한 기본적인 구분은 수많은 '권위 있는' 인물들, 특히 사회경제적 지위가 높은 엘리트 계층에 대한 대중의 기대에서 중요한 점을 시사한다. 우리는 그들의 임무가 상업적이라 생각하지 않기 때문에 그들이 명예 원칙을 따를 거라 기대한다는 것이다.

하지만 현재의 프랙털형 빈부격차 시스템에서는 모든 것이 불가항력적으로 상업의 영역으로 끌려들어간다. 성공한 정치인, 의사 또는 감시기관 종사자들에게 돌아갈 수 있는 배당금은 어마어마하기 때문에 그런 자리를 차지한 사람들은 부적절한 의존의

---

* 사회운동가, 언론인, 도시계획가. 『미국 대도시의 죽음과 삶』이라는 책을 썼으며, 지역공동체를 파괴하는 도시재생 정책을 비판한 것으로 유명하다.

궤도로 빨려 들어가기가 쉽다. 누구나 지위에 맞는 몸값이 있고, 그 몸값이 높을수록 유혹을 받을 가능성도 크다. 그래서 명예 원칙을 고수하는 사람들과 영리 원칙을 고수하는 사람들의 보수 차이가 커질수록, 영리 원칙을 고수하는 사람들은 명예 원칙을 고수하는 사람들을 더 타락시킨다.

금융위기에 관한 논문에서 롭 존슨과 토머스 퍼거슨은 금융계 종사자들과 금융 감독기관 공무원들의 연봉 변화를 추적했다. 그리고 그 둘이 뚜렷이 다른 방향으로 갈라졌음을 발견했다. 다음은 저자들이 강조한 내용이다.

어느 시점부터 금융부문의 임금이 급등하면서, 감독을 받는 쪽 종사자들의 평생 수입은 감독관들의 수입 최고액을 훨씬 상회했다. 경제적 빈부격차의 심화는 감독기관의 힘을 터무니없이 약화시키는 결과를 초래했다. 놀랄 일도 아니지만, 미국의 감독기관에서 일했던 한 관료는 감독기관들이 이제 자신들이 취업 알선소로 변했음을 굳이 감추지도 않는다고 했다. 감독기관의 공무원들이 그들이 감시해야 할 기업들에게 낙점받기 위해 점점 더 자신을 포장하고 있다는 것이다.[58]

똑같은 문제가 의회도 타락시키고 있다. 의회 직원들의 연봉은 큰 변화가 없었지만 로비스트들의 연봉은 급등했기 때문이다.

지식을 이용해 큰돈을 벌 수 있는 생화학 기술이나 경제학 같은 분야의 연봉도 훌쩍 뛰어올랐다. 찰스 퍼거슨 감독의 다큐멘터리 〈인사이드 잡〉은 일부 유명 경제학자들이 금융 회사에서 받는 컨설팅 수수료와 부업으로 벌어들이는 수익이 알게 모르게 그들이 근무하는 조직의 역할과 충돌한다는 것을 확실하게 보여주었다. 〈인사이드 잡〉에서는 래리 서머스에서 마틴 펠드스타인, 프레드릭 미시킨까지, 경제학 분야에서 가장 잘 나가는 인물들이 학문적 업적을 걸고 기업을 위해 일해주며 상당한 부수입을 올린 사례가 나온다. 미시킨은 심지어 아이슬란드 상공회의소로부터 그 나라의 경제모델을 옹호하는 논문을 써준 대가로 12만 4천 달러를 받기도 했다.[59] 아이슬란드가 경제위기로 무너지기 불과 몇 년 전이었다.

그들의 애매한 역할 행동을 보며 우리는 혼란에 빠졌다. 우리의 감독기관들은 그들이 감독하는 조직의 과도한 활동을 억제하고 있는가, 아니면 나중에 높은 수입을 보장하는 직업을 얻기 위해 그들에게 아부를 하고 있는가? 논문에서 금융 규제 철폐를 주장한 경제학자들은 우리에게 객관적인 사실과 경향을 정직하게 알려주는 걸까, 아니면 금융 기업에서 고액의 컨설팅 보수를 받기 위해 구애를 하는 걸까?

새로 부상한 세계의 엘리트들에 관한 책을 쓴 재닌 웨델은 베를린 장벽이 무너진 후 사회주의 정권에서 해방된 동유럽에 갔을 때 그곳에서 만난 엘리트들의 행태를 고발한다. 자본주의 사회를 건설하는 데 주도적인 역할을 하고 있던 그들은 다양한 역할에 따라 명함도 여러 가지를 갖고 다녔다. 예를 들면, 국회의원이라는 직업용 명함과 그들이 운영하고 있는 신생 기업(정부와의 계약에서 돈을 벌고 있던)의 명함, 또 자신이 임원으로 있는 비영리조직의 명함을 가지고 다니는 것이다. 웨델은 "누구보다 민첩하고 참신하게 새로운 환경에 적응한 사람들, 조직을 운영하면서 그 경력을 기발하게 다른 분야에서 써먹는 사람들, 때로는 윤리적으로 가장 돌변한 사람들이 가장 큰 영향력을 행사했다"고 증언한다.[60]

그들의 행태는 우리 사회가 처한 상황을 묘하게 반영한다. 우리는 이 사회의 전문가, 정치인, 교수들의 호주머니에 어떤 명함들이 들어있는지 전혀 알 수 없다. 간단히 말해, 우리 사회의 엘리트들이 누구를 위해 일하는지 알 수가 없다.

하지만 국민들을 위해 일하지는 않을 거라는 생각은 든다.

6장

다수의 대중이 어떻게
소수자가 되었나

빈부격차는

모든 공화국의 가장 오래되고 가장 위험한 병폐다.

-플루타르코스

　정치인들이 가장 두려워하는 것은 대중들이 그를 '범접할 수 없는 세상'에 사는 사람으로 인식하는 것이다. 1992년, 올랜도에서 열린 전국 식품협회 행사에서 기자들은 조지 H. W. 부시가 슈퍼마켓에서 흔히 쓰는 스캐너 전시장을 둘러보는 모습을 취재했다. 다음날 여론 조사를 바탕으로 한 《뉴욕 타임스》 1면 기사에 등장한 것은 대중들에게는 익숙한 계산 방식에 감탄하는 한 귀족이었다. "오늘… [부시 대통령은] 11년 동안 생활한 워싱턴의 부족함 없는 관저에서 벗어나 현대식 슈퍼마켓을 직접 체험했다." 《타임즈》 기자 앤드류 로젠탈이 관찰한 모습이다.

　부시 대통령이 우유 250ml와 전구, 사탕 봉지를 들고 바코드 판독기로 그것들을 슥 훑었다. 구입한 상품 목록과 가격이 현금

등록기 화면에 나타나자 그의 얼굴에 다시 한 번 놀라운 표정이 떠올랐다.

"이렇게 계산하는 건가요?" 대통령이 물었다. "여기 전시장만 돌아봤는데도 과학기술의 힘이 놀랍다는 걸 알겠네요."[1]

그런데 심층 취재에 의하면 그 기사는 별로 공정하지 않았던 것 같다. 부시가 체험한 스캐너는 최첨단이었고, 현장에 있던 다른 목격자들에 의하면 그의 반응은 정치인들이 꿈에서도 연습하는 의무적이고 예의바른 인정 정도에 지나지 않았다는 것이다. 하지만 대중에게는 그날의 이미지가 깊이 각인됐다. 한 시사평론가는 "그 기사가 깊은 인상을 남긴 이유는 '노동자들'이 어떻게 살아가는지 부시는 전혀 모를 거라는 고정관념이 일반 국민에게 생겼기 때문이다"라고 했다.[2] 1992년 대통령 선거를 몇 달 앞둔 시기에 CBS·뉴욕 타임스 공동 여론 조사에 의하면, 부시가 서민들의 요구사항과 어려움에 대해 '깊은 관심'을 갖고 있다고 답한 응답자는 18퍼센트에 불과했다.[3] 예상대로 부시는 그 해 가을 대통령 선거에서 빌 클린턴에게 졌다.

12년이 지난 2004년 공화당 의원들은 민주당 존 케리의 사진을 신나게 배포하고 있었다. 대통령 선거운동 기간이었던 당시, 사진 속의 케리는 고급 휴양지인 마서스비니어드에서 윈드서핑을 즐기고 있었다. 부시 선거운동본부에서는 심지어 그 사진을 캠페인 광고에까지 실었다. 광고에 등장한 사람은 '케리는 이라크 문제를 어느 쪽으로 이끌고 갈까요?'라는 질문과 함께 그 광고지를 앞뒤로 뒤집어 보였다. 케리와 상대 후보였던 부시는 계급적 배경이 거의 똑같았음에도 불구하고(둘 다 사립학교를 졸업하고 예일대 학부생 비밀결사인 해골대 회원이었다), 보수 성향의 평론가들은 기다렸다는 듯이 그 사진에 대해 맹비난하면서 나약하고 속물적인 케리가 분별 있는 부시와 달리 얼마나 서민과 동떨어져 있는지를 강조했다. 서민들과 괴리된 삶은 매번 되풀이되는 주제다. 재산이 10억 달러 이상인 테레사 하인즈 케리와 결혼한 케리는 어느 모로 보나 상류 지배층이 갖춰야 될 요소를 다 갖췄다. 《뉴욕 타임스》는 케리의 측근인 마빈 니콜슨 주니어를 소개한 1면 기사 제목에서 그를 '집사이면서 친구'로 표현했다. 결국 케리―집에 집사를 둔!―는 부시에게 51 대 48로 졌다.

2008년 대통령 선거운동에서, 존 매케인은 정치 전문 일간지 《폴리티코》 기자에게 집을 몇 채나 소유하고 있느냐는 질문을 받았다. 매케인의 아내 신디는 맥주 배급사 회장인 아버지로부터 거액의 재산을 물려받았고, 그 부부의 합산 재산은 대략 1억 4천만 달러로 추정됐다. 하지만 이러한 사실이 화제가 된 것은 매케인이 그 질문에 당황하며 한 대답 때문이었다. "어, 제 보좌관에게 답할 수 있도록 하겠습니다. 모두 분양받은 아파트들인데, 자세한 건 보좌관이 곧 연락드릴 겁니다."[4] 이번에도 상대 후보 편에서 비난이 들끓었다. 민주당 전국위원회는 매케인이 소유한 집 일곱 채의 정보를 각각의 가격과 함께 정리해서 공개했다. 오바마 선거운동 캠프에서는 매케인의 실수를, 경제적인 면에서 그가 속한 세계는 서민이 '범접할 수 없는 곳'라는 주장의 증거로 써먹었다. "존 매케인이 자기 소유의 집이 몇 채인지도 모른다는 사실은 그가 왜 '미국 경제가 탄탄하다'고 생각하는지를 분명히 보여줍니다."[5] 오바마 측 대변인의 논평이다.

조지 H. W. 부시와 존 케리에 이어, 이번에는 존 매케인이 선거에서 패했다. 출구 조사에서 유권자의 과반수가 버락 오바마—이름이 외국식인 흑인—가 '우리 같은 사람들에게 더 관심이 있을 것'이라고 대답했다. 대통령 선거에서 '나 같은 사람들에게 더 관심을 주는 후보'를 투표 기준으로 삼는 유권자들 사이에서 오바마 대 매케인의 지지율은 73 대 19였다.[6]

이런 결과는 어떻게 보면 이해할 만한 일이다. 유권자들은 대체로 자신과 가깝다고 느끼는 정치인들에게 표를 던지기 때문이다. 하지만 그것은 상식을 벗어난 판단이기도 하다. 당선자들, 특히 전국적인 선거의 당선자들은 당연히 '까마득히 높은 세계'에 살기 때문이다. 직업 정치인이 되면 거액이 필요하기 때문에 대중들과는 전혀 다른 별난 삶을 살아야 한다. 하나부터 열까지 일반인들과 근본적으로 다른 삶을 사는 것이다. 정치인들은 하루에도 몇 시간씩을 부호들에게 기부금을 요청하는 활동에 바친다.

항상 어디론가 이동하고, 참모들이 곁을 떠나지 않는다. 접촉하는 사람들도 거의 대부분 정치인에게 뭔가를 원하는 사람들이며, 일상적인 행동을 하는 순간에도, 예를 들어 아들과 아이스크림 가게에 가는 동안에도 항상 '긴장'하고 있어야 한다. NBA 스타가 대다수 국민들과 아예 동떨어진 삶을 사는 것처럼, 미국 대통령에 출마할 정도로 성공한 정치인도 그렇게 사는 수밖에 없다.

이것이 엄연한 사실인데 왜 '다른 세계에 산다'는 혐의를 그렇게 두려워한단 말인가? 내가 보기에 그것은 우리가 마음 깊은 곳에서는 정치지도자들이 '다른 세계'에 산다는 걸 알면서도 그 세계가 진짜 존재하지는 않기를 바라기 때문이다. 대중의 이런 소망을 충족시켜 주기 위해 모든 관련자들—정치인과 그들의 참모, 언론, 유권자—은 애써 그 다른 세계의 존재를 모른 척해야 한다. 그런데 정치인들이 자신의 역할을 제대로 해내지 못하고 실패하면 언론과 유권자들은 그들을 가혹하게 응징한다.

사회적 거리의 근본 문제

'닿을 수 없는 세계'에 대한 우리의 반감은 수백 년 전부터 있어 왔다. 미국이라는 나라가 그런 세계에서 느낀 절망감 때문에 세워졌다고 할 수도 있다. 혁명주의자들은 '독립 선언문'에서 조지 3세의 폭정뿐만 아니라 식민지에 대한 그의 무관심과 방치를 다음과 같이 격렬히 비난했다. "국왕은 공익을 위해 매우 유익하고 필요한 법률을 허가하지 않았다. 긴급히 요구되는 중요한 법률이라 할지라도 식민지 총독에게 그의 동의 없이는 시행하지 말라고 명령했다. 그리고 한 번 유예한 법률은 다시는 고려하지 않았다."[7]

미국 혁명세대가 직면했던 근본 문제는 거리감이었다. 영국은 바다 건너에 사는 왕이 다스렸고, 그 땅은 멀었을 뿐 아니라 식민지와 다른 점이 너무 많았다. 편지가 오가는 데 몇 주가 걸렸는데, 이로 인해 영국 정부는 식민지를 효율적으로 다스리는 것이 불가능까지는 아니더라도 기술적으로 무척 어려웠다. 식민지 정부의 정책들은 주민들의 분노와 반대를 불러일으켰고, 식민지 정부도 현지 주민들의 반감을 잘 알고 있었지만, 그들의 권한은 바다 건너 영국 왕조에 좌우될 수밖에 없었다.

토머스 페인은 이 엄연한 지리적 조건을 신의 계시로 받아들여 『상식』*에서 이렇게 썼다. "신이 정해놓으신 영국과 미국의 거리는 강력하고 자연스러운 증거지만, 한쪽 정부가 다른 쪽 정부를 지배하는 것은 신의 뜻이 아니었다." 영국 왕은 물리적으로만 먼 곳에 있었던 것이 아니라 사회적으로도—심지어 식민지의 부유한 상류층으로부터도—먼 곳에 있었다. 그리고 이들 상류층은 끝내 혁명을 주도하는 세력이 되었다.

---

* 1775~1776에 쓴 소책자. 아메리카 식민지 주민들이 영국에 맞서 평등주의적 정부를 세워야 하는 이유를 명료하고 설득력 있게 주장하여 큰 반향을 불러 일으켰다.

이로써 식민지를 다스리는 지배층과 식민지 주민의 사회적 거리는 바람직하지 않음이 입증됐다. 지배층의 명령이 가져오는 효과가 그것을 공표하는 이들에게 체감되지 않았기 때문에, 식민지의 혁명론자들은 지배층과 피지배층의 간극을 대의제의 위기로 판단했다. 여기서 '대표 없이 과세 없다'는 표어가 나왔다. 영국 정부와 식민지의 거리는 일방적인 사회계약을 낳았고, 이 계약을 식민지 주민들은 양쪽이 주고받는 피드백이 아니라 압제로 받아들인 것이다. 그들에게는 통치자와 피통치자 사이의 밀접함이 없었기 때문이다.

『상식』에서 토머스 페인은 통치의 모델을 제시하면서, 정치인들이 멀리 있지 않고 그들을 뽑아준 유권자들과 일상적이고 지속적으로 '섞여' 살아야 함을 역설했다.

당선자들이 유권자들의 바람과 무관하게 자기들끼리 집단을 형성하는 일을 막기 위해서는 선거를 자주 하는 것이 합당하다 할 것이다. 이를 통해 당선자들은 몇 달에 한 번씩 유권자들과 다시 섞이면서 대중에게 헌신할 수 있다. … 바로 이러한 방식에 의존할 때 정부의 힘과 국민의 행복이 보장된다.

공화국의 이상적인 대표직 비율에 관해 식민지 펜실베이니아의 농부였던 존 디킨슨도 위와 똑같은 주장을 했다. "대표자가 적으면 국민의 상황에 대해 제대로 파악할 수가 없다. 그리고 대부분 유권자들과 너무 동떨어진 삶을 살기 때문에 대표자는 유권자들과 공감하기도 힘들고 서로 의견을 주고받을 기회도 너무 적어진다."[8] 유권자에 비해 대표자가 너무 적으면 그 대표자들은 유권자 중 명망가들과만 교류할 것이고, 그렇게 되면 결국 정치인들과 선거구민들 사이에 극복하기 힘든 괴리감이 생기리라고 우려한 것이다.

자치 정부가 제 역할을 하기 위해서는 고위 관리직들이 그 사회체제와 한 몸이 되어야 한다. 자신들이 내린 결정에 직접 영향을 받거나 간접적으로라도 영향을 받아야 한다는 뜻이다. 그렇지 않으면 잘못된 정책을 바로잡을 길이 없고, 유권자들의 바람과 이익에 맞게 유연하게 대응하는 것도 불가능해질 것이다.

이를 다른 말로 표현하면 피드백이 필요하다는 것이다. 전투기부터 핵반응에 이르기까지 모든 통제 시스템은 피드백이 있어야 안정적으로 유지된다. 그 시스템을 가동하고 관리하는 사람들이 작동 상태를 보면서 조정하려면 지속적인 정보를 받아야 하기 때문이다. 그러므로 피드백은 관리자들이 시스템의 균형을 유지하는 수단이라 할 수 있다. 통치자들도 온도에 따라 수축되거나 이완되는 금속코일을 통해 피드백을 받는 자동온도조절장치와 같은 것이다.

보통 명령이 길고 복잡한 컴퓨터 프로그램을 짤 때는 소프트웨어의 블랙박스 안에서 오류가 생겼을 때 위치를 알려주는 작은 깃발이나 오류 메시지를 코드에 삽입해 놓는다. 만일 프로그램이 작동되는 동안 특정 메시지—"저기요, 당신이 방금 코딩한 섹션이 작동이 안 되요. 정신 차려요!"—가 나타나면 코드에서 어떤 부분이 잘못됐는지 정확히 알기 위해서다. 잘 되는 기업은 신제품을 시판하기 전에 고객들의 피드백을 받기 위해 비용을 아끼지 않고 투자하여 광범위한 프로그램을 짜서 관리한다. 그래야 신제품을 내놓은 다음에 판매량의 형태로 확실하고 직접적인 피드백을 얻을 수 있기 때문이다. 사실 가격제도가 제대로 작동하는 이유는 시장가격이 시장 참여자들에게 보내는 피드백 때문이다.

인간의 통제 영역에서 믿을 만한 피드백이 없으면, 그 사회는 정상 상태에서 급격히 벗어난다. 통치자와 피통치자 사이의 거리가 까마득해지면 정부는 국민들을 희생시키고, 국민들의 요구에 무관심해지며, 국민들은 어쩔 수 없이 지배계급의 타고난 변덕과 충동에 좌우되는 것이다. 이는 국가적 위기다.

어떤 점에서 보면 이런 위기에 대응하는 것이 민주주의의 기본적인 특성이다. 민주주의는 인간의 권리, 즉 개인의 존엄성을 당연시하는 조화의 시스템이지만, 식민지 시대의 영국 정부에게 골칫거리였던 피드백 문제를 해결하는 시스템이기도 하다. 비민주적인 사회에서는 피드백의 부재가 가장 큰 문제인데, 이 문제는 그 나라의 역량을 상당히 갉아먹는다. 2009년 중국에서 2주일을 보내는 동안 나는 여론에 병적으로 집착하는 공무원들을 보고 놀랐다. 그들은 온라인 토론방을 철저히 감시했는데, 반대 의견을 억제하기 위해서만이 아니라 점점 늘어나는 불평에 대응하기 위해서였다. 그들은 근본적으로 중국 정부에 정당성이 있는지는 의심하지 않으면서 시민들이 민원을 제기할 수 있는 통로는 수없이 만들었다. 국민들과 '지나치게 동떨어지지 않으면' 권력을 계속 독점할 수 있다는 것이 그 나라 지배층의 한 가닥 믿음이었다.

한편, 아프가니스탄과 이라크에 있는 미군 사령부는 제국 행정부의 운명이라 할 수 있는 과제를 떠안고 있다. 그 나라 국민들이 우리 선조들처럼 무기를 들고 봉기하지 않도록 불만과 분노를 다스리는 일이다. 피비린내 나는 오랜 세월을 보내는 동안 그들은 현지 주민들의 불만을 세심하게 감지하도록 군인들을 훈련시키는 전략, 즉 대게릴라전을 개발했다.

지나치다 싶을 정도로 책임을 강조했던 건국의 아버지들은 '정치인과 국민의 괴리 현상'을 예방하는 체제를 마련해 놓았다. 정부에 탄원할 수 있는 권리는 국가 정책이 가져온 결과에 대해 피드백과 정보를 지속적으로 보내는 강력한 수단이었다. 오늘날은 현대식 여론 조사와 인터넷으로 인해, 선출된 정치인들이 언제든 선거구민들의 기대와 믿음, 선입견 등에 관한 자료를 거의 무제한으로 얻을 수 있지만 말이다.

민주주의 사회에서 가장 결정적인 피드백은 선거이기 때문에 투표권이 없는 대중들—미등록 이주민이나 수감자—이 정치권에서 가장 홀대받는 것은 당연한 일이다. 그렇지만 지금은 소외 계층과 주류세력, 이주민들과 티파티 활동가들, 대학 교수들과 빈민가 청소년들 모두 자신들이 제도에서 소외되었다고 느낀다. 이익집단, 로비스트, 부호 등 소수의 부패한 엘리트층이 국회의원들을 좌지우지해서 이제는 여론의 피드백이 작동하지 않는다고 생각하는 것이다.

무브온이나 월가 점령 시위대, 또는 티파티 운동 참여자들과 이야기해보면, 정상적인 상황에서라면 정치인들이 국민의 입장을 잘 대변한다고 생각했을 사람들도 사회시스템 때문에 급진적 성향으로 변했음을 알 수 있다. 이들 좌우 성향의 활동가들은 그들의 관심사가 국내 정치 지형에 충분히 반영되고 있는 집단 출신들이다. 그렇지만 그들의 가장 큰 불만은 식민지 주민들의 불만과 거의 똑같다. 권력자들이 까마득하게 먼 곳에 있다는 것이다. 특권층은 일반 대중들과 아무 상관없는 다른 세상에 살고 있다는 주장에 대부분 공감한다는 것이 현 미국 사회의 가장 큰 문제다. 특권층이 나머지 국민들로부터 멀어지면서 우리 사회의 대의제는 붕괴될 위험에 처해 있다.

사회적 거리에는 수평적 거리와 수직적 거리가 있다.

수평적 거리는 한 사회에서 대체로 처지가 평등한 구성원들 사이의 거리를 말한다. 한 나라에 두 가지 종교 교파가 있다고 생각해보자. 그들은 교육과 수입이 대략 비슷하지만, 안식일, 예배당, 사는 동네 그리고 주로 갖는 직업도 다르다. 한 도시에 살더라도 사실상 전혀 다른 세계에 사는 것이다. 화해하기 힘들 정도로 벌어지는 사회적 간극이 다원주의적 민주주의 사회에 어떤 문제를 일으키는지는 잘 알려져 있다. 캐나다의 퀘벡 주처럼 언어가 다르거나 북아일랜드처럼 종교가 다른 극단적인 경우에는 사회 통합의 토대가 약해지다가 끝내는 분리 독립까지 요구한다.

조금 덜 극단적인 사회적 거리의 예로는 이곳 미국에서 친숙한 인종문제를 들 수 있다. 내가 6년간 살았던 시카고는 세계에서 손꼽을 만큼 살기 좋은 도시지만, 치명적인 단점이 하나 있다. 인종에 따라 거주지가 극명하게 나뉜다는 사실이다. 퇴근 시간에 시내 중심가의 열차 승강장에 서 있으면 북쪽 방향으로 가는 전철을 기다리는 사람들은 거의 백인이나 라틴계이고, 남쪽 방향으로 가는 통근자들은 거의 대부분 흑인이다. 시카고뿐 아니라 미국의 어떤 지역이든 인종에 따른 계층화는 분명히 존재하지만, 특히 시카고에서는 지역이나 인맥에서 중상층 백인과 중상층 흑인까지 분리되어 있다. 최근 인구조사 자료에 의하면 시카고는 전국에서 네 번째로 흑인과 백인의 격차가 심한 지역이다.[9]

이런 유형의 분리 현상은 인종문제보다는 덜 심각하다 할지라도 여러 가지 면에서 사회 통합을 가로막는다. 이와 관련하여 빌 비숍은 『대분류』라는 책에서 미국인들은 정치 이데올로기와 세계관에 따라 지역적 분리가 시작됐다는 설득력 있는 이론을 제기한다. 한쪽 정당이 20퍼센트 이상의 차이로 이기거나 진 카운티를 비숍은 '압승 카운티'라고 명명했는데, 지미 카터가 대통령으로 당선된 1976년에는 압승 카운티의 인구는 전체의 26퍼센트였다. 그런데 2004년 선거에서는 그 비율이 거의 2배로 증가했다.[10] 비숍이 보기에 이런 유형의 무리 짓기와 그로 인한 사회적 거리는 미국 사회의 양극화를 심화시킨다. 하지만 내가 걱정하는 것은 그런 사회적 거리가 아니다.

수직적 거리—그 범위와 영향력이 수평적 거리보다 훨씬 강력한—는 정책 결정자와 그 결정의 영향을 받는 사람들 사이의 간극을 가리킨다. 수직적 거리가 늘어나면 민주주의라는 과제는 근본적으로 불가능해질 수 있다. 수상하고 무심한 현 엘리트층으로부터 자신은 소외되어 있다는 주장이 정당이나 이념과 상관없이 공통적으로 나오기 때문이다.

미국 같은 대의제 민주주의 사회에서 어느 정도의 수직적 격차는 어쩔 수 없다. 이런 격차가 거의 없는 사회로는 키부츠, 공동체 사회, 또는 월가 점령 시위대의 총회라 할 수 있다. 그런 곳에서는 결정이 집단적으로 이루어지고 구성원들의 일과 생활이 어느 정도 비슷하게 공유된다. 물론 그런 사회에도 나름의 문제(수많은 갈등, 음모, 사기 등)가 있으므로 어디가 나은지는 비교하기 힘들다. 자원봉사 성격의 자치단체장과 소수의 지역 기업인, 변호사들이 중요한 지역 현안을 결정하는 작은 마을도 수직적 거리가 거의 없다. 그 지역의 최고 부자도 다른 주민들과 이웃해서 살고, 같은 교회에 다니고, 자녀를 똑같은 학교에 보내고, 똑같은 식당에서 외식을 한다. 이런 관행은 자치단체장도 마찬가지여서 그도 자신을 뽑아준 유권자들과 같은 지역에서 산다.

이것은 작은 마을의 삶이나 그곳의 정치를 낭만적으로 그리기 위한 것이 아니라 그냥 극단적인 경우를 스케치해본 것이다. 반대쪽 극단에는 멀리 떨어진 식민지를 통치하는 제국이 있다. 더 소규모의 경우로는, 자신을 조직의 일부로 통합시키려는 CEO나 사장, 관리인을 생각해볼 수 있다. 뉴욕 시장이었던 마이클 블룸버그는 자신의 이름을 딴 '블룸버그 LP'*와 시청에서 사무실 칸막이를 없애, 간부들에게 쾌적한 창가 자리를 주고 직원들한테는 답답한 자리를 배정하던 관행을 없앤 것으로 유명하다. 이것은 조직 내에서 수직적 격차를 줄이는 방식이다. 반대로 리먼 브라더스의 CEO였던 딕 펄드는 사무실로 올라가다 직원들과 만나는 일이 없도록 자신의 전용 엘리베이터를 지정해두었다.[11]

일반적으로 조직 내에서 수직적 거리가 멀어질수록 그 조직의 지도자들은 나머지 구성원들이 접근하기 힘든 존재가 되고, 따라서 그 조직을 현명하게 관리하는 능력을 잃어버린다. 설명을 위해 시카고 도심에 나란히 있는 빌딩 두 곳을 생각해보자. 혹독

---

* 마이클 블룸버그가 1981년에 설립한, 24시간 경제전문 뉴스를 서비스하는 미디어 그룹.

하게 추운 1월의 어느 날, 두 건물의 난방 시설이 우연히 동시에 고장 났다. 한 건물에서는 관리자가 그 건물에 근무하고 있어서 손수 온도조절 장치를 살펴보고 그것이 작동하지 않는다는 사실을 알게 된다. 다른 건물은 교외의 사무실 집중 지역에서 원격으로 관리하는데, 교외 사무실의 난방 장치는 계속 작동하고 있다. 누가 난방 장치를 더 빨리 고칠 것인지 내기를 한다면 누구나 추위를 직접 겪고 있던 관리자를 선택할 것이다.

책임자가 자신의 행동의 결과를 직접 느껴야 더 빠르고 더 나은 결정을 하리라는 것은 직감적으로 알 수 있다. 물론 항상 그렇지는 않겠지만, 모든 조건이 똑같다면 우리는 지구 반대편에 사는 시장보다 같은 도시에 사는 시장을 원할 것이다. 이것은 '평범한 시민들로 구성된 배심원단'을 재판에 참여시킨다는 헌법적 보호 장치의 근거가 되는 논리다. 이 논리는 가끔은 삐걱거리는 연방주의를 떠받치고 있는 개념으로, 어떤 결정을 내릴 때는 최대한 그 영향을 받는 사람들의 입장에서 판단해야 한다는 것이다.

현실에서 각계각층의 대의제는 의사결정론자들이 시민들과 굉장히 먼 세계에 떨어져 있을 수도 있음을 뜻한다. 백악관의 버락 오바마가 특히 국민들에게 귀를 기울이는 것처럼 보일 정도로 말이다. 오바마 대통령은 평일 밤이면 늘 잠자리에 들기 전에 시민들이 보낸 편지 중 비서진이 신중하게 고른 10통을 읽는다. 편지에는 곤란한 상황에 빠진 사람들, 실직했거나 집을 차압당했거나 의료보험 혜택을 못 받게 된 가족이 등장하는 경우가 많다. 대통령 보좌관들에 의하면, 오바마 대통령이 편지를 읽는 것은 국민들과 너무 멀어지지 않기 위한 최소한의 노력이다. 대통령의 고문인 데이비드 엑셀로드는 이렇게 말했다. "국민들이 보낸 편지는 그들이 처한 진짜 문제가 무엇인지 대통령에게 늘 상기시킵니다. 대통령께서는 이 편지들을 정말 무겁게 받아들이고 우리와 의견을 나누기도 하시죠…. 오바마 대통령이 편지를 계속 읽는 이유는 백악관에 갇혀 국민들과 동떨어진 현실 인식을 하게 될까 봐 우려하기 때문입니다…. 그러므로 국민들의 편지는 대통령에게 아주 큰 영향을 미치죠."[12]

다양한 심리학 연구에 의하면, 권력자들이 그 권력을 행사하는 대상과 공감하는 능력이 떨어질까 봐 걱정하는 데는 근거가 있다. 권력의 심리적 효과를 체계적으로 연구한 최근의 결과들은 액턴 경이 남긴 '권력은 부패하고 절대 권력은 반드시 부패한다'는 명언을 확고히 뒷받침한다. 밝혀진 바에 따르면 권력을 차지하는 경험은, 그것이 실험실에서 잠깐 얻은 권력일지라도 심리에 뚜렷한 영향을 미친다. 그리고 최근의 실험심리학에서 밝혀진 권력의 많은 병폐가 소름끼치게도 우리 시대의 특징인 무절제와 닮았다.

심리학자들은 실험을 할 때 '점화(priming)'라는 기법을 사용하여 높은 권력과 낮은 권력의 느낌을 유도한다. 명확한 설명을 하지 않고 피실험자들을 지위와 권력을 상징하는 위치에 배정하는 것이다. 예를 들면 한 명은 큰 책상 앞에 앉고 다른 한 명은 서 있게 하거나, 한쪽이 지시를 내리게 하거나, 지위의 높낮이와 관련된 단어들을 맞추게 하는 등 권력의 상하 관계를 암시하는 것이다.

일단 각자의 지위를 감지한 단계가 되면, 심리학자들은 '높은 권력'과 '낮은 권력'을 가진 피실험자들이 다양한 과업에 어떻게 반응하는지를 관찰한다. 결과는 의외였다. 권력이 높은 사람들은 사고가 더 추상적이었고 세세한 부분에 신경을 덜 썼다. 또한 고정관념이 더 강했고 판단도 즉흥적이었다. 그들은 모험을 추구하고 상황이 잘 풀리리라고 낙관하는 경향도 강했다. 그리고 자극을 받거나 불확실한 상황에 처하면 결단력 있는 행동을 취하는 편이었다. 아마 그 연구에서 예상과 가장 가까운 결과는 지위가 높은 사람들은 자기 합리화를 더 많이 했다는 점일 것이다.

하지만 무엇보다 주목해야 할 결과는 권력이 시야를 좁게 만든다는 것이다. 실험 보고서에 의하면, 권력자들은 계급이 낮은 사람의 특성과 시각, 세세한 정보에 별로 관심이 없고 전반적으로 공감 능력이 떨어진다.

비슷한 연구가 또 있다. 피실험자들을 높은 권력과 낮은 권력의 두 집단으로 나누고, 각자의 이마에 검은색 매직펜으로 최대한 빨리 알파벳 E를 써보라고 지시했다. 높은 권력이 주어진 집단은 대부분 그들이 읽기 편한 방향으로 (즉 다른 사람들이 보기에는 좌우가 바뀐 방향으로) E를 쓴 반면, 낮은 권력이 주어진 집단은 상대편이 읽기 쉽도록 좌우를 바꾸어 E를 썼다.[13] 다른 말로 하면 높은 권력이 주어진 사람들은 무의식적으로 그들의 시각을 외부로 투사하는 반면, 낮은 권력이 주어진 사람들은 다른 사람들의 시각을 기준으로 삼았던 것이다.

다른 실험들에서도 유사한 결과가 나온다. 공감능력을 측정한 「사회계급과 맥락주의, 그리고 공감 정확도」라는 논문에서는 지위가 낮은 사람들은 높은 사람들에 비해 공감 정확도 점수가 높다는 결과가 나온다. 상호 소통하는 상대의 감정을 더 정확하게 판단했다는 말이다. 심지어 사진 속 인물의 눈 주위 근육을 보고 감정을 추정하는 능력도 더 정확했다.[14] 사회적 지위가 낮은 사람들이 공감능력이 더 높은 데는 합리적 근거가 있다. 그들의 삶과 재산, 운명이 이웃과 지역민들뿐 아니라 권력을 가진 사람들의 변덕에 큰 영향을 받기 때문이다. 따라서 그들은 자연스럽게 타인의 감정과 욕구를 추론하는 수단을 정교하게 발달시킨다.

그와 반대로 권력과 지위가 높은 사람들은 상대적으로 타인에게 의존하는 정도가 낮고, 그래서 그런 능력이 발달하지 않는다. 혹은 권력이 강해지고 지위가 높아지면서 그러한 능력이 쇠퇴한다. 이 말은 우리 사회의 주요 기관과 조직의 고위직 엘리트들은 타인의 관점에 신경 쓰지 않을 가능성이 크다는 뜻이다. 지위가 낮은 사람들이 자신들의 관점을 고위직이 내리는 결정에 반영시키고 싶어도 그런 일은 저절로 일어나지 않는다. 그런 일을 가능하게 할 체제가 자리 잡아야 한다.

실패의 시대에 일어난 온갖 추문과 대재난을 하나로 묶는 공통점이 있다면, 그것은 바로 까마득하게 벌어진 사회적 거리가 초래한 문제라는 것이다. 권력자들이 대중의 처지에 너무나 둔감해서 결국 파멸과 치욕으로 끝나는 일은 의외의 영역에서도 일어난다.

가톨릭교회

가톨릭교회의 아동 성추행 사건에서 가장 괴씸하고 이해가 안 되는 점은 사제들 중에 소아성애자가 있었다는 사실이 아니다. 남자들이 많이 모인 집단이라면 성도착자나 범죄자들이 어느 정도는 있게 마련이니까 말이다. 사제들이 저지른 범행을 가톨릭교회 당국이 덮으려고 한 사실도 아니다. 재정 능력이 있는 전통적인 기관들은 명예와 통치권을 지키기 위해서라면 수단 방법을 가리지 않기 때문이다.

정말 도저히 이해할 수 없는 것은 교회 당국이 왜 성추행범 사제들을 더 많은 아이를 제물로 삼을 수 있는 자리로 보냈느냐는 것이다. 어린이들과 영원히 격리되는 자리로 보낼 수 있었는데 말이다. SNAP의 설립자 바버라 블레인은 말한다. "그들은 성추행을 덮어주고 그 범죄자들을 다른 교회로 전직시켰어요. 그 짓을 계속 하라고 허락했을 뿐 아니라 더 많은 아이들에게 접근하도록 부추긴 겁니다."

사제들의 성추행에 관한 가장 포괄적인 연구에 의하면, 성폭행 혐의를 받은 사제들의 3.5퍼센트는 10명 이상의 어린이들을 괴롭혔다고 한다.[15] 이 얼마 안 되는 상습범들이 가톨릭 사제들을 상대로 한 고발 중 무려 26퍼센트를 차지한다. 이것이 의미하는 바는, 가장 악질적인 성추행범들을 어린이들을 만날 수 없는 자리로 격리시키기만 했다면 수백 명, 어쩌면 수천 명의 어린이들을 성폭행으로부터 구제할 수 있었다는 것이다. 추기경들과 주교들은 왜 이렇게 당연한 조치를 취하지 않았을까?

간단히 대답하자면 사회적 거리 때문이다. 교회 관련 문서를 보면, 주교나 추기경 또는 동료 사제들이 성폭행 피해자와 성폭행범 사제에게 각자 어떤 태도를 보였는지가 여러 차례 나온다. 그들은 가해자인 동료 성직자에게는 하해와 같은 연민을 보이며 그들에게 변명이나 해명이 될 만한 사항을 자세히 증언해준 반면, 피해자들에게는 차갑고 거만한 태도로 대했다.

아동 연쇄강간범 존 가이건이 사제직에서 물러날 때 보스턴 대교구의 버나드 로 추기경이 쓴 편지에서도 그런 태도를 엿볼 수 있다.

당신은 애석하게도 병으로 건강이 나빠졌지만, 훌륭한 사제로 살았습니다. 당신이 지금까지 보살핀 신자들을 대신하여, 그리고 나의 이름으로, 감사의 마음을 전합니다. 고통스러운 상황에 처한 당신의 심정을 이해합니다. 우리가 함께 하는 이 고통은 참으로 가혹해서 견디기가 힘들군요. 하지만 정직함과 믿음으로 대처할 때 우리는 가장 나은 우리가 될 수 있습니다. 존, 당신에게 신의 가호가 있기를 기도합니다.[16]

로 추기경이 그 편지를 쓴 것은 1996년이었다. 당시 가이건은 이미 다섯 번이나 교구를 옮긴 상태였다. 어느 교구로 가든 그의 범행 수법은 똑같았다. 처음부터 그는 어린 아들을 키우며 힘들게 사는 과부들에게 접근했다. 그리고 아이들을 가까이 할 수 있는 신분을 이용하여 대리부 행세를 하며 지속적으로 그들을 학대했다. 몇 차례는 들통나기도 했다. 아이가 겁에 질려 어머니에게 털어놓을 때도 있었고, 부모나 친척이 가이건의 범죄를 목격하기도 했다. 그럴 때면 교회의 위계에 따라 보고가 올라갔다. 몇 번은 '치료 센터'에 보내졌지만, 그러다가도 곧 아이들에게 접근할 길을 터놓은 예전의 교구로 복귀했다. 20년이 넘는 기간 동안 경찰에 신고된 적은 단 한 번도 없었다. 피해자들은 죄책감을 떠안고 입을 다물었고, 고소를 한 경우에도 합의금을 받는 조건으로 비밀을 준수한다는 계약에 마지못해 서명했다.

로 추기경도 위 편지를 쓸 때 이 사실을 모두 알고 있었다. 1984년에 가이건이 어린 소년들과 며칠 밤을 보낸 데에 대해 도체스터 세인트브렌던의 한 교구민이 문제를 제기하자 로 추기경은 "우려하시는 사건은 지금 조사 중이며 교회 차원에서 사제와 주님의 자녀 모두에게 타당한 결정을 내릴 겁니다"라고 답했다.[17] 이 대답에서 사제가 먼저 나온 것을 보라.

이 사건이 터지고 몇 년이 지난 후에도, 피해자보다 사제를 편드는 주교와 추기경들의 본능은 전혀 변하지 않았다. 벨기에의 로마 가톨릭교회 추기경이었던 고드프리드 다넬스는 2010년 4월에 로저 반겔루위 주교에게 성추행 당한 피해자를 만났을 때 일을 크게 벌이지 말라고 윽박질렀다. 그리고 반겔루위 주교가 그 다음해에 퇴임하니 '주교의 명예'를 더럽히지 말고 그때까지 기다리라고 했다.[18]

피해자는 기가 막혀서 물었다. "제가 아니라 그분이 안됐다고 생각하시는 이유가 뭡니까?"

가톨릭교회의 아동 성추행 사건을 파고들다 보면 범죄 그 자체의 경악스러움을 지나고, 그 조직의 근본에 있는 비밀주의와 지배권을 유지하려는 교회의 욕망을 지나 근본적인 의문에 부딪친다. 왜 주교들은 범죄의 희생자가 아니라 가해자들에게 연민을 느꼈을까? 왜 그들은 양이 아니라 늑대의 편을 들었을까? 이 간단한 의문의 답을 찾아야 왜 교회가 그런 대처를 했는지 이해할 수 있다.

그것은 주교와 피해자 교구민들의 사회적 지위가 근본적으로 달랐기 때문이다. 사제 서품식과 독신 서약이라는 상징은 교구민과 사제 사이에 근원적인 간극을 만들어낸다. 사제는 당연히 자녀에 대한 부모의 보호 본능이라는 것을 느끼지 못하고, 주교는 정신적으로나 물질적으로 훨씬 더 고상한 세계에 속해 있다. 기사 딸린 차를 타고, 식사를 준비해주는 사람이 따로 있으며, 일상생활에 필요한 것은 무엇이든 수행원들이 챙겨주기 때문이다. 블레인은 SNAP 회원들과 함께 그들이 당한 일을 증언하러 처음 주교 회의에 갔을 때 얼마나 위축됐는지를 이렇게 회고했다. "주교들은 정말 기품 있어 보였는데, 사실 그런 고고함을 자기들에게 유리하게 써먹었어요. 우리는 비 내리는 밖에서 비통함을 못 이기고 울고 있었는데, 그자들은 커프스 단추가 달린 셔츠 차림에 머리카락 한 올도 흐트러뜨리지 않은 모습이었죠."

주교는 떠받들어지는 엘리트의 전형이다. 대중과 거의 접촉하지 않고 공개된 자리에 잘 나서지 않으며 은둔하듯 살아가기 때문이다. 이러한 사회적 거리가 권능을 부여하는 핵심적인 요소였고, 그렇게 주어진 권능으로 인해 주교들의 헌신은 왜곡된 형태로 나타났다. 그들은 조직에 대한 충성을 최우선시했고, 동료 사제들에 대해서도 연민을 느꼈지만, 그들의 진정한 양들에게는 아무 감정도 느끼지 못한 것이다.

주교들의 행태는 극단적인 사례인지도 모르지만, 지난 10년 동안 일어난 가장 심각한 사태들은 모두 이같은 사회적 거리 때문에 발생했다. 물에 잠긴 도시에서 수천 명의 발이 묶였던 뉴올리언스 사태가 그 예다.

뉴올리언스 주민들 대피시키기

허리케인 카트리나가 닥치기 19시간 전인 2005년 8월 28일 일요일 오전 11시, 뉴올리언스 시장 레이 내긴이 기자회견을 소집했다. 내긴과 주지사 캐슬린 블랑코는 며칠 동안 단계적으로 수위를 높이며 주민들에게 대피 경고를 내렸는데, 그날 결국 '강제 퇴거' 명령을 발표한 것이다. 내긴은 '뉴올리언스의 제방 시스템을 무너뜨릴 수 있는 대형 허리케인'이 몰려오고 있으며 그것은 '일생에 한 번 만날까 말까 한' 엄청난 규모라고 했다.[19]

이 퇴거 명령을 발표하고 얼마 안 있어 가공할 만한 천재지변이 이어져 내긴부터 주지사까지 일찌감치 뉴올리언스를 빠져나간 사실은 별로 알려지지 않았다. 사전에 내려진 대피령으로 인해 주요 고속도로 교통량이 시시각각 늘어나고 있었기 때문에, 현지 당국자들은 주변 여러 주의 대피 시간을 엇갈리게 배정하고, 점차 늘어나는 피난 차량을 수용하기 위해 주요 고속도로의 흐름을 바꾸는 등 주도면밀한 대피 계획을 세워 실행했다. 그 효과는 놀라웠다. 교통체증은 심각하지 않았고, 자동차와 대피 수단, 충분한 자금이 있는 주민들은 순조롭게 도시를 빠져나갔다.

문제는 남은 사람들이었다. 대피하지 않고 남아 있던 주민이 수십만 명에 달했다는 것은 나중에야 밝혀진 충격적인 사실이었다. 허리케인이 닥쳤을 때 무려 30만 명이 자기 집에 숨어 있거나, 수용 인원을 한참 넘은 초대형 경기장에 모여 비참한 상황에 내처졌던 것이다. 카트리나가 지나간 후 혹자는 그렇게 대피하지 않고 남은 사람들— 대부분 흑인 빈곤층인— 은 스스로 화를 자초한 거라며, 불쌍하게 생각할 필요도 없다고 비난했다.

2007년에 뉴트 깅리치도 대규모 보수단체 집회에서 '뉴올리언스 나인스워드 지역에서 목격된 시민 정신의 부재'에 대해 언급하며 '그 지역 2만 2천 명은 너무 무지하고 의지가 없어서' 허리케인에서 벗어나지 못한 거라고 단언했다.[20]

뉴올리언스 주민 중에는 늘 오보로 판명난 기상주의보에 이골이 나서 몇 가지 필수품만 갖고 카트리나가 지나갈 때까지 버티려던 사람도 있었을 것이다. 하지만 피난을 가지 않은 사람들에게는 분명한 이유가 있었다. 집을 떠날 방법이 없었던 것이다. 한 조사에 의하면 주민 가운데 39퍼센트는 갈 곳도 없고 떠날 수단도 없어서 남았다. "차가 없는데 어떻게 떠나요?" 나인스워드의 한 식료품점 직원이었던 32살의 카티나 밀러는 기자에게 반문했다. "누구나 그냥 짐 챙겨서 떠날 수 있는 건 아니라고요."[21] 또 다른 여성은 자신이 왜 대피하지 않았는지를 NPR(공영 라디오 방송) 기자에게 이렇게 설명했다. "제 통장에 있던 돈이 80달러뿐이었어요. 직장과 은행과 그 밖의 모든 것이 뉴올리언스에 있었고요."[22]

자동차를 소유하는 것은 대다수의 미국인들이 당연하게 여기고, 엘리트 계층에서는 특히 더하다. 다양한 사회학 연구를 통해 알 수 있듯, 돈도 많고 사회적 지위도 높은 사람은 말 그대로 훨씬 쉽게 이동할 수 있다. 그들은 차가 있고, 이동하는 데 필요한 돈이 있고, 직장을 찾아 이사할 능력도 충분하다. 사실 이런 이동성은 경제적으로도 상당한 이익을 준다. 대도시의 경우 학군과 환경이 좋은 동네는 대부분 괜찮은 직장이 밀집된 지역과 꽤 멀리 떨어져 있기 때문이다.

반면, 차가 없는 처지는 오늘날의 가난한 사람들, 특히 대중교통이 부족하고 불규칙한 지역에 사는 주민들에게는 몹시 괴로운 일이다. 2000년에 실시한 인구조사에 의하면 미국인 8퍼센트가 자가용 없이 살고 있지만 그 수치는 계급과 지역에 따라 편차가 컸다. 전국적으로 빈곤층 중 차가 없는 가구의 비율은 20퍼센트지만, 뉴올리언스에서는 빈곤층의 47퍼센트가 차가 없었다.[23] 게다가 2000년 인구 조사에 의하면 뉴올리언스 주민 중 장애인은 수십만 명에 달했고, 65세 이상의 주민 중 50퍼센트 이상은 한두 가지 이상의 장애를 갖고 있었다.

설상가상으로 카트리나가 몰아친 때는 월말이어서, 한정된 수입과 빈곤가정 임시지원책에 의존해서 사는 사람들은 돈이 거의 바닥난 상태였다. 카트리나 사태의 문제점을 규명하는 의회 청문회에서 민주당 하원위원 진 테일러는 연방비상재난관리청의 수장인 마이클 브라운에게 이 사실을 지적했다. "재난관리청의 그 모든 시나리오에는 그날이 28일이었다는 것, 많은 사람들이 사회보장 연금이든 퇴직 연금이든 고정 수입으로 살고 있다는 것, 그들이 그 달에 필요한 물품들을 구입하느라 남은 돈이 없었다는 사실이 포함됐을 겁니다. 다만 예상치 못했던 것은 자동차에 기름을 한 번 더 넣어야 했다는 사실입니다. 그 아수라장을 빠져나가는 데만 갤런당 거의 3달러나 되는 가격으로 말이죠." 브라운은 그런 계획을 짜는 것은 재난관리청이 할 일이 아니라고 항변했다. "차에 넣고 이동할 5갤런의 기름을 모든 주민들에게 공급하는 것은 연방정부가 맡은 일이 아닙니다."[24]

재난관리청에 그런 의무가 있든 없든 카트리나가 지나간 후 밝혀진 사실은 아무도 그 일을 하지 않았다는 것이다. 당국이 뉴올리언스 주민 전원을 어떻게든 대피시키려 했다면, 그리고 강제 추방이라는 방법을 쓰고 싶지 않았다면, 대피할 방법이나 이동수단이 거의 없는 사람들이 빠져나갈 수 있도록 버스 부대나 철도를 활용하는 방법과 함께 현금 지원 방식도 생각해봐야 했다. 물론 돈이 들었겠지만 허리케인이 닥친 후 그들을 구조하는 데 드는 돈보다는 적었을 것이다.

뉴올리언스 대피 계획에 의하면, 내긴은 시내 피해 지역이나 위험 지역의 모든 주민 또는 일부 주민들에게 대피하라고 지시하거나 그들을 강제로 대피시킬 수 있는, 꼭 필요하고도 합법적인 권한이 있었다.[25] 자동차가 없거나 생명 유지를 위해 특수 보조 인력이 필요한 주민들을 대피시키기 위한 특별 조치도 취할 수 있었다. 하지만 시장인 그는 가난하고 차가 없고 허약한 주민을 대피시키기 위한 조치를 취하지 않았고, 시 당국은 오도 가도 못하는 사람들을 시외로 내보낸 게 아니라 시 중심지에 있는 초대형 축구 경기장으로 결집시켰다(이런 조처는 기존의 최선의 대피책과 시 당국에서 직접 작성한 계획에도 위배되지만, 대피 명령이 너무 늦었고 그래서 버스 기사들도 거의 남아있지 않았던 상황을 감안하면 필요한 조치였음을 강조하고 싶다).

경기장으로 가는 길이 금세 인파로 넘쳐나자, 그제서야 당국자들은 그곳으로 모여들 인원을 어이없을 정도로 잘못 예측했음을 깨달았다. 결국 2만 명이나 되는 사람들이 경기장에 집결했는데, 그곳은 이미 전기가 나가고 지붕도 날아가 뻥 뚫려 있었으며 하수도까지 막혀서 악취가 진동하는 상태였다. 컨벤션 센터에도 수천 명이 모였는데, 당국이 주민들을 그곳으로 집결시켰는지 아니면 고지대에 있는 중심 시설이어서 사람들이 자연스럽게 모였는지는 분명치 않다. 하지만 사태가 가라앉은 후 당시 상황을 해부하고 비판적으로 분석한 수많은 보고서가 보여주듯, 도시를 떠나지 못해 마지막 피난처에 의지해야 할 주민들 수를 당국자들은 완전히 잘못 계산했다.

도시 주민들의 빈곤함과 교통 약자의 처지는 허리케인이 닥치기 전부터 잘 알려진 사실이기 때문에 대비책을 세우지 못한 것을 무지의 탓으로 돌릴 수는 없다. 그것은 사회적 거리가 초래한 계획의 실패였다. 대부분 가난하고 늙고 병들어 대피하지 못한 뉴올리언스 주민들은 대피 계획을 세운 당국자들의 관심권 밖에 있었던 것이다. 교통수단과 차 없는 가구의 비율, 빈곤율 등 객관적 정보는 얼마든지 얻을 수 있었지만, 뉴올리언스의 엘리트층은 그러한 정보에 무심했다. 그래서 판단을 내리는 데 참고하지도 않았다. 어쩌면 대피하지 못한 주민들이 겪은 괴로움 중 한 가지라도 그들이 경험해 봤다면 사정이 달라졌을지도 모른다.

카트리나 사태 이전에도 사회적 거리 때문에 자연재해가 사회적 재난으로 악화된 사건이 있었다. 1995년 7월, 시카고에서는 일주일 동안 기록적인 폭염으로 700명 이상이 숨졌다. 사회학자 에릭 클리넨버그는 그 비극이 근본적으로 사회적 거리에서 초래됐음을 집중 조명함으로써 재난에 관한 기념비적인 연구를 남겼다.[26] 사회에서 가장 소외된 사람들, 특히 혼자 사는 가난한 노인들은 당국과 이웃의 눈에 띄지 않았고, 그래서 그런 사람들이 주로 목숨을 잃었다. 시카고 시장인 리처드 데일리는 기자들에게 "날이 정말 뜨겁죠. 하지만 그것을 너무 과장하진 맙시다"[27]라고 했지만, 쿡카운티 검시소에서는 시신들이 수용량을 넘어 밀려들고 있었다.

'장기전'에서 싸우기

지난 10년 동안 미국인들의 삶에서 꾸준히 진행되는 것이 한 가지 있다면 그것은 전쟁이다. 9·11 사태가 일어난 직후부터 이 글을 쓰고 있는 지금까지 미국은 휴전이나 소강상태 없이 계속 전시체제다. 로버트 게이츠 전 국방 장관의 표현을 빌리면 '미국 역사상 최장기 전투'[28]라고 할 수 있다. 미국은 아프가니스탄과 이라크에 수십만 명을, 예멘과 파키스탄에 수십 개의 특수부대를 파병했으며*, 그 밖의 여러 나라에도 군대가 주둔하고 있다. 국방비 총지출은 2000년에서 2010년 사이에 83퍼센트나 늘어났으며, 아프가니스탄에서 벌이고 있는 전쟁은 제2차 세계대전보다 더 오래 지속되고 있다.

베트남 전쟁 이후에는 볼 수 없었던 무력 전쟁은 지난 10년 동안 사실상 이 나라의 평상시 상황이 되었고, 지난 10년 동안 우리가 떠맡은 무력 전쟁의 강도와 기간은 상상을 초월하는 자원과 인력을 요구했다. 그만큼 희생이 컸다는 말이다. 이라크와 아프가니스탄, 그리고 파키스탄에 쏟은 전쟁 비용은 지난 10년 동안 1조 달러를 넘어섰다. 이는 물가 인상을 감안하더라도 루즈벨트

---

* 2015년에 미군은 예멘에서 모두 철수했다.

대통령이 뉴딜정책에 쏟은 돈의 2배가 넘는다. 혹은 마셜플랜에 투입한 돈의 10배다.[29] 하지만 더 가혹한 대가는 인명 손실이다. 작전 중에 6천 명 이상의 미군이 전사했고, 군복무 중 또는 군복무를 마친 후 2천 명 정도가 스스로 목숨을 끊었다. 부상병은 4만 7천 명이 넘었고, 그 중 1만 4천 명은 팔이나 다리가 절단되는 중상을 입었다.[30]

가까스로 부상을 피한 군인들마저 수십 년 만에 가장 가혹한 복무 조건을 강요받고 있다. 베트남 전쟁 중에는 보통 한 번 파견되어 평균 6개월을 복무했다. 걸프전 동안에도 보통 한 번만 파견되어 평균 153일을 복무했다.[31] 하지만 지금은 평균 복무 기간이 13개월이고 군인 중 3분의 1 이상이 두 번 이상 파견된다. 이러한 정책 때문에 당사자들은 막중한 정신적·감정적 희생을 치러야 했다. 2007년 브루킹스 연구소가 진행한 조사에 의하면 이라크에 한 번 파견된 군인 중 외상 후 스트레스 장애를 보인 비율은 12퍼센트인 반면, 세 번 이상 참전한 군인은 27퍼센트에 달했다.[32] 2008년의 조사에 의하면 3,400명의 장교 중 88퍼센트가 이라크가 '미국의 군사력을 위험할 정도로 약화'시켰다고 생각했고, 거의 절반에 가까운 수는 이라크가 '미군을 무너뜨렸다'고 답했다.[33]

그런데 이런 희생을 전 국민이 골고루 치른 것은 아니었다. 우선 배급제도나 세금 인상, 또는 두 가지 모두를 통해 민간인들도 고통을 분담했던·이전의 전쟁들과 달리, 지난 10년간의 전쟁은 정부 부채를 통해 비용이 조달됐다. 같은 기간에 개인의 소득세에서 들어온 연방 총 세수는 물가 상승률을 반영했을 때 30퍼센트나 줄어들었다. 군인이 아닌 납세자들에게 오늘날의 전쟁은 말 그대로 전혀 비용이 들지 않는다. 밥 호마츠는 미국의 전쟁 비용에 대한 광범위한 연구에서 "조지 W. 부시 대통령은 막대한 전쟁 비용을 위한 국방비 지출과 세법 제정에 찬성하고 서명했는데, 이는 매디슨 대통령부터 링컨, 윌슨, 프랭클린 루즈벨트, 트루먼, 심지어 존슨과 레이건 대통령까지 지켰던 전통, 즉 대규모 군사 개입에 필요한 비용은 세금 인상이나 민간 지원 사업의 감축, 때로는 두 가지 모두를 시행하여 조달했던 전통을 깬 조치다"라고 강조한다.

중요한 사실이 또 있다. 미국 시민 중 전쟁에 나갈 수 있는 나이의 성인은 9천만 명이지만 무장한 군대에서 복무하는 군인은 이 인원의 2퍼센트도 안 된다는 것이다. 인구 대비 비율로 따져 보면 제2차 세계대전 이후 최저 비율이다. 전쟁이 계속된 지난 10년 동안 한 번이라도 관련 기사를 쓴 기자라면, 전체 인구에 비해 참전의 짐을 진 군인들은 극소수라는 사실에—현역은 140만 명, 직계 가족은 310만 명[34]—깜짝 놀랐을 것이다.

더 충격적인 것은 군인과 그 가족들의 계급이 능력주의 미국 사회에서 성공한 계급과 까마득하게 거리가 멀다는 사실이다. 에

이미 러츠는 2008년에 발표한 논문 「누가 군대에 가는가: 인종과 계급, 이민자 계층 연구」에서 "가구 소득이 높을수록 군 복무율은 낮아진다"[35]고 했다. 자세히 살펴보면, 군대 내에서 부호의 자녀들이 차지하는 비율이 낮고 소득 상위 25퍼센트가 군복무를 한 비율은 하위 25퍼센트에 비해 현격하게 낮았다. 그녀가 내린 결론은 경제적 상류층은 군복무를 할 가능성이 극히 낮다는 것이다. 실제로 모병제를 실시한 이래, 노동계급과 중간계급 출신의 입대 비율은 지나치게 높은 반면, 상류계급 출신 중 입대한 사람은 거의 없었다.

경제적 상류층뿐 아니라 정치 엘리트도 마찬가지다. 1995년 이전에는 대체로 국회의원의 군복무 비율이 전체 평균보다 더 높았지만, 그 이후로는 계속 낮은 수준이다. 이에 대해 노스캐롤라이나 공화당 의원 월터 존스는 분명히 정치인과 군인 사이에 '정서적 단절'이 있다고 말한다.

보수주의자인 존스는 이라크 전쟁에 찬성표를 던졌지만, 양심의 위기를 겪은 후 의회에서 반전 목소리를 내는 데 주도적인 역할을 하고 있다. 최근에는 전쟁을 결정하는 국회의원들과 전쟁에 나가는 군인들 사이의 골을 메우는 일에 헌신하고 있다. 그는 군 복무를 하지 않았지만, 그의 선거구만 해도 군사기지가 세 곳이나 있고 6만 명의 현역 군인이 거주하고 있다. 그의 의원실 외부 벽에는 이라크와 아프가니스탄에서 목숨을 잃은, 자신의 선거구 출신 군인들의 사진이 붙어 있다. 그는 순직한 군인들의 장례식에도 자주 참석하고 월터 리드 육군 의료센터도 종종 방문한다. 회의장에 갈 때는 늘 군인 아버지를 잃은 어린아이들의 사진을 가지고 가서 전몰장병을 기리는 글을 낭독한다. 희생 장병과 관련한 꾸준한 활동은 군복무를 하지 않은 자신과 전쟁으로 인한 희생을 맨 먼저 치러야 하는 선거구민 사이의 거리를 좁히려는 노력으로 보인다.

이러한 거리는 의회와 군인 사이만이 아니라 군인과 다른 모든 계층 사이에도 존재한다. 국방 장관을 역임한 로버트 게이츠는 2010년 듀크에서 행한 연설에서 이 문제를 언급했다. "제복 입은 이들에 대한 애정에도 불구하고, 대부분의 미국인들에게 전쟁은 여전히 추상적인 사건입니다. 먼 곳에서 전해오는 불행한 소식들이 국민 개인들에게는 아무런 영향을 미치지 않기 때문입니다."[36]

'민간인과 군인 사이의 골'은 미국인들의 삶에서 오래된 특성이지만, 현재의 극심한 계급 분리는 상당히 최근에 일어난 현상이다. ROTC 제도를 중심으로 군대와 명문 대학의 관계를 연구한 매디슨 위스콘신 대학의 정치학 교수 도널드 다운스는 민간인-군인 사이의 골이 초래하는 대가는 '양쪽 모두의 시민 정신 훼손'이라고 주장한다.[37] 오늘날 의사결정을 하는 절대다수의 엘리트 계급과 군인 계급 사이의 거리가 까마득하게 벌어지면서 국민들은 '엘리트는 국방의 의무에서 면제되었고, 눈에 보이지 않는 문제는 생각도 하지 않는다'고 판단하게 되었다. 이는 결국 사회 통합을 좀먹는 반감으로 이어질 수 있다. 다운스가 보기에 '좌파든 우파든' 모든 국민들은 이런 상황을 걱정하고 있다.

ROTC는 원래 민간인과 군대 사이의 간극을 좁히려는 의도로 창설됐다. 하지만 다운스는 육군 사관학교 출신의 장교들이 사실상 미국 사회로부터 스스로를 고립시키고 있다며 우려한다. 게다가 그들은 미국의 다양한 가치관을 수용하지도 않는다고 본다. ROTC는 1990년대에 인적 자원을 최대한 활용하기 위해 북동부와 동서부 연안에서 본부를 옮겨, 군 지원자가 가장 많은 남부와 중서부 지역에 대부분의 자원을 투입했다. 비슷한 시기에 '묻지도 말하지도 말라'* 정책을 시행하기 시작하자 거의 모든 명문대학이 ROTC를 캠퍼스에서 몰아냈다. 베트남 전쟁 이후 대부분의 학교에서 이미 ROTC가 자취를 감추긴 했지만 말이다. 그 결과 능력주의 사회의 거의 전 기간 동안 최고 엘리트 양성기관에서는 군인들이 눈에 띄지 않았다. 1956년에 스탠포드 대학의 ROTC 프로그램은 사관후보생 1천 명을 훈련시켰지만, 1970년대 초반에는 그 프로그램이 거의 사라졌고, '묻지도 말하지도 말라' 정책이 폐지된 2011년에야 다시 캠퍼스에 등장했다.

정치학자 마이클 넬슨은 《고등교육신문》에 기고한 글에서, 모

---

* 1993년부터 2011년까지 시행된 미국의 동성애자 군복무 금지제도. 2011년 폐지된 이후에는 공개적으로 커밍아웃한 동성애자도 차별 없이 복무할 수 있게 되었다.

병제의 시행과 명문 대학들의 학군단 추방은 실력 있는 엘리트 계층을 군대에서 이탈시키는 위험한 결과를 초래했고, 이는 그렇지 않아도 전쟁으로 점철된 이 나라가 전쟁이나 그 밖의 군사 행동에 의존하는 경향을 강화시켰다고 주장했다.[38]

베트남 전쟁을 벌이는 동안 반전 운동의 동력이 된 것은 징병제였고, 대중들이 단호하게 전쟁에 반대한 것도 전쟁에 대한 공포와 누구든 강제 징집될 수 있다는 두려움으로 전쟁의 폐해를 직접 체감했기 때문이다. "1969년에는 대학 캠퍼스가 사회 참여의 온상이었습니다. 그런데 2009년에는 대학들이 냉담의 섬이 되었더군요. 아무도 전쟁의 영향을 받지 않기 때문이죠."[39] 펜실베이니아 대학을 졸업하고 이라크와 아프가니스탄에서 해병으로 복무한 네이트 픽이 말했다.

2003년 1월, 한국전쟁 참전으로 훈장을 받았고 이라크 전쟁에 반대했던 찰리 랭겔이 징병제 부활 법안에 찬성하는 것도 바로 그 이유 때문이다. "만일 우리가 징병제를 실시했다면, 그래서 의원들이 자기 선거구의 청년들이 위험한 전쟁터로 파병되리라는 사실을 알았다면, 부시 대통령과 행정부는 절대 이라크를 침공하지 않았을 겁니다. 분명히 그랬을 겁니다."[40]

군복무가 전쟁 찬반 결정에 미치는 영향에 대한 광범위한 연구는 한결같이 랭겔의 통찰력이 정확하다는 것을 증명한다. 우선 군복무 경험이 있고 전쟁을 경험한 이들은 전쟁이나 군사력 사용에 더 회의적인 반응을 보였다. "민간인과 군인 사이의 관계가 군사력 사용에 미치는 영향은 외교 정책팀 내에서도 해묵은 논쟁거리입니다."『전쟁 선택하기: 미국의 민간인과 군인 관계와 군사력 사용』을 공동 집필하고 듀크 대학에서 정치학과 공공정책을 강의하는 피터 피버의 설명이다. "어떤 사람들은 군사주의적 사고방식을 우려합니다. 군대에 가면 망치를 든 어린아이들처럼 모든 것이 못으로 보인다는 것이죠. 하지만 대부분의 역사가들은 일이 그런 식으로 일어나지는 않는다고 합니다. 물론 군부가 호전적인 태도를 보일 때도 있지만, 전쟁을 더 꺼리는 쪽은 군부인 경우가 더 많거든요."[41]

전쟁이라는 파괴적인 작전에 국민을 도구로 쓰자는 의회의 결정은 국민이 뽑은 대표자들이 내릴 수 있는 가장 중대하고 무서운 결정이다. 전쟁을 경험하지 않은 정치인들이 무력에 호소하는 경향이 더 강하다면, 현재 민간인 엘리트와 군대 사이에 벌어진 사회적 거리는 참으로 위험한 대가를 요구한다. 그리고 바로 그 대가가 무엇인지를 피터 피버와 그의 공저자들이 밝혀냈다. 그들은 1816년까지 거슬러 올라가 군대에 다녀온 정치인들의 투표 기록을 살폈다. 그 결과 군대 경험이 있는 정치인은 군대 경험이 없는 정치인에 비해 무력 사용에 반대하는 경우가 더 많다는 사실을 발견했다. 피버의 설명이다. "사례를 모두 종합해보면, 클린턴 행정부 시절 매들린 올브라이트와 콜린 파월 사이에 오간 유명한 논쟁을 확장시킨 듯한 패턴이 보일 겁니다." 그 대화란 올브라이트와 콜린 파월 두 사람의 회고록에 기록되었듯, 발칸반도에 미군을 투입할 것인가를 둘러싸고 양측이 벌인 설전을 말한다. 올브라이트는 개입에 찬성했고 파월은 반대했다. 논쟁을 하던 올브라이트가 파월에게 물었다. "우리가 사용하지도 못할 거면 당신이 항상 말하는 최고의 군대를 보유하는 게 무슨 소용이 있습니까?" 회고록에서 파월은 이 말을 들었을 때 혈관이 꽉 막힌 느낌이었다고 했다.[42]

피버와 함께 위 책을 쓴 크리스토퍼 겔피에 의하면, 군부 엘리트층과 병역을 마친 사람들은 군사력을 꼭 사용해야 한다면 그것이 상대국보다 압도적으로 강해야 하고 출구 전략을 미리 마련해야 한다는 믿음을 대체로 공유하고 있다. 이것은 널리 알려진 파월 독트린*에서 제시한 원칙 중 하나다. 네이트 픽의 경험도 다르지 않다. "제가 함께 복무했던 사람들의 전반적인 견해는 미국은 되도록 전쟁에 나서지 않아야 하고, 나서야 한다면 반드시 이겨야 한다는 것이었습니다."

이라크 전쟁과 아프가니스탄 사태를 악화시킨 요인은 여러

---

* 파월이 1990년 미군 합참의장 재직 시절에 작성한 것으로, 미군이 군사 개입을 하기 전에 충족시킬 조건들을 확인하는 다음 질문들로 구성된다. 1. 실질적인 국가 안보가 위협받고 있는가? 2. 달성 가능한 명확한 목표가 있는가? 3. [군사 개입에 따른] 위험과 비용이 완벽하고 투명하게 계산되었는가? 4. 다른 비폭력적 수단이 전혀 없는가? 5. 끝없는 궁지에 빠지지 않기 위한 출구 전략이 있는가? 6. 군사 개입으로 인한 결과를 빈틈없이 고려했는가? 7. 군사개입을 미국 국민이 지지하는가? 8. 국제 사회가 폭넓은 지지를 하고 있는가?

가지다. 미 군사주의의 오랜 유산, 군산복합체의 성장, 9·11 사태에 대한 대응, 그리고 이 나라를 점점 더 군사 개입의 늪으로 몰아가는 전쟁 찬성론자들의 냉혹한 효율성도 빼놓을 수 없다. 하지만 이러한 갈등을 확산시키고 10년 동안 끌어온 것은, 전쟁에 찬성하는 이론가들 및 정치경제 분야의 최고 권력층과 엄청난 개인적 희생을 치르며 지상에서 '오랜 전쟁'을 수행하는 군인들 사이의 사회적 거리다.

금융위기

마이클 루이스가 2008년 금융위기에 대해 대가답게 명쾌하게 정리한 책 『빅숏』에는 놀라운, 하지만 별다른 주목을 받지 못한 일화가 실려 있다. 이 시대 최악의 금융 재난을 불러오는 데 사회적 거리가 어떤 역할을 했는지 그 일단을 엿볼 수 있는 이야기다. 그 일화에 등장하는 헤지펀드 매니저는 자신이 고용한 보모와 우연히 이야기를 나누다가 어떤 통찰을 얻었다. 카리브해 제도 출신이었던 그 보모는 헤지펀드 매니저에게 그녀와 자기 언니가 퀸즈에 연립주택 여섯 채를 소유하고 있다고 했다.[43] 그 매니저가 보기에는 말이 안 되는 일이었다. 보모의 수입으로 그렇게 많은 부동산을 사는 것은 거의 불가능했기 때문이다. 알고 보니 모기지 중개인들이 대출 액수를 늘리기 위해 이민자들을 이용한 것이었다. 이민자들은 대개 신용카드 사용 이력이 별로 많지 않다. 그래서 중개인들은 신용 점수 계산 방식의 허점을 이용해서 그들의 신용 점수를 만들어냈다. 그렇게 되면 그들의 신용도가 실제보다 올라가 주택담보 대출을 더 많이 받을 수 있고, 은행에서는 이를 바탕으로 주택 저당증권 발행량을 늘릴 수 있으므로 이 시스템으로 돈을 버는 모든 사람들에게 마르지 않는 샘이 생기는 것이다.

뉴욕의 이민자 공동체 내에 거액의 모기지가 형성되어 있다는 것은 상식이었지만, 그 공동체는 월가의 핵심 그룹으로부터 철저히 차단되어 있었다. 월가에서는 이런 모기지가 자산 유동화 증권으로 탈바꿈하여 수조 달러 규모의 수익을 창출해내는 곳인데 말이다. 그러므로 연봉이 100만 달러인 헤지펀드 매니저와 그의 보모가 운명적으로 마주치지 않았더라면 그 두 세계가 연결될 가능성은 거의 없었을 것이다.

처음에는 빈민촌에서만 도는 질병처럼, 악성 대출 관행과 사기는 노동계급의 '서브프라임' 대출자들 사이에서만 퍼졌다. 그동안 주류 경제세력은 대부분 그들의 곤경을 무시하고 자기들 방식대로 밀고 나아갔다. 무지에서든 그 질병이 자기들에게는 영향을 주지 않으리라는 근거 없는 자신감에서든 말이다. 서브프라임 대출자들의 처지를 잘 아는 지역 활동가들에게는 이런 상황이 암울한 결과로 발전하는 장면이 슬로모션처럼 훤히 보였다. 모기지 산업 전체가 어둠을 향해 방향을 바꿨음을 감지하고 누구보다 먼저, 그리고 지속적으로 경고를 보낸 주인공도 그들이었다. 하지만 그들의 목소리에 귀를 기울이는 이는 거의 없었다.

가장 적극적으로 경계 경보를 울린 곳이 노스캐롤라이나 더럼의 비영리기관인 책임대출센터(CRL)다. 이 기관의 모체라 할수 있는 셀프헬프는 비영리 대출기관으로 신용조합을 운영하면서 소상공인과 지역개발 사업체에 대출을 해주었다. 이 기관에서는 〈멋진 인생〉* 시대에 그랬던 것처럼 상담자와 대출자가 서로 얼굴을 보고 거래한다. 셀프헬프가 수입이 낮은 '서브프라임' 대출자들을 상대로 하면서도 금융위기 때 망하지 않은 것은 이러한 사회적 친밀성 때문이었다. CRL에서 선임 대출 상담자로 일하는 메리 무어는 이렇게 설명한다. "셀프헬프의 성공을 얘기하자면, 그 성공 요인 중 하나는 대출자들과 오랜 시간을 보낸 것이었어요. 그것을 우리는 '인간적인 접촉'이라고 하죠." 이는 '단절된 접촉'의 반대말이라 할 수 있다.

셀프헬프의 CEO인 마틴 에크스가 모기지 시장에 일어난 변화, 즉 처음에는 대출자들을 파산시키고 마지막에는 전 세계 경제까지 붕괴시킬 기미를 처음 포착한 것도 이 사회적 친밀성 덕분이었다. 1998년 어느 날 한 남성이 완전히 넋이 나간 얼굴로 셀프헬프 사무실 문을 두드렸다. 어소시에이츠라는 금융기관에게

---

* 1946년에 미국에서 개봉한 크리스마스 판타지 영화. 평생 착하게 살아온 주인공이 실패를 거듭한 후 좌절하여 자살을 시도하지만, 천사의 도움으로 삶의 의미를 찾고 행복한 삶을 살게 된다.

약탈적 대출이라는 뻔한 수법에 당한 것이었다. 처음에 그들은 매달 지불할 금액을 낮춰준다고 약속하며 티져금리*로 그에게 재융자**를 받게 했다. 얼마 지나지 않아 이자가 급등하자, 그들은 다른 재융자를 제안했다. 재융자를 받을 때마다 대출기관은 수수료를 받았고, 그의 잔액이 바닥날 때까지 빼앗아 갔다. 그래서 그는 절박한 심정으로 직접 셀프헬프를 찾아왔던 것이다. 그때는 재융자할 여력이 없었고, 매월 갚아야 할 돈도 밀렸으며, 집까지 잃을 처지였다. 메리 무어는 그날을 이렇게 회상한다. "그 사람은 마틴과 상담을 했는데, 거의 실성한 표정으로 죽어도 그 집을 날리면 안 된다고 외쳤죠. 혼자서 어린 딸을 키우고 있던 그로서는 그 집이 아이 엄마와 연결되는 유일한 끈이었던 거예요."[44]

그래서 마틴 에크스가 대출기관인 어소시에이츠에 직접 전화를 걸어서 그 남자가 갚아야 할 돈이 얼마냐고 물었다. "그 사람들은 액수를 알려주려고 하지 않더군요. 대출자 본인한테도요. 사실상 그 남자가 망할 때까지 이용하려 한 거죠. 그를 이용해서 돈을 벌었는데 말입니다." 그 일을 겪으면서 에크스는 깨달은 바가 컸다. 이제 그는 대출기관의 관행이 얼마나 악랄해졌는지 훤

---

* 모기지 차입자에게 상환기간 중 첫 2~3년간 적용되는 낮은 금리. 주로 모기지 대출기관이 판촉을 위해 고객에게 제시한다.

** 한 번 받은 융자를 다른 조건으로 다시 받는 것을 말한다. 재융자를 받는 이유는 크게 두 가지로, 하나는 이자율이 낮은 상품으로 바꾸기 위한 것이고, 다른 하나는 추가 대출이 필요해서 미상환 잔액보다 더 많은 액수를 대출받아 기존 융자금을 상환하고 남은 액수를 다른 목적으로 쓰기 위한 것이다.

히 알고 있다.

셀프헬프는 CRL을 분리시켜 자료 조사와 정책 홍보에 집중하게 했다. 그리고 얼마 지나지 않아 CRL은 서브프라임 금융 분야에서 급성장하는 시장—소액 신용대출에서 미끼상술을 쓰는 탈법적인 모기지까지—을 날카롭게 감시하고 비판하는 세력이 되었다. 주택 가격 거품이 확대되고, 증권화가 가속화하고, 대출 심사 기준이 허술해지면서 CRL 연구팀은 대외적으로 경고의 목소리를 내기 시작했다. "저희는 2006년에 향후 5년간 서브프라임 시장에서 한 해에 220만 달러 규모의 압류가 시행될 거라는 보고서를 발표했어요."[45] CRL 분석가 웨이 리가 말했다. "하지만 비웃음만 샀죠."[46]

나중에 드러났듯이 그 보고서의 분석은 거의 정확했다. 2006년과 2010년까지 5년 동안 실제로 1천만 달러의 서브프라임 압류가 있었던 것이다.[47] 또한 2006년에 웨이의 연구팀은 서브프라임 대출 중 20퍼센트라는 충격적인 비율이 향후 2년 동안 압류로 이어질 거라는 예측도 내놨었다. 그와 함께 재앙을 향해 가는 금융업계의 걱정스러운 추세를 하나하나 나열했다. '느슨한 대출 심사 기준, 약탈적 대출, 제3의 자산보유자/책임부재, 허술한 감독' 등이 그것이다. 웨이는 2003년부터 2006년까지 시장이 정말 미쳐 돌아갔는데 아무도 신경 쓰지 않았다며 한탄했다.

CRL이 주택 시장에 대재앙이 오고 있음을 예측하고 있을 때,

당시 연방준비제도 이사회 이사였고 의장으로 지명된 상태였던 벤 버냉키는 주택 시장을 우려하는 사람들을 안심시키고 있었다. 2005년 7월에는 '주택 시장의 토대가 아주 탄탄하다'고 장담했고, 2006년 2월에는 이렇게 말했다. "주택 시장의 열기가 식기야 하겠지만 그렇게 급격하게 식지는 않을 것으로 보입니다. 거래가 약화되고 주택 가격 상승이 둔화하고 있긴 하지만, 이것들이 다른 경제부문까지 심각한 영향을 주지는 않을 겁니다."[48] 하지만 그 무렵 CRL 임원들뿐 아니라 비슷한 비영리기관들까지 직접 연방준비제도 이사회 관계자들을 만나 앞으로 벌어질 상황을 경고하고 있었다. "일반인들은 정부의 감독기관들이 얼마나 많은 정보를 갖고 있었는지 모르는 것 같아요." CRL 최고운영책임자 데비 골드스타인이 말했다. "수많은 민원이 들어왔고, 조사도 많이 했기 때문에 그들은 규범에 따라 조치를 취할 수 있었어요. 그런데 그 규범에 맞게 처리하는 데 시간이 너무 오래 걸린 거죠. 연준은 수상할 정도로 조치가 느렸어요."[49]

CRL의 조사에 의하면, 그들의 우려사항에 대해 주 정부는 연방정부보다 더 신속하게 대처했다. 그 이유는 근본적으로 약탈적 대출의 피해자들과 주정부 당국자들의 사회적 거리가 더 가까웠기 때문이다. "주 의원들의 선거구에는 당연히 부실 대출을 받은 유권자들이 있었고, 의원들도 그 유권자들의 상황을 들었을 겁니다."[50] 골드스타인이 한 얘기다. "주 의원 중에는 금융업계에서 일했던 사람들도 있고, 부동산 중개인이었던 사람도 있고, 또는 누군가에게 사기를 당한 사람도 있었을 겁니다. 그래서 이런 금융상품들이 어떤 결과를 초래할지 훨씬 더 잘 파악한 겁니다."

하지만 그동안 통화감독원이 비교적 엄격한 규제를 철폐하고 느슨한 규제를 적용하는 동안에도 금융기관들의 악습을 단속할 가장 큰 권위와 힘이 있는 연준은 딴청을 피우고 있었다. CRL의 한 직원은 내게 이렇게 말했다. "보통 사람들이 전혀 생각지 못한 지역에서 사태가 벌어지니 그제야 전국적인 문제가 되더군요."[51] 〈인사이드 잡〉에서 찰스 퍼거슨 감독은 연방준비제도 이사회 이사이자 소비자 권리침해를 감시하는 연준 공개시장위원회에서 일했던 프레드릭 미시킨을 만났다. CRL의 제휴기관 그린라이닝 연구소 소장으로서 연준 사람들과도 몇 차례 만났던 로버트 그나이즈다에 대해 이야기하면서 퍼거슨은 대놓고 문제 제기를 한다.

찰스 퍼거슨: 그나이즈다는 더할 나위 없이 명확하게 앞으로 어떤 일이 벌어질지를 경고했고, 연방준비제도 이사회에도 참석하여 당시 흔하게 이뤄지던 형식의 대출 자료를 제출했습니다. 이사회 임원들은 그의 말을 경청했지만, 그 다음에는 아무 조치도 취하지 않았더군요.

프레드릭 미시킨: 아 네. 음, 아까 말씀드렸듯이, 저, 저는 자세한 내막을 잘 모릅니다. 어, 그러니까, 사실, 저는 전혀 아무것도,

어, 그분이 어떤 자료를 가져왔는지, 저는 정확히, 저는, 그것은 사실, 그, 그런 이야기를 한 기억이 안 납니다. 하지만, 분명히, 어, 어떤 문제가, 어, 일어나고 있었죠.

그런 문제가 일어난 것은 연준의 조직이 피드백을 주고받기가 극도로 어렵게 구성되어 있기 때문이기도 하다. 연준은 지역적으로 너무 집중되지 않도록 연방준비법에 따라 전국 12개 도시에 지점 은행을 설립했다. 그렇게 하면 은행들이 각 지역의 문제에 대응할 수 있으리라 생각한 것이다. 하지만 지역 은행 이사회 구성원들은 모두 은행가들이고, 연준 이사회에서 일할 대표자를 뽑을 때도 그 은행가들에게 투표권이 있다. 이 말은 국내에서 가장 강력하고도 유일한 경제조직 운영자들을 대부분 은행가들이 뽑는다는 것이다. 하지만 지난 10년간 값비싼 대가를 치르고 우리가 배운 것처럼, 경제에 관한 은행가들의 정보는 유일하지도 않을 뿐더러 그들의 이해관계가 일반 국민의 이해관계와 반드시 맞아떨어지는 것도 아니다.

여기서 잠깐 상상해보자. 만약 연준 이사회가 소비자를 대변하는 사람들을 포함해야 한다면, 더 나아가 은행 고객들을 포함해야 한다면 상황이 어땠을지 말이다. 혹은 벤 버냉키나 프레드릭 미시킨이 주택 차압이 사회적 병폐로 퍼져나간 동네에 살았다면 어땠을까. 그래서 그들이 압류 주택 표지판을 지나가야 하거나 집을 압류당한 충격에 넋이 나간 이웃들을 상담해야 했다면 말이다. 꽉 막힌 회의실에서 통계자료를 흔드는 거만한 개혁론자들과 하는 회의는 어떤 기억을 남기고, 두려움과 절망에 빠진 채 눈앞에서 집을 압류당한, 혼자 자식을 키우는 아버지와의 단 한 번의 대화는 어떤 기억을 남길까. 공식 채널을 통해 제시된 정보와 매일 관찰한 경험에서 쌓인 잠재의식의 차이는, 얼어붙을 듯 추운 사무실에 앉아있는 것과 15마일 떨어진 따뜻한 사무실에서 그냥 온도계의 숫자를 보는 것의 차이와 같다. 또한 뉴올리언스 사태에서 겪은 것처럼, 빈곤과 장애에 관한 통계를 보는 것과 차가 없어서 집에서 꼼짝 못하는 가난한 사람들과 함께하는 것 사이의 차이다. 이라크 전쟁에 관한 신문기사 제목과 사제 폭탄에 뇌손상을 입은 친척만큼이나 큰 차이다.

금융 시장이 갈수록 복잡해지고 증권화 시장이 폭발적으로 성장함에 따라, 그동안 서로 만날 일이 거의 없었던 세계의 사람들은 보이지 않지만 떼려야 뗄 수 없는 관계로 연결됐다. 예를 들면, 변동금리 모기지를 갖고 있는 사우스캐롤라이나의 노동계급 할머니와 노르웨이 연금 생활자의 사회적 거리는 여전히 까마득하게 멀지만, 그들의 경제적 거리는 급격히 줄어들었다. 연금 생활자가 가입된 펀드가 노동계급 할머니의 모기지 담보증권 일부를 구입했기 때문이다. 그리고 그 두 사람의 거리를 메워줄 다른 기관이나 제도가 전혀 없었기 때문에 그 광대한 어둠속에서 무서운 재앙이 꽃필 수 있었다.

후기능력주의 미국 사회에서 일어난 금융위기의 가장 중요한 교훈은 무엇일까. 바로 만연한 빈부격차, 구획화, 계층화가 최상 류층으로 하여금 극도로 위험하고 병적이기까지 한 자기도취에 물들게 했다는 것이다.

배의 아래층 갑판에 물이 새어 하인들의 선실이 물로 가득 찼 지만, 위층에서는 그것이 배 전체를 가라앉히리라는 것을 내다보 지 못했다. 칵테일은 계속 돌았고, 악단은 연주를 계속했으며, 월 가에서는 신나는 파티가 끊이지 않았다. 주택 가격 거품이 확산 되는 동안 서브프라임 대출자들이 물속에 빠지고, 그들의 재산과 주택이 사라지는 와중에도 말이다. 물이 계속 새들어 맨 위층 갑 판까지 올라왔을 때에야 음악이 멈추며 파티도 중단되었고, 배 전체가 금방이라도 가라앉을 것 같은 위기가 왔다.

맨 꼭대기층 갑판에 있던 사람들에게 그때가 얼마나 일촉즉 발의 위기였는가를 생각해보면, JP모건 체이스의 CEO 제이미 다이먼과 은행가들, 그리고 업계의 거물들을 비롯한 상위 1퍼센 트가 당시의 위기에서 얻어야 할 가장 소중한 교훈은 다음과 같 은 것이리라. '맨 아래층 갑판에 있는 사람들의 운명을 무시하면 내 목숨도 위험하다.' 서브프라임과 프라임으로 나뉜 경제는 굉 장히 위태롭다. 서브프라임 영역에서 일어나는 약탈행위는 조만 간 프라임 영역의 구성원들을 희생양으로 삼기 때문이다.

하지만 통탄스럽게도 이런 교훈을 새기는 사람들은 거의 없었다. 그리하여 우리 경제는 다시 한 번 프라임 경제와 서브프라임 경제로 양분되었다. 거의 모든 주요 기관들도 전례 없이 신속하고 강력하게 프라임 경제를 되살리는 쪽으로 움직였다. 반대로 80년 만에 가장 극심한 가뭄과 궁핍을 겪고 있는 서브프라임은 저절로 회생하기를 바라며 방치하고 있다. 부실자산구제 프로그램 의회감시패널에서 일했고, 미국노동총연맹 · 산별노조협의회 변호사이기도 한 데이먼 링커는 이렇게 정리한다. "개인 자산이 대부분 현금 시장에 있다면, 지옥의 맛을 봤을 것이다. 하지만 2007년에 갖고 있던 자산의 70퍼센트는 회복할 수 있다. 만일 개인 자산이 주로 집이라면 그 사람은 망한 것이다. 그런데 미국 국민 중 80퍼센트 정도는 그들의 유일한 자산이 집이다."

금융위기 이후 전체적인 경제성장은 지지부진 했지만, 주식은 유례없이 높은 수준을 유지하고 있고, 물가 인상을 감안한 기업 수익은 최고 기록에 가까울 정도로 높다. 주식 시장은 금융위기 때의 손실액을 회복했고 다우존스 지수는 다시 13,000 이상으로 올랐다. 성인 인구의 30퍼센트를 차지하는 4년제 대학 졸업자의 실업률은 4.5퍼센트를 약간 웃도는데, 이 수치는 금융위기 이전의 수준이며 완전 고용에 해당한다. 금융위기 이후 경력이 좋은 신임 변호사들의 계약금을 크게 삭감했던 대형 법률 회사들은 오히려 금융위기 전보다 더 높은 수준으로 계약금을 올렸다. 월가에서는 보너스 액수가 다시 기록을 갱신하고 있다.

한편 '실물 경제' 또는 정치인들이 말하는 '메인스트리트'는 대공황 이후 가장 오랜 기간 침체에서 헤어 나오지 못하고 있다. 중간계급 전문가층에서는 신용 위축 현상이 나타나는데, 이는 지역 재투자법*이 금융기관의 대출 거부를 금지하기 전 도심 소외지역의 처지를 떠올리게 한다. 개인 파산은 지속적으로 증가하여 사상 최고치에 가깝다. 금융위기가 지난 지 40개월이나 됐지만 실업률은 8퍼센트를 계속 상회한다. 취업을 포기한 사람들까지 포함하면 16퍼센트가 넘는다. 수백만 명이 미국 역사상 최장기간의 실업상태에서 빠져나오지 못하고 있다.[52]

여론 조사에서는 변함없이 경제 회복과 취업률 상승이 최우선 과제로 꼽히지만, 정치인들은 경기 부양과 직접적인 일자리 창출을 요구하는 목소리에 완전히 귀를 닫은 것 같다. 주가가 오르고 성장률이 약간 회복되자마자 공화당과 민주당에서 가장 중점적으로 나온 얘기는 재정적자를 어떻게 얼마나 줄일 것인가였다. 백악관에서는 재정적자 문제를 '최대 현안'으로 내세웠고, 월가와 보수주의 정책 연구소들, 공화당은 미국 정부의 부채 규모에 대해 무시무시한 경고를 보내면서 사회보험을 제공하는 국가의 기본체제를 근본적으로 해체해야 한다고 역설했다.

프라임 경제를 운영하는 사람들이 주장하는 정책은 금융위기

---

* 중소기업, 소농민, 중산층 이하 계층 등 지역사회의 저소득층이 대출 취급에서 소외되지 않도록 하고 금융기관들이 지역 사회에 대출 편의를 제공하는 것을 의무화한 법.

이전 시기에 그들이 주장하던 정책과 사실상 똑같다. 그들에게는 엄청난 수익을 보장하지만 국민 대다수에게는 실질적이고 지속적인 이익이 되지 못하는 정책들이다. 바로 그런 정책들로 인해 주택 가격 거품과 신용 거품 문제가 생겨 수많은 서민이 파산하고 경제 엘리트들까지 파산 위기로 몰고 가지 않았던가. 그러므로 이와 똑같은 프로그램을 다시 시작하자고 하면 누구나 정신병자의 주장이라고 생각할 것이다.

하지만 금융위기와 그 후의 구제금융을 보며 우리가 얻은 진짜 교훈이 있다. 그것은 서브프라임 경제가 프라임 경제를 붕괴시킬 것 같은 위기가 닥치면 무소불위의 정부가 개입하여 프라임 경제를 구해내리라는 것이다. 만일 이게 사실이라면, 월가와 상공회의소와 그 외 미국 사회의 엘리트 조직 입장에서는 그들을 망하게 할 뻔했던 경기 순환이 반복된다 해도 무슨 걱정이겠는가? 배가 가라앉더라도 자신들의 구명보트는 충분히 확보해 놨으니 빙하가 무서워 안절부절못할 이유가 없는 것이다.

민주주의 사회는 항상 소수가 다수의 원칙에 희생되지 않게 그들의 권리와 이익을 보호하는 데 최선을 다해야 한다. 하지만 돌아보면 민주주의 사회는 가장 암담한 곳에서 곤경에 빠진 이들에게 변명의 여지가 없을 정도로 냉혹하고 무관심한 태도를 보였다. 1980년대에 에이즈라는 위기에 직면했던 동성애자, 허약하고 차도 없었던 뉴올리언스 주민들, 서브프라임 대출자들이 바로 그런 대우를 받았다.

하지만 금융위기 이후 우리가 직면한 문제는 그보다 훨씬 엄중하다. 이제 우리 사회는 주류인 다수가 보이지 않는 소수를 탄압하고 외면하는 것이 아니라 그 비율이 뒤집어졌다. 미국의 다수는 이제 자신들이 소수자로 전락했음을 뼛속 깊이 느낀다. 우리 대부분이 서브프라임 구성원이 된 것이다.

보이지 않는 계급은 원격으로 우리를 통치하고 있다. 그들은 치렁치렁한 예복도 입지 않았고 주교관도 쓰지 않았지만, 대중과 뚜렷이 구별되는 그들 나름의 방식이 있다. 궁극적으로 사회적 거리는 구제금융을 받을 사람들과 받지 못할 사람들 사이의 거리다. 까마득하게 벌어진 그 거리 때문에 이제 이 공화국과 국민들을 하나로 묶고 있는 대의제의 끈은 금방이라도 끊어질 것처럼 팽팽해졌다.

7장

종교가 된
능력주의에서 벗어나려면

/

　이 책을 쓴 2년 남짓한 기간 동안 나는 친구와 지인 수백 명을 만나 이 주제에 관해 의견을 나눴다. 내가 활동하는 분야의 성격상 대다수는 능력주의 구조에 의해 그 자리에 오른 사람들이었고, 그들은 대부분 진보적이지만 능력주의라는 기본 구조를 당연한 원칙으로 여겼다. 그들이 자주 하는 말이 있다. "그래, 나도 상황이 너무 엉망이라고 생각해. 이 사회의 제도와 기관들에 문제가 많지. 하지만 능력주의 사회가 틀렸다면 그 대안은 뭔가? 능력주의 말고 다른 해법이 있나?"

　'능력주의'를 뒷받침하는 근거는 완벽하다. 가장 자격 있는 사람들, 가장 실력 있는 사람들이 가장 책임이 무겁고 중요한 자리에 앉아야 한다는 원칙에 어떻게 이의를 제기하겠는가. 이런 원칙을 폐기하는 것은 말이 안 된다. 복권 추첨으로 의사 자격증을 주거나 정부의 주요 각료들을 텔레비전 리얼리티 쇼 방식의 투표로 뽑을 수는 없으니 말이다. 어떤 분야가 됐든 조직에서 한 번이라도 일해 본 사람은 구성원들 사이에 가끔은 능력과 직업윤리, 효율성에서 큰 차이가 있음을 알 것이다. 이런 차이를 무시하는 조직은 제대로 굴러갈 수가 없다.

하지만 능력주의를 종교처럼 떠받들면 감당하기 힘든 대가를 치러야 한다. 우리는 능력주의의 장점을 과대평가하고 그 대가는 과소평가한다. 능력주의가 양산하는 불평등이 어떤 결과를 가져오는지 깊이 생각하지 않기 때문이다. 미국인으로서 우리는 성취의 차이를 자연스러운 것으로, 심지어 바람직한 것으로 받아들인다. 엘리트 사회의 발전을 중점적으로 연구한 사회학자 제롬 카라벨은 이런 말을 했다. "선진국 중에서 미국만큼 기회의 평등에 집착하면서 조건의 평등에 무관심한 나라는 없다."[1] 이것이 미국의 가장 큰 문제다. 극단적인 능력주의 사회의 부작용을 바로잡기 위해 내가 제안하는 해법은 지극히 단순하다. 미국을 더 평등하게 만드는 것이다.

평등주의의 두 시대

지난 70년간 평등을 향한 미국의 역사는 믿기지 않을 정도로 놀라운, 그리고 시대를 앞선 눈부신 여정이었다. 제2차 세계대전 이후 우리는 두 번의 뚜렷한 평등시대를 경험했다. 사회에 깊이 뿌리내린 강고한 불평등 제도가 극적으로 약해지고, 어떤 분야에서는 거의 붕괴될 정도에 이르렀다.

첫 번째 평등시대는 제2차 세계대전 종전부터 1970년대 초반까지다. 이 시기의 특징은 유례없는 성장과 대중의 수입 증가, 중산층의 확대다. 이후 다시는 볼 수 없는 현상이었다. 역사상 최초로 해마다 국내총생산이 증가하는 동시에 소득 불평등은 눈에 띄게 완화되었다. 노조 가입률은 34퍼센트까지 올라서 사상 최고치를 기록했고,[2] 생산직 노동자의 평균 임금과 CEO의 평균 임금 비율은 1:25 정도(2009년에는 1:185)였다.[3] 상류층에서 하류층까지 모든 국민들의 임금 수준이 눈에 띄게 높아졌다.

1947년부터 1979년까지 가구 실질 소득은 전 계층에서 증가했지만, 하위 20퍼센트에서 가장 크게 증가했다.[4] 이것을 1979년에서 2009년까지의 시기와 비교해보자. 이때는 하위 20퍼센트의 가구 소득은 줄어든 반면, 상위 20퍼센트는 매년 1.2퍼센트 증가했다.[5] 대압착 시대*에 전 계층에서 소득이 골고루 증가한 반면, 1979년 이후 30년 동안에는 하위 90퍼센트의 소득은 줄어들고 상위 10퍼센트가 국내 소득증가분을 모두 차지했다.[6]

강력한 중간계급과 탄탄한 생산기반, 높은 노조 가입률과 함께 '전통적인 가족', 높은 교회 참석률, 엄격한 표준을 벗어난 성

---

* 미국의 부유층과 노동자 계급의 소득 격차가 이전에 비해 훨씬 줄어든 1940년대 초반을 말한다. 1992년 클라우디아 골딘과 로버트 마고의 논문에서 처음 쓰인 것으로 알려졌다.

정체성 혐오로 특징 지을 수 있는 첫 번째 평등 시대에 좌파와 우파가 모두 끌린다는 사실은 우리가 좌우 신념이 뒤섞인 향수 정치에 사로잡혀 있음을 의미한다.

작가 브링크 린지는 2006년에 쓴 글에서 이렇게 말했다. "21세기에 접어든 지 10년도 되기 전에 좌우의 두 이데올로기는 모두 50년대를 그리워한다. 한 가지 차이는 진보주의자들은 거기서 일을 하고 싶고, 보수주의자들은 거기서 집으로 가고 싶다는 것이다."7

보수적 자유주의자*로 자처하는 린지는 능력주의 사회 모델을 구현한 1970년대 중후반부터 현재에 이르는 두 번째 평등시기를 더 높이 평가한다. 인종, 성, 성 정체성이 비교적 더 평등해지고 기술, 소득, 부에서는 불평등이 커진 시기다. 그로 인해 법대에서 여학생의 비율이 커지고, 흑인 의사들과 동성애자임을 밝힌 사람들 중 백만장자도 늘어났다.

나는 린지의 정치적 입장과는 다르지만, 현재까지 많은 발전이 있었다는 데는 동의한다. 짐 크로우법이 시행되고, 60년대가 배경인 드라마 〈매드 맨〉에서처럼 성추행이 태평하게 저질러지고, 성차별이 횡행하고, 지하 동성애자 바를 경찰이 급습하여 동성애자들을 기소하고, 다른 인종 간의 결혼을 법으로 금지하던

---

* 개인의 사적 영역을 국가가 개입하여 법으로 규제하는 데에는 반대하지만, 국가의 공적 영역을 최소화할 것을 요구하고, 공공 인프라 또한 민영화하여 시장의 자율에 맡겨야 한다고 주장한다.

시절을 누가 그리워하겠는가.

두 번째 평등시대에는 인종, 성, 성적 지향에 대해 가혹하게 처벌하고 관리하던 많은 법적·문화적 제도가 폐지됐다. 그 어느 때보다 많은 여성들이 노동 인력으로 편입되었고, 이런 추세라면 아주 가까운 장래에 여성들이 모든 단계의 학업 성취도에서 남성을 앞지를 것으로 보인다. 여성은 아직 남성보다 평균 소득이 23 퍼센트 적지만, 그 격차는 40퍼센트였던 1980년 이후 눈에 띄게 줄어들고 있다.[8]

인종 평등 면에서 볼 때 소득 변화는 다소 복잡하지만, 두 번째 평등시대의 뚜렷한 성과는 엘리트를 구성하는 인종이 더 다양해졌다는 것이다. 1975년에는 소득이 10만 달러 이상인 흑인 가구가 1.4퍼센트에 불과했지만 2006년에는 그보다 6배 이상으로 늘어났으며,[9] 이 속도는 백인 가구의 소득 증가보다 훨씬 더 빠르다. 흑인 공무원 수는 1975년에서 1993년 사이에 2배로 늘었다.[10] 그리고 당연히 많은 사람들이 민권 시대의 가장 눈부신 성취로 보는 사건이 있다. 미국 최초의 흑인 대통령 선출이다.

LGBT의 평등은 첫 번째 평등시대에는 정치적 문제로 거의 존재하지도 않았지만, 두 번째 평등시대에는 역사적으로 획기적 발전을 이루었다. 2003년 대법원은 로렌스 대 텍사스 재판에서 소도미법*이 헌법에 위배된다는 판결을 내렸다. 워싱턴 D.C.

---

* 성기와 성기의 결합이 아닌 소위 '부자연스러운 성행위'를 규제하거나 처벌하는 법을 통틀어 가리키는 관용적인 명칭.

외에 8개 주가 동성 결혼을 합법화했고* 포춘지 선정 500개 기업의 58퍼센트는 동성 파트너에게도 복지제도를 적용하고 있다.[11] 2011년 현재, 동성애자들은 미군 역사상 최초로 자신의 성 정체성을 밝히고 군인으로 복무할 수 있다.

첫 번째 평등시대 때는 역사상 최초로 경제적 빈부격차가 대폭 줄었지만, 그 줄어든 격차는 계속되지 못했다. 두 번째 평등시대에는 그 대신 단편적이고 불완전하기는 하지만 성, 인종, 그리고 성적 지향의 불평등이 극적으로 줄어들었다.

이러한 역사를 감안할 때 앞으로 우리가 갈 길이 쉽지는 않겠지만 방향은 분명하다. 첫 번째와 두 번째 평등시대에서 쟁취한 최고의 성과를 결합하는 것이다. 그래서 엘리트 사회를 실패로 몰아가는, 점점 더 벌어지는 계급 격차를 해소해야 한다.

첫 단계에 할 일은 대중들에게—엘리트 계층도 포함해서—능력주의라는 신념이 사회 발전을 가로막고 있음을 설득하는 것이다. 1970년대 이후 능력주의의 첫 번째 계명은 다음과 같이 요약할 수 있다. "인종과 성과 성적 지향에 상관없이 모든 사람들에게 평등한 기회를 제공하라. 하지만 결과의 불평등은 어쩔 수 없는 일이다."

하지만 매번 깨닫는 사실은 기회의 평등과 결과의 평등이 확실히 구분되지 않는다는 것이다. 결과의 평등에 대해 전혀 관심

을 두지 않는 사회는 시간이 지나면 기회도 불평등한 사회가 될 수밖에 없다. 매우 평등한 조건에서 시작해야 진정한 능력주의가 꽃핀다는 것, 이것이 능력주의의 역설이다. 그러므로 능력주의를 원한다면, 평등을 위해 노력해야 한다. 능력주의는 결과의 실질적 평등을 중요시하는 사회, 사회복지와 사회적 연대 의식을 고취하는 사회, 평등한 기회와 노력을 통한 계층 이동이 활발한 사회에서만 제 기능을 발휘하기 때문이다.

제2차 세계대전 후의 영국이 그런 사회였다. 마이클 영이 처음으로 '능력주의'라는 용어를 만들어낸 시기다. 고인이 된 역사학자 토니 주트는 그 시기에 영국에서 받은 교육을 회상하며, 그의 세대는 말하자면 실력주의의 허니문 시기를 체험했다고 했다. 계급의 벽은 무너지고 있었지만 전통적인 교육체제의 엄격함과 진지함은 남아있었고, 전무후무한 사회적 평등이 이루어지던 시대였던 것이다. 그는 "우리는 전통과 일탈, 계승과 변화를 모두 누렸다. 하지만 우리가 후손들에게 남긴 것은 우리가 물려받은 것들에 비하면 너무 보잘 것 없다"[12]고 한탄했다.

능력주의가 허약한 이유는 이 원칙이 안고 있는 모순 때문이다. 즉 시간이 지나면서 능력주의 신봉자들이 장점으로 생각하고 자랑스러워하는 불평등이 오히려 그 체제를 와해시키기 때문이다. 이것이 '능력주의의 철칙'이다. 주트가 볼 때 사회 불평등이 증가할 때 영국의 대학은 내부에서 오히려 평등의 수준을 2배로 높였지만, 그와 동시에 당시의 사회적 계층 이동과 지성의 원동력이었던 엄격한 태도는 잃어버렸다. "기회의 평등이 결과의 평등을 보장하지는 않는다. 부와 상속을 통해 분열된 사회는 한편으로는 자유시장이라는 미명하에 점점 벌어지는 소득 격차를 당연시하고, 다른 한편으로는 교육기관 안에서 능력의 다양성을 부인하거나 선택의 기회를 제한함으로써 그것을 은폐하기 때문에, 불공정을 바로잡을 수 없다. 이런 사회에서 평등을 외치는 것은 순전히 공염불이자 위선에 불과하다."

미국도 똑같은 상황이다. 빈부격차가 커지면서 그 부작용을 더이상 외면하기가 어려워지자 우리는 점점 더 교육제도를 중시하고 있다. 학교 개혁에 성공하면 '성취의 격차'를 없애고 갈수록 멀어지는 기회의 평등을 이룰 수 있다고 보기 때문이다. 그리하여 전체 사회가 저지른 죄를 학교에게 속죄하라고 한다. 그리고 학교가 과업을 다하지 못하면 학교에 희망이 없다며 규탄한다. 기회와 평등 중 기회에 속하는 교육은 국내 정책에서 양당이 늘 적극적으로 합의하는 유일한 분야다. 그 예로 부시의 '낙오 학생 방지법'은 민주당의 테드 케네디가 공동 발의했고 오바마의 '정상을 향한 경주'를 공화당의 밋 롬니가 칭송하기도 했다. 특히 교육개혁을 위한 어떤 정책은 현재 참담할 정도로 무너진 기회의 평등을 가져올 수 있다는 것이 엘리트 계층의 공통적 인식이다.

그런데 미국에서는 결과의 평등도 중요하다고 주장하면 이단으로 몰린다. 여기에는 그럴 만한 이유가 있다. 이념적으로 결과의 평등을 중시한 사회가 결국 지배계급의 부패와 도덕적 파탄으로, 그리고 국민들의 지독한 빈곤과 비참함으로 끝난 역사적 사례가 많기 때문이다. 가장 극단적인 경우, 결과의 완전한 평등에 대한 공약은 모택동주의자들의 다음과 같은 표어로 요약할 수 있다. "키 큰 줄기는 잘라내야 한다."

분명히 말하지만, 결과의 완전한 평등을 위해 무엇이든 해야 한다는 게 아니다. 하지만 우리가 소중히 지켜야 할 민주주의 사회의 목적을 실현하기 위해서는 현재보다 훨씬 더 많은 노력을 쏟아야 한다. '기회의 평등'을 위해 노력하는 것으로 우리 할 일이 끝났다고 뒷짐 지고 있을 수는 없다.

다행인 것은 더 평등한 사회를 만드는 일은, 정책적인 면에서 볼 때 분명히 해볼 만한 일이라는 것이다. 컴퓨터 프로그래머들은 실행하기는 어렵지만 다른 누군가가 이미 해결한 특정 프로그래밍 난제를 가리켜 '해결된 문제'라는 용어를 쓴다. 그러므로 '해결된 문제'는 아무리 어렵더라도 해결이 가능한 문제다. 이런 의미에서 지금보다 더 평등한 국가를 만드는 것은 '해결된 문제'이다.

빈부격차를 줄이는 정책들이 특별히 어려운 일은 아니다. 남미의 경우 1990년대의 신자유주의 개혁과 금융위기 때문에, 그렇지 않아도 세계에서 빈부격차가 가장 심한 상태에서 불평등이 더 악화되었다. 하지만 지난 10년간 여러 지도자들이 평등주의 노선을 분명히 밝히며 정권을 잡았다. 그들은 빈곤층에게 보조금을 줌으로써 부의 재분배라는 약속을 실천에 옮기기 시작했다. 그 결과 남미 대륙 전체에서 빈부격차가 감소했다. 놀라운 건 이런 성과는 전 세계에서 빈부격차가 더 악화된 기간에 일어난다는 것이다.

특히 브라질은 정치 지도자가 빈부격차를 줄이는 데 헌신한다면, 부유층과 빈곤층의 격차를 줄이는 동시에 높은 경제성장도 이룰 수 있음을 보여주었다. 불평등이 전 세계로 확산되어 가는 와중에도 말이다. 2002년 노동조합원이자 사회민주주의자인 이나시우 룰라 다 시우바가 대통령으로 당선됐을 당시 브라질은 세계에서 빈부격차가 심한 나라로 몇 손가락 안에 꼽힐 정도였다. 하지만 룰라는 다양한 정책을 실행에 옮겨 빈부격차를 상당한 수준으로 해소했다. 2009년 《뉴스위크》의 기사에 의하면, "2003년부터 2008년까지 브라질의 소득 상위 10퍼센트는 수입이 11퍼센트 늘어났지만, 하위 10퍼센트는 72퍼센트가 늘었다."[13]

이런 쾌거는 보우사 파밀리아라는 빈곤층 중심의 단호한 재분배 정책에 힘입은 바가 크다. 진보적인 세금제도를 통해 마련한 일반 수입으로 극빈층에 보조금을 준 이 정책은 요구 조건이 간단하다. 자녀들을 학교에 보내고 보건소에서 시행하는 무료 건강검진을 받는 것뿐이었다. 룰라 행정부는 최저 임금과 함께 연

금 지급액도 무려 50퍼센트나 늘렸다.[14]

브라질은 개발도상국이기 때문에 (그리고 성장 속도가 빠르기 때문에) 그 나라의 정책이 미국에는 적합하지 않을지도 모른다. 하지만 영국을 제외하면 그 외 선진국들은 모두 미국보다 소득 수준이 평등하다. OECD 자료를 보면 한 가지 변함없는 원칙이 있다. 세금이 높은 국가일수록 빈부격차가 낮다는 것이다. 이것은 깊이 생각하지 않아도 알 수 있는 당연한 결과다. 세금제도는 재분배를 위한 가장 중요한 수단이므로, 대개는 세금이 높을수록 재분배율이 더 높고, 재분배율이 높을수록 빈부격차는 완화되는 것이다. 미국은 이미 다른 선진국들보다 조세 수입의 비중이 훨씬 낮은데도 최근 몇 년 동안 그 비율은 급격히 떨어지고 있다. 현재 미국의 국민부담률은 2000년의 29.5퍼센트에서 더 하락하여 24.8퍼센트가 되었다. 그것을 OECD 국가 중 국민부담률이 가장 높고(48.2퍼센트), 빈부격차가 가장 낮은 덴마크와 비교해보라.[15]

지난 30여 년 동안 미국은 세전 소득을 기준으로 한 빈부격차가 계속 증가했는데, 이는 정부가 과세와 재정 지출, 재분배를 하기 전 고소득자와 그 외의 국민들 사이에 까마득한 격차가 있을 뿐 아니라 그 격차가 점점 더 벌어지고 있음을 의미한다. 부자들의 수입이 갈수록 느는 동안 부자가 아닌 사람들의 수입은 정체되거나 줄어든다. 이러한 세전 수입 격차는 국가의 재분배 장치를 거치게 되는데, 지난 30년간 우리의 세금제도는 부의 재분배

는커녕 빈부격차를 더 확대시키고 있다.

빈부격차가 어떻게 자가발전을 하는지는 그동안 봐왔으니 이러한 상황이 별로 놀랍지는 않을 것이다. 맨 꼭대기층 사람들은 상대적으로 강한 힘으로 기존의 제도를 바꾸고 악용하여 자신들의 이익과 우월한 지위를 공고히 한다. 우리는 능력주의 사회에서 가장 실행하기 쉬운 정책마저 쉽게 폐기해온 행태들을 진력나게 봐왔다.

상속세를 예로 들어보자. 이 세금은 재산이 500만 달러 이상인 부호들에게만 적용되는 세금이다. 이런 세금을 만든 근거는 분명하다. 우리는 핏줄로 정해지는 귀족 정치를 바라지 않기 때문이다. 미국이라는 공화국을 건설한 국조들이 거부한 제도가 바로 귀족 정치다. 보수주의자였던 윈스턴 처칠은 상속세가 '게으른 부자들의 번성을 어느 정도 바로잡는 장치'라고 주장했다.[16] 강도 귀족* 앤드류 카네기—소득세와 재산세를 반대한—가 다음과 같이 상속재산에 대해서는 가혹할 정도로 높은 세금을 매겨야 한다고 주장한 것도 기회의 평등이라는 실력주의의 초기 형태에 대한 신념에서 나온 것이었다.

대체로 자수성가한 백만장자는 사치스럽게 살지 않는다…. 하지만 그의 자녀들은 그렇지 않다. 그들은 목적을 이루기 위한 수

---

* 19세기 초반 파렴치한 방법을 사용해서 부자가 된 미국 기업가들을 경멸적으로 부르는 명칭.

단을 찾는 게 뭔지, 검소한 삶을 사는 게 뭔지, 유익한 일을 하는 게 뭔지 절대 모른다. 나 같은 부호들이 죽고 나서 거액의 상속세를 부과하지 않으면 이 사회는 책임을 방기하는 것이고… 입법자들은 그들의 책무에 눈감은 것이다.[17]

하지만 기울지 않은 경기장을 만드는 데 꼭 필요한 이런 점잖은 수단은 지난 10년 동안 처참하게 훼손됐다. 2002년에 100만 달러 이상에 적용되는 상속세율은 50퍼센트였지만 해마다 줄어들어 2009년에는 완전히 없어졌다. 그 이후 부활했지만(2010년에 확대되어 현재로서는 2년밖에 되지 않았다) 사상 최저치인 35퍼센트에 불과했고, 부부 사이라면 1천만 달러까지 면제된다. 《뉴욕 타임스》는 2010년 레임덕에 허덕이던 의회회기 때 오바마와 공화당 의원들이 조정한 협상안에 민주당 하원의원들이 반대했다고 보도했다. 그 법안을 통과시키면 '세수가 680억 달러 줄어들고, 오히려 부자 중의 부자들— 대략 6,600가구—에게 혜택이 돌아갈 뿐 국가 부채만 늘고 경제 활성화에는 아무 도움이 되지 않기 때문'[18]이었다.

최고 세율에 대해서도 마찬가지다. 두 번째 평등시대의 가장 뚜렷한 추세는 최상류층이 내는 소득세율이 가파르게 하락했다는 것이다. 최고 세율은 카터 행정부 때의 70퍼센트에서 지난 10년 동안 35퍼센트까지 급락했다. 게다가 소득세 관련 조항은 수많은 공제와 비과세를 통해 유명무실해졌고—모기지 이율 공제에서 비즈니스 제트기의 감가상각비 비용 처리까지—그것 또한 부자들에게만 혜택이 가는 것이었다. 이 모든 변화들이 결합하여 과세제도의 진보성은 급격히 퇴색했다. 퓰리처상을 수상한 세금 정책 전문기자 데이비드 케이 존스턴이 작성한 분석 기사에 따르면 최고 부호 400명에게는 평균 16.6퍼센트의 실효세율이 적용됐다.[19] 소득 순위를 5등분했을 때 중간에 해당하는 노동자는 일반적으로 22퍼센트 정도의 실효세율이 적용되는데 말이다.

빈부격차를 가장 직접적으로 완화시켜야 할 세금제도가 빈부격차를 유지할 뿐 아니라 오히려 확대시키는 도구가 된 것이다.

이론적으로는 높은 세금이라는 직접적인 정책과 소득 재분배의 확대가 미국을 더 평등한 국가로 만들어주겠지만, 이런 정책을 해결책이라 하는 것은 논점을 회피하는 일이다. 모든 평등주의적 정책은 그 정책들을 뒷받침할 정치적 토대를 먼저 마련하지 않으면 아무 효과가 없기 때문이다.

첫 번째 장벽은 여론과 관련이 있다. 더 정확하게는 여론에 대한 인식과 관련이 있다. 미국 사회에서는 불평등한 사회구조가 미국 특유의 가치관 때문이라는 견해가 널리 퍼져 있다. 즉 용기와 적극성만 충분히 있다면 누구나 꼭대기에 오를 수 있다는 믿음을 대다수 국민이 공유하고 있기 때문이라는 것이다. 정치인들과 이런 가치관을 지지하는 사람들은 능력주의라는 범위 안에서—다시 말하면 동등한 기회, 기울어지지 않은 경기장, 열심히 노력한 사람들에 대한 공정한 대우, 규칙에 따른 경쟁의 범위 안에서—평등주의적 주장을 제기하는 게 옳다고 생각할 뿐, 사회적 결속의 중요성은 외면한다.

엔론의 내부 고발자인 셰론 왓킨스는 애초에 CEO 보상제도를 개혁했다면 엔론의 종말을 초래한 고차원적 사기를 막았을 수도 있었겠지만, 미국인들 특유의 이런 통념이 그것을 가로막았다고 말한다. 그녀는 어느 조직이든 과도한 보상을 추구하기 시작하면 능력주의라는 불문율의 이념과 정통으로 만난다고 주장한다. "게임이 조작됐다는 사실을 모르는 대중들은 CEO들이 그만한 금전적 보상을 받는 것이 합당하다고 생각합니다."[20]

대중들의 이런 인식은 상식처럼 퍼져 있다. 그런데 중요한 연구 결과가 있다. 대중은 게임이 얼마나 조작됐는지 거의 모르고 있지만, 그럼에도 의외로 훨씬 더 평등한 사회를 원한다. 2010년에 경제학자 마이클 노튼과 댄 애리얼리는 부의 분배에 대한 미국인들의 인식을 연구하기 위해(예를 들어 상위 20퍼센트가 얼마나 많은 부를 차지하고 있을지) 설문 조사를 벌였다. 또한 조사에 응한 사람들에게 그들이 생각하는 이상적인 부의 분배를 물어봤다. 미국의 빈부격차가 어느 정도로 줄었으면 좋겠느냐고 물은 것이다. 결과는 뜻밖이었다.

먼저, 답변자들은 현재의 빈부격차 수준을 심각하게 과소평가했다. 둘째, 그들은 빈부격차를 과소평가했지만 그럼에도 훨씬 더 평등한 분배를 원했다. 정책 수립의 관점에서 명심해야 할 것은 국민들이 놀라우리만치 높은 정도의 합의에 이르렀다는 것이다. 모든 인구 집단에서—심지어 공화당원이나 부자들처럼 보통 부의 분배에 별 관심이 없는 사람들조차도—현재 상황보다 더 평등한 분배를 바랐다.[21]

물론, 미국의 민주주의가 국민투표로 부를 분배하는 것은 아니다. 하지만 여론은 가장 신속하게 빈부격차를 줄여줄 정책 한 가지를 압도적으로 지지했다. 바로 증세다.

수많은 여론 조사에서 재정 적자를 줄일 방안을 묻는 질문에 국민들은 대부분 군비 축소와 부유층에 대한 세금 인상을 가장 바람직한 방안으로 꼽았다. 사실 부자들에 대한 증세는 미국에서 오래 전부터 대중들이 가장 원하는 정책이었다. 2009년 건강의료법안 논쟁 때는《AP연합》에서 행한 여론 조사 답변자 중 57퍼센트가 최상위 부유층에게 의료 보험료 부가세를 적용해야 한다고 주장했다. 그보다 최근인 2011년에는 NBC와《월스트리트저널》의 공동여론 조사에서 답변자 중 81퍼센트가 '연 소득 100만 달러 이상인 사람들에게는 연방소득세에 부가세를 적용하는 것'이 연방예산 적자를 줄이는 가장 바람직한 방안이라고 답했다.[22]

이는 국민들의 생각에 관해 놀라운 사실, 하지만 그동안 간과한 사실을 암시한다. 우리는 자신이 의식하는 것보다 더 평등주의적이라는 것이다.

그러므로 더 평등한 사회로 가는 길을 가로막는 장애는 불평등을 완화하는 정책이 불가능해서도 아니고, 더 평등한 사회에 대한 여론의 반대가 많아서도 아니다. 오히려 장애로 작용하는 것은 극심한 빈부격차에서 가장 큰 이득을 얻는 세력과 기관들이 평등주의의 습격으로부터 자신들의 이익을 지키기 위해 권력을 과도하게 키운 현실이다. 제대로 운영되는 국가, 국민들을 더 바르게 대변하는 국가를 꿈꾸는 사람들에게 가장 어려운 과제는 궁극적으로 평등성을 높이는 정책을 생각해내는 것이 아니라 현 엘리트의 힘을 무력화시킬 수 있는 체제를 생각해내는 것이다.

능력주의 사회의 승자들은 그들이 장악한 권력을 나눠주기를 꺼려한다. 하지만 그들은 현 체제가 지속 가능하지 않음을 깨달아야 한다. 이 시스템이 계속 굴러가는 상태를 정상적이라고 보면 불평등은 시정되지 않는다. 따라서 현 체제에 균열을 일으켜 후기능력주의의 수혜자와 그 피해자들의 사회적 거리를 대폭 줄여야 한다.

사회적 거리를 줄이는 것, 바로 이것이 1980년대와 90년대에 에이즈 문제가 수렁에 빠져 있을 때 에이즈 인권운동 단체인 액트업이 크게 효과를 본 방식이다. 동성애자와 마약 중독자들이 '주류문화'와 엘리트 권력으로부터 격리되면서 까마득한 사회적 거리가 생겨났고, 에이즈는 그 어두운 망망대해에서 번성하게 되었다. 이때 액트업은 엘리트층의 정상 상태와 안락함에 돌풍을 일으켜 사회적 거리를 좁히는 전략을 구사했다. 교차로에서 드러눕거나 성당 앞 계단에서 시위를 벌임으로써, 액트업은 에이즈의 위험을 권력자들의 문 앞에 들이댔다. 도저히 모른 척할 수 없게 만든 것이다.

월가 점령 시위대가 2011년 가을과 겨울에 도입해서 큰 성과를 거둔 방식도 이와 똑같다. 국내의 크고 작은 도시의 공공장소를 점령함으로써 시위대는 일상의 정상 상태에 균열을 일으켰다. 그리고 최소한 시장과 경찰, 언론, 일반 시민들의 관심을 끄는 데는 성공했다. 경찰들의 폭력과 진압 등 이런저런 소동이 일어나는 와중에 시위자들이 전하는 메시지는 여론을 갈라놓기도 하고 때로는 혼란에 빠뜨리기도 했지만, 빈부격차라는 근본 문제와 그것이 낳은 불공정한 규칙에 대한 문제의식은 급속히 확산되었다. 미국 전역에서 대중들은 거리에서 본 사람들—사회제도의 근본적인 불공정함을 비난하던—이 궁금해서 지역 저녁 뉴스에 채널을 맞췄다. 하지만 균열을 위한 균열로는 부족했다. 실제로 근본적이고 지속적인 변화를 가져오기 위해서, 기존 체제에 반대하는 사람들은 현 이해집단들과 확실히 맞설 수 있는 다른 수단을 찾아야 한다. 내가 보기에 그 해답은 급진 세력으로 부상한 중상위 계급에 있다.

현 정치 상황에서 흥미로운 점은 대체로 상위 40퍼센트와 1퍼센트 사이에 상당한 간격이 벌어졌다는 것이다. 말하자면 중위 계급이나 중상위 계급의 전문직 계층과 부호이면서 진정한 귀족 사이의 간격이 너무 벌어진 것이다.

사실 2000년대 정치 운동의 가장 강력한 두 세력의 지지층이 중상위 계급이다. 그들은 대학원을 졸업했고, 집과 별장이 있으며, 자녀를 좋은 대학에 보내고, 억대 연봉을 받는다. 지난 10년 동안 자신들의 희생으로 엘리트들이 점점 더 탐욕스럽게 부를 차지하는 모습을 목전에서 지켜보면서 좌절감과 불만이 팽배해진 계급이기도 하다.

좌파 진영에서 지난 10년 동안 가장 지치지 않고 활동한 신진 세력은 넷루트*다. 여기에는 무브온 같은 진보적인 조직이나 데일리코스 같은 진보적인 블로그에 글을 올리는 필자와 방문자들이 포진해 있다. 각종 여론 조사나 연구 결과에 의하면 좌파의 근간은 전문직 중상위 계급으로 보인다. 2005년 퓨리서치에 의하면, 민주당 의원 하워드 딘의 자원봉사자와 기부자 1만 1천 명 이상을 분석해보니 80퍼센트 정도가 4년제 대학을 졸업했고 45퍼

---

* 인터넷과 풀뿌리를 결합해 만든 용어로 2002년 제롬 암스트롱이 처음 만들어냈다. 블로그나 위키, SNS 등의 온라인 미디어를 기반으로 한 정치 운동을 의미하며 미국의 경우 주로 좌파 성향이다.

센트가 연봉 7만 5천 달러 이상이었다.[23] 데일리코스나 그보다 더 급진적인 사이트 파이어독레이크의 방문자들도 대략 비슷한 계층이다.[24]

더 최근에는 월가 점령 시위가 있는데, 이들 활동가들은 훨씬 젊지만 내가 만나본 이들을 기준으로 한다면 무브온 회원들이나 데일리코스의 필자들과 비슷한 계층에 속해있다. 대부분이 대학 졸업자들이고, 갚아야 할 학자금 대출금이 수만 달러나 있으며, 직장을 구할 가능성이 거의 없다. 공통적으로 힘이 없고 기회도 많지 않다. 이들은 중간 또는 중상위 계급 출신의 청년들이고 그만큼의 기대를 갖고 있지만 지금은 무너지고 있는 집단이다. 급진적 정치 운동의 씨앗이 그렇게 널리 뿌려진 것은 왜곡된 사회 계약에 대한 좌절감이 만연해 있기 때문이다. 월가 점령 시위가 처음으로 전 국민의 관심을 모았던 2011년 가을, 블룸버그 뉴욕 시장은 많은 대졸 청년들이 일자리를 찾지 못하고 있다며 우려를 표명했다. "카이로에서도 그랬고, 마드리드에서도 그랬다. 거기에서 일어난 폭동이 미국에서도 일어나기를 바라는 사람은 없을 것이다."[25]

우파에는 티파티 운동이 있다. 2010년 《뉴욕 타임스》의 1면 기사에 보도된 여론 조사에 의하면 이 운동의 참여자들은 이전의 우파들에 비해 더 부유하고 학력도 더 높다.[26]

넷루트와 티파티는 여러 면에서 성향이 다르지만―지역 분

포, 정치적 유산, 이념, 현 사태의 책임자로 지목하는 집단—좌절
감만은 공유하고 있다. 그것은 점점 더 많은 것을 박탈당한다고
느끼는 중상위 계급의 분노다. 그들은 권력과 수단을 장악한 사
람들이 죄를 짓고도 빠져나가는 모습을 보았다. 제조업의 쇠퇴와
세계화로 저소득 노동자 계층은 이미 착취당하고 무너졌지만, 새
로운 혁명파의 핵심을 이루는 전문직 계층은 얼마 전까지만 해도
임금 정체와 불평등의 심화로 인한 피해 의식이 별로 없었다. 하
지만 이제는 아니다. 그들은 이제 권위의 위기가 가져온 배신감,
정의의 실종, 기관의 불능을 가장 첨예하게 느끼고 있다.

이제 그들은 자신들이 상황을 주도할 수 없음을 깨달았다. 소
수의 부패한 엘리트 세력은 어리석은 전쟁을 시작할 수 있고, 은
행에 구제금융을 제공할 수 있으며, 건강보험을 좌지우지할 수
있지만, 전문직 중산층인 그들은 비교적 특권과 고등교육, 경제
력, 사회적 자본을 누리고 있음에도 할 수 있는 일이 하나도 없음
을 공통적으로 느낀 것이다.

정치문제에서 지위의 하락, 즉 이전에 누리던 특권을 박탈당
하는 것보다 더 강력한 추동력은 거의 없다. 지역 사회에서 주민
들을 만날 일이 많았던 나의 아버지가 한 말처럼, 빈곤층이나 노
동계급을 조직할 때 활동가들이 부딪치는 가장 큰 난관은 주민들
에게 그들이 더 나은 대우를 받아야 한다는 것, 그들의 주장을 내
세워도 된다는 것, 그리고 그들이 더 존중받을 자격이 있다는 것

을 설득하는 일이다. 그런데 미국의 중상위 계급에게는 그런 가르침이 필요 없다.

지난 10년 동안 가장 저돌적이고 성공적인 정치 세력은 대체로 중상위 계급에서 나왔다(이들을 경제적으로 후원한 부유한 엘리트들도 있었지만). 그리고 이라크 전쟁, 부시 정권의 거짓말, 금융위기, 오바마 대통령의 힘 빠진 진보 정책 같은 큰 사건들이 연달아 일어나면서 두드러지긴 했지만, 그들의 정치력이 추진력을 얻게 된 것은 특별한 계급적 뿌리 때문이다. 그들의 불만의 소리는 티파티 활동가 테리 홀이 한 말—"게임이 조작되었다"—과 일맥상통한다. 다른 사람들은 모두 규칙에 묶여 있지만 상대편은 그 규칙을 지키지 않았다는 것이다. 그 상대편이 CNBC 진행자 릭 산텔리가 '무능력자'라고 비난하는 모기지를 갚지 않는 사람들이든, 은행 CEO들이든, 할리버튼*과 블랙워터** 임원들이든 말이다. 문제의 원인을 꿰뚫어본 사람은 급진적으로 변하기 쉽다. 그리고 미국 특유의 포스트모던식 급진화는 지난 10년 동안 우리 사회에서 일어난 흐름이었다.

그 흐름은 혁명 계급의 분노다. 빌 클린턴이 자주 한 말대로 '열심히 일하고 규칙대로 살아온 사람들'이 노력의 대가는 아무

---

* 미국의 다국적 기업으로 세계에서 가장 큰 석유 채굴 기업들 중 하나. 이라크 재건 사업에서의 독점적 지위를 이용하여 폭리를 취했다는 비난을 받아왔다.
** 1997년 미국 노스캐롤라이나 주에서 전직 특수부대 출신인 알 클라크와 에릭 프린스가 설립한 민간 용병업체.

것도 받지 못하고 게임의 규칙마저 그들에게 불리하게 조작되었음을 깨달았기 때문이다. 그리고 개혁이 일어난다면— 엘리트층이 진짜 위험에 처하는 걸 막으려면 반드시 일어나야 한다—내가 보기에 그 개혁은 이 계급에서 시작될 것이다.

하지만 전체적으로 볼 때 주변부의 급진화는 현 상황을 근본적으로 뒤집기에는 역부족이다. 티파티 세력은 자신들의 관점에 동의한 대표자들을 선출하고 의회를 압박하여 파괴적인(그리고 금권정치적인) 긴축재정 노선을 추구하게 만들었다. 하지만 게임의 근본적인 규칙을 바꾸기 위해 한 일은 거의 없었다. 특권계급은 여전히 권력을 장악하고 있고, 로비 업체들은 아무 문제없이 활동하고 있다. 좌파 활동가들은 이라크 전쟁의 실패에 분노하여 민주당 의원들을 선출했고 그 의원들은 국회와 백악관에 입성했지만, 부시 행정부가 협상을 통해 정한 2011년 12월 31일까지 실제로 전쟁을 끝내는 데는 실패했다. 늘어나는 빈부격차와 상위 1퍼센트의 권력 장악에 대한 분노는 전국적으로 일어난 월가 점령 시위와 그와 유사한 점령시위에 동력으로 작용했지만, 1퍼센트의 힘은 여전히 확고하다.

결코 쉬운 일은 아니지만, 우리의 과제는 모두가 느끼는 좌절감과 분노, 소외감을 모아 이념을 초월한 연합 세력을 구축하는 것이다. 그것이 후기능력주의 사회의 엘리트 권력을 확실히 축출하는 길이다. 그것이 혁명파의 감정을 허무주의나 격분, 편집증적인 불신에서 구해내는 길이다. 그것이 모든 게 다 틀렸다는 절망감에 빠지지 않게 하는 길이다. 이 길을 통해서만, 엘리트에 대한 깊은 회의주의를 지렛대 삼아 도덕적이고 평등주의적이고 혁신적이고 건설적인 사회체제에 관한 통찰력을 얻을 수 있다.

급진화된 중상위 계급이 강력한 연합세력을 구축하는 데 가장 방해가 되는 것은 보수주의자와 진보주의자 사이를 가르는 깊은 당파적, 이념적 분열이다. 언뜻 보면 이들 양대 세력은 정부의 적절한 역할은 무엇인지, 현 병폐에 대한 책임은 누구에게 있는지, 그리고 누구를 믿을 수 있고 누구를 믿을 수 없는지에 대한 판단이 확고해서 서로 세계관이 양립할 수 없을 것 같다. 좌파와 우파는 양분된 언론들로 인해 권위의 위기를 둘러싼 원인과 결과에 대해 항상 상반되는 정보와 해석을 접하기 때문이다.

의심할 여지없이, 풀뿌리 평등주의 운동을 조직하는 일은 좌파 쪽에서 훨씬 용이하다. 좌파는 이념적으로나 역사적으로 평등을 중요시해왔기 때문이다. 무브온은 세금 인상을 원하지만 티파티는 세금 인상을 절도행위로 본다. 좌파는 빈곤층 의료를 위한 메디케이드*와 지원금을 늘리라고 요구하지만, 우파는 그것을 대표적인 독재 정책으로 본다. 그리고 상위 1퍼센트에 대한 자연스러운 계급 감정이 티파티와 우파 내에서 표출되려고만 하면, 가

---

* 미국의 국민 의료 지원 제도로서 65세 미만의 저소득층과 장애인을 위한 것이다. 하지만 여러 가지 조건이 필요하기 때문에 저소득층 약 60퍼센트가 메디케이드의 혜택을 받지 못하고 있다

장 유명한 인물들이 재빨리 나서서 계급 투쟁이라는 불쾌한 구경 거리에서 그들을 몰아내 버린다. AIG에 대한 구제금융 후에 임 원들에게 나눠준 보너스를 두고 의회 청문회가 열렸을 때 글렌 벡은 '중우정치'를 언급하며 노골적으로 분노를 표했다. 러시 림 보는 그 보너스 지급에 대해 격분하는 세력을 '폭력배 무리'로 표 현했다. 오바마가 기업 제트기에 대한 세금 면제를 없애겠다고 했을 때, 글렌 벡은 오바마가 '부자와 성공한 사람들, 최선의 삶 을 산 사람들에 대해 극히 유치한 적대감'[27]을 갖고 있다며 비난 했고, 림보는 오바마의 '위험한' 생각 때문에 '다시 회사 제트기 소유자들이 맹공격의 대상'이 되었다고 경고했다.

하지만 미국 역사에서 변혁은 흔히 기이하고 이념적으로 어 울리지 않는 연합에 의해 이루어졌다. 노예 폐지 운동에는 이전 에 노예의 신분이었던 프레드릭 더글러스나 여성 참정권 운동가 들뿐 아니라 성직자들, 그리고 지식인들도 참여했다. 여성 참정 권 운동에서는 민주당원과 공화당의 반란파가 연합했다. 금주법 을 주장한 사람들은 반가톨릭 도덕 개혁론자들과 진보적인 참정 권 운동가들이었다. 그리고 금주법 폐지는 평생을 알코올 중독으 로 살아온 어니스트 헤밍웨이 같은 사람들과 평생 술을 입에 대 지도 않은 존 록펠러 2세 같은 사람들이 함께 이뤄낸 성과였다

근래에도 이런 유형의 연합이 드물지 않게 있었다. 티파티 성 향의 보수적 자유주의자들과 반전을 주장하는 진보주의자들이

연합하여 아프가니스탄에서의 전쟁과 대테러 전담기관 확대에 반대하는 운동을 벌인 것도 여기에 속한다. 좌우파의 이상한 연합 세력은 최초의 부실자산구제 프로그램을 투표로 부결시켰다. 나아가 연방준비제도 이사회를 압박하여 세계 경제시스템의 붕괴를 막기 위해 2008년 가을에 취한 예외적 조처에 대해 상세한 보고서를 제출하게 했다.

배경이 전혀 다른 이들 좌우 활동가들은 고도의 작전을 펼치는 동안 기관들의 전방위적 무능함을 목격하고 누가 그들 편인지를 다시 인식하게 되었는지도 모른다. 뉴올리언스에서 좌파 활동가들과 이야기하다 보면 당황스러울 정도로 정부의 관료주의를 격렬하게 비난하는데, 그것은 케이토 연구소* 성명서나 공화당 의원들이 할 법한 비난보다 더 수위가 높다. 마찬가지로 지난 몇 년 동안 내가 만나본 티파티 활동가들 중 몇몇은 대기업이 그들 편이 아니고 어쩌면 큰 정부만큼이나 문제가 많음을 심각하게 인식하고 있었다. "결론적으로 저는 국민들의 진짜 적이 누구인지를 알게 됐습니다. 정부는 수단에 불과하고 진짜 적은 전문적인 이익단체들입니다."28 2010년 3월에 테리 홀이 내게 한 말이다. "로비 활동을 통해 그들은 공화당과 민주당이라는 양쪽 바퀴에 기름칠을 할 수 있습니다. 그들은 누구하고든 손을 잡고 누구든 돈으로 매수하니까요. 그들과 우리를 다윗과 골리앗으로 비유

---

* 워싱턴에 본부가 있는, 보수적 자유주의 성향의 정책 연구소.

하는 것으로는 부족합니다. 그들은 골리앗보다 10배는 더 강하거
든요."

진보와 보수는 둘 다 자신을 다윗으로, 부패 권력자들을 골리
앗으로 본다. 그 거인이 죽는 걸 보기 위해, 구 사회질서에 책임을
묻기 위해, 넓은 범위의 현 권력자들을 몰아내기 위해 두 세력은
단결한다. 새로 떠오른 혁명파 활동가들과 이야기하면서 가장 자
주 들은 단어가 '책임'이었다. 무엇보다 맨 꼭대기의 지배층에게
책임을 묻지 않으면 평등 사회를 구현하는 것은 불가능하다는 것
이다.

좌우 연합이 효과가 없을 거라는 근거를 대려면 쉽게 수십 가
지를 떠올릴 수 있다. 하지만 사회체제에 외부의 충격이 가해진
후라면, 상황이 달라질 수도 있다. 권위의 위기가 배태한 가장 최
근의, 그리고 가장 기발한 운동인 월가 점령시위를 통해 대중은
변화를 일으키려면 정치적 편가르기의 기준을 완전히 바꿔야 한
다는 진리를 깨달은 것 같다. "중요한 건 계급입니다." 월가 점령
시위 활동가인 앤드류 스미스가 내게 말했다. "정당이나 종교끼
리 연합할 수는 없습니다. 하지만 계급끼리는 그게 가능하죠."

미국 정치사를 보면 그와 반대로 흘러왔다. 그러나 진리는 다
음의 투자회사 광고 문구에 담겨 있다. '과거의 실적이 절대 미래
의 수익을 보장하지는 않습니다.'

후기능력주의 사회의 엘리트 계급은 본질적으로 실패할 수밖

에 없다. 그들이 위임받은 기관들이 대중과 너무 멀리 떨어져 있어서 제대로 운영되지 않기 때문이다. 내가 이 글을 쓰고 있는 지금, 우리는 분명히 지구의 운명을 위태롭게 할 지구온난화를 향해 돌진하고 있다. 우리 사회의 엘리트와 기관들은 지금 운석처럼 닥쳐와 참상으로 끝날 재난에 대처할 능력이 전혀 없다. 우리의 금융시스템은 금융위기 이후에 오히려 더 소수에 집중되고 있다. 대형 은행이 더 대형화되면서 대마불사라는 논리가 한층 공고해진 것이다. 빈부격차는 더욱 악화되었고, 정부는 우리의 미래를 18세기 연료인 원유에 기대기 위해 너무 많은 국가에서 군사 개입을 하고 있다.

나는 또 다시 위기가 다가오고 있는 것 같아 두렵다. 우리 사회의 불균형은 필연적으로 위기를 불러들일 것이다.

그리고 다시 위기가 온다면, 리먼 브라더스 사태 때 의회에서 이해할 수 없는 결정을 내렸듯이 다시 한 번 정상 정치가 황당한 정치에 자리를 내줘야 하는 순간이 올 것이다. 그리고 그런 상황에서, 평등과 책임에 힘써야 할 자리에 어떤 이상한 세력이 부상할지 누가 알겠는가?

위기는 우리가 열망하거나 반겨야 할 일이 아니다. 우리가 경험했듯이, 전쟁이나 금융위기, 자연재해가 일어나면 우리 사회의 가장 약하고 가장 가난하고 가장 무력한 사람들이 가장 가혹한 타격을 받기 때문이다. 하지만 국가의 기반인 통치기관이 젠가 블록처럼 와르르 무너지는 혼란기는 새로운 정치 형태들이 여기저기서 생겨나는 좋은 기회가 되기도 한다. 우리는 그 탑을 너무 오랫동안 쳐다보고 있어서 그것이 블록으로 만들어졌다는 사실을 잊고 있었다. 블록을 다른 방식으로 쌓을 생각을 못하고 있었던 것이다.

역사적으로 권위의 위기가 오면 해당 기관들을 개혁하기 위한 단결된 운동도 일어났지만, 일과 삶을 양립시키는 근본적으로 새롭고 조화로운 혁신 조직이 탄생하기도 했다. 19세기의 농촌에서는 예측 불가능성에서 오는 위험을 나누고 농산물 피해를 조정하기 위해 농부들이 협동조합과 상호부조를 만들어냈다. 정부에서는 그런 지원을 해주지 않았기 때문이다. 바삐 돌아가는 산업사회의 노동자들은 노동조합을 결성하기 시작했고, 20세기 들어 유럽 출신 이민자들은 공제회와 사교 클럽을 바다 건너 미국 땅에 소개했다. 이러한 조직들은 산업사회의 대도시 한가운데서 부대끼던 미국인들의 삶에 새로운 바람을 몰고 왔다.

대체로 조직의 혁신은 사회 개혁보다 먼저 일어난다. 뉴딜정책이 시행되던 초반, 프랜시스 타운센드라는 의사는 노인들을 위한 국가 연금을 시행하면 대공황을 끝낼 수 있다는 확신이 들었다. 집집마다 방문하는 성경책 판매원처럼 그는 전국을 돌아다니며 자신의 아이디어를 적극 알리는 한편, 수많은 연금기금 전도사들을 길러내 대중에게 연금이라는 복음을 퍼뜨렸다. 그는 노령자 회전 연금이라는 개인 회사를 차렸는데, 한창 때는 가입자가 200만 명이 넘기도 했다.[29] 미국 노인 인구가 1천만 명이 겨우 넘었을 때의 일이다. 이 운동이 어찌나 인기가 많고 정치적 압박이 거셌던지, 루즈벨트 대통령이 타운센드 계획의 인기몰이에 제동을 걸기 위해 사회보장법을 도입했다는 증거도 있다.

다행스럽게도 오늘날에는 조직의 혁신이 훨씬 더 많이 쏟아지고 있다. 가장 유망한 조직 혁신의 중심은 당연히 인터넷이다. 지난 10년 동안 사회 활동 조직의 가장 획기적인 방식들은 거의 다 인터넷이 있어서 가능했다. 몇 가지만 들어보더라도 무브온의 정치 세력 조직과 기금 모금, 수많은 블로그들, '미국을 위한 오바마'* 등이 있다.

기존의 권위기관들이 역사상 유례없이 불신을 받는 이 시대에, 위키피디아는 진정 새로운 형태의 권위를 얻었다. 이는 절대 사소한 성취가 아니다. 위키피디아의 설립자 지미 웨일즈는 특이함과 약간 괴짜스러운 열정이라는 점에서 이 시대의 프랜시스 타운센드라 할 만하다. 중요한 차이점은 타운센드의 목표는 정부를 압박해서 그의 계획을 실현시키는 것이었지만, 아인 랜드**의 열렬한 지지자인 지미 웨일즈는 그 백과사전의 장점에 대해 단 한

---

* 오바마의 재선을 위한 선거 캠프 조직
** 1903~1982. 러시아계 미국인, 소설가, 극작가, 철학자. 자신의 사상을 '객관주의'로 표현했다. 이기주의와 이성의 지지자이며, 집단주의와 이타주의 및 신비주의는 개인의 자유와 건강한 자아, 이성을 가로막는다고 주장했다.

명의 의원도 설득할 필요 없이 자신의 '계획'을 실행에 옮겼다는 것이다. 이처럼 우리는 인터넷을 기반으로 한 유기적인 협력을 통해, 낡은 조직의 독점체제에 균열을 일으키고 붕괴시키는 새로운 조직을 상상하고 실현할 수 있다. 크레이그스 리스트*와 개인 간 미소 금융 대출업체들, 유튜브를 통한 원거리 학습의 세계가 바로 여기에 속한다.

인터넷은 평등한 조직을 구성하는 엄청난 잠재력이 있지만, 인터넷이 필수적인 조건은 아니다. 인터넷이 없이도 함께 모이는 방법을 찾을 수 있다. 티파티와 월가 점령 시위가 모두 자신들을 지도자가 없는 조직이라고 강조하는 것은 의미심장하다. 사실 티파티는 자신들의 조직 정책을 구상할 때 『불가사리와 거미: 분화하고 성장하고 진화하라』에서 아이디어를 얻었다. 그 책의 중심 사상은, 지도자가 있는 조직은 그 지도자의 정책 결정 능력보다 더 나아지지 않지만, 권력을 분산시키면 소수 엘리트의 한계에 얽매이지 않는다는 것이다. 그것은 미헬스의 '철칙'을 개선한 방식이다. 《내셔널 저널》의 조나단 라우치는 "미국 사회에서 급진적인 권력분산을 이렇게 광범위하게 실험한 적은 없다"고 주장했다. "티파티 활동가들은 (누군가의 표현을 빌리면) '밀집되지 않은 벌집 구조' 체계를 그들의 가장 뛰어난 혁신이자 비밀 병기로 자부한다. 그 방식 덕분에 기존의 정치조직과 이익단체의 허를

---

* 개인 판매, 구인구직, 주택 매매, 토론을 위한 공간 등을 제공하는 광고 웹사이트.

찌르며 지속적으로 활동할 수 있었다는 것이다…. 어리석은 지도자나 사리사욕에 눈먼 지도자가 그 조직을 해체하는 것은 불가능하다. 공식적인 지도자가 없기 때문이다. 기존 조직에서는 파편화가 조직을 와해시켰지만 티파티에서는 파편화가 오히려 그 네트워크를 강화한다. 이 조직 원리는 불가사리와 비슷하다. (어떤 종에서는) 다리 하나를 자르면 그 잘린 다리가 완전한 불가사리로 자라나지 않는가."[30]

마찬가지로, 월가 점령시위의 공식적인 정책도 '지도자 없는 저항 운동'이다. 평등을 지향하고 계급화에 반대한다는 그들의 철저한 신념은 참여자 전원 합의로 의사결정을 하는 '총회'라는 번거로운 방식을 만들어냈다. 매일 저녁 전국의 월가 점령시위 본부는 야간 총회를 여는데, 이 총회가 자치조직 역할을 했다. 모든 결정은 공동으로 내렸으며, 총회 참가자 중 누구든 결정을 막을 수 있고, 누구도 다른 사람들보다 발언권이 강하지 않았다. 대표도 없었고 상근자도 없었다. 또한 미헬스가 필연적으로 소수에 의한 다수의 지배체제를 가져오는 원인으로 지목한 '조직'의 메커니즘도 거의 없었다. 이런 방식은 모든 분야에서 철저히 행해졌기 때문에 효율성을 해치기도 했다. 회의는 지칠 정도로 길었고, 결정은 답답할 정도로 느렸다. 하지만 그것이 조직 전체의 방식이었다. "우리는 우리가 꿈꾸는 사회의 축소판을 만들고 있습니다."[31] 월가 점령 시위를 처음 고안한 급진적 성향의 인류학자 데이비드 그래버가 〈워싱턴포스트〉의 에즈라 클라인에게 한 말이다. 그의 설명에 의하면, 시위 참가자들은 정부가 내세우는 부패하고 뻔한 '가짜 민주주의'의 대척점에 설 직접 민주주의의 진정한 모델을 창조하고 싶어 한다.

현재의 위기에서 벗어날 길을 찾으려면 이런 정치적 상상력을 더 적극적으로 발휘해야 한다. 다양한 사회질서를 구상해야 하고, 어떻게 하면 더 평등한 조직을 만들지를 고민해야 한다. 그러려면 현 체제에 맞서 싸울 뿐 아니라 더 평등한 사회를 지향하는 연합, 기관, 그리고 지지층을 구축해야 한다. 후기능력주의 사회의 빈부격차는 우리 모두가 당사자로 동의한 사회계약의 가장 뚜렷한 특징이다. 그 계약 조건은 전 사회적인 차원에서 재조정되어야 한다. 이런 현실에서는 물러날 수도 없고, 회피할 수도 없다. 가장 토대가 되는 기관들—교육제도, 연방정부, 국가 안보기관, 월가—과 정면으로 맞서 직접 개혁해야 한다. 이빨과 발톱과 칼을 무기 삼아 터무니없는 이득을 얻는 세력에 맞서 권력을 분산시켜야 한다. 시민들의 유기적인 풀뿌리식 협동은 이런 목적을 이루기 위해 꼭 필요한 수단이지만, 그것만으로 끝나면 안 된다.

미국이 세 번째 평등시대를 여는 데 필요한 대변동과 사회 변혁을 겪는다 해도, 어떤 행복한 세계나 가장 발전된 단계에 도달하지는 않을 것이다. 누구도 막을 수 없는 역사의 물결이 계속 반복될 것이기 때문이다. 자연히 부패가 진행될 것이고, 결국 수십 년이 지나면 국민들은 또 다시 좋았던 옛날을 애타게 그리워하면서 고장난 기관들을 비판하게 될 것이다. 이것이 역동적인 사회의 주기다. 평등 사회는 절대 최종적인 단계가 아니며, 민주주의는 절대 안정적인 균형 상태를 유지하지 못한다. 그것들은 과정일 뿐, 변화는 다시 일어나게 마련이다. 이제 우리가 할 일은 그 변화를 가져올 주체가 바로 우리임을 인식하는 것이다.

감사의 말

능력주의 사회는 우리가 성취한 것은 온전히 우리의 능력으로 성취한 거라고 세뇌시켰다. 이 책에서 내가 분명히 말하려 노력했지만, 그것은 유혹에 빠지기 쉬운 위험한 생각이다. 이런 규모의 작업이라면 당연하지만, 이 책도 표지에 저자로 나온 한 사람보다 훨씬, 훨씬 더 많은 사람들의 노고로 이루어진 산물이다. 네이트 실버는 자신의 오래된 정치 통계 전문 블로그 〈358〉에서 주요 기관들에 대한 국민들의 신뢰도가 하락하는 추세를 종합 사회조사를 통해 보여주었는데, 나는 그 자료를 보고 이 책에 대한 아이디어를 처음 구상했다. 그리고 어떤 내용의 책을 쓸 것인지 구체적으로 밝힌 것은 2009년 댄 베나임과 함께 워싱턴 D.C.를 오랫동안 걸으며 한담을 나누던 중이었다.

이 책의 방향을 상세히 발전시키는 동안 나는 핵심 주제에 대해 수백 명의 친구와 동료들과 이야기를 나누며 그들의 생각을 들었고, 이 대화는 이 책의 면면에 녹아 있다. 워싱턴 D.C.에서 작업을 하는 동안 우리 팀은 지적인 활기와 애정이 넘치는 공동체였다. 앞에서 말한 댄 베나임, 멕 루니, 댄 루리, 엘리자베스 드류, 카림 살레, 에밀리 파커, 엘레나 버코위츠, 에드 알 후세이니, 그리고 피비 코넬리가 우리 팀원이었다. 에즈라 클라인은 긴요한 피드백과 용기를 주었는데, 기진맥진할 정도로 힘든 구성 단계에서 많은 힘이 됐다. 그리고 라이언 그림은 나의 방식을 찾아가는 데 멋진 조언을 해주었다. 조시 시걸은 장거리 운전을 하면서 세 시간 동안이나 아이디어를 쏟아냈다. 이런 특기는 조시가 단연 세계 최고일 것이다. 데이브 무어와 브라이언 쿡은 나보다 더 인터넷 자료를 많이 읽었다. 그 일이 나의 주업무인데도 말이다. 두 사람은 내게 필요한 자료를 계속해서 제공해 주었다. 댄 버윅은 내가 캠브리지에 머무는 동안 숙소를 마련해주었고 날카로운 통찰력으로 집필에 도움을 주었다. 이사 퀠러-하우스만, 캐시 페널, 에릭 클리넌버그, 제프 레인, 그리고 톰 쉘러는 광대한 학문적 지식을 너그럽게 나눠주었다. 다른 친구들도 싫은 내색 없이 기관에 대한 불신과 엘리트의 실패에 대한 몇 년에 걸친 나의 편집증적인 연구에 동참했다. 헌터 팀—사춘기 시절부터 알고 지냈고 앞으로도 함께 나이 들고 싶은—과 안드레이 샤인크만, 엘리제 젤레초브스키, 폴 스미스, 미셸 밀스, 그리고 시카고의 사랑하는 많은 친구들에게 인사를 전한다.

여러 사람들이 초고를 읽고 조언해주었다. 헨리 퍼렐은 초고를 전부 공들여 읽고 그답게 날카로운(하지만 점잖은!) 비판을 해주었다. 스티브 텔레스, 빌 데일리 신부님, 헤더 파튼(딕비로 더 많이 알려진), 폴 스미스, 릭 펄스타인, 그리고 닉 르빌은 모두 각자 맡은 장을 읽고 피드백을 줘서 이 책을 훨씬 더 낫게 만들어주었다. 지칠 줄 모르고 무엇이든 읽어대는 조나단 르윈슨은 내가 보내주는 원고를 탐닉하듯 읽으며 계속 응원해 주었다. 나의 오랜 역사 선생님 어빙 케이건은 열네 살의 나를 정치철학으로 인도해 현재의 길에 들어서게 해주셨을 뿐 아니라 감사하게도 헌터에 관한 이야기를 생각해내도록 도와주셨다.

스티브 콜과 안드레스 마르티네즈는 새로운 미국 재단 소속의 멋진 사상가들을 만나게 해주었다. 나의 부족한 학문적 혈통에도 불구하고, 나를 하버드 대학의 에드먼드 사프라 윤리 센터에 초대해준 로렌스 레식에게도 감사의 인사를 드리고 싶다. 덕분에 그곳에서 나는 1년 동안 부정부패연구소의 객원 연구원으로 보낼 수 있었다.

그곳에서 만난 상상력이 풍부하고 아량 있는 학자들이 책의 방향을 잡는 데 상당한 영향을 주었다. 2년 동안의 집필 기간 동안 나는 재능 있고 성실한 조사 요원들을 만나는 행운도 누렸다. 라이언 라파티, 로라 스탬플러, 노라 딘, 로렌 노스, 캐이시 샤프, 에릭 나잉, 그리고 에마 듀메인은 자료의 출처와, 객관적 사실, 보도자료, 아이디어를 찾도록 도와주었다.

친절하고 꼼꼼한 척 월슨은 이 책에 사용된 방대한 자료를 확인하고, 각주와 인용까지 정리해주었다. 사소한 부분도 놓치지 않는 그의 세심함 덕분에 나는 창피를 당하지 않을 수 있었다. 그래도 혹시 실수가 남아 있다면 그것은 전적으로 나의 책임이다.

나를 작가로 키워준 카트리나 반덴휴벨은 지금도 나의 변함없는 멘토이자 지지자이자 친구이다. 벳시 리드, 리처드 김, 론 캐리를 비롯한 《네이션》의 동료들은 작가로서 가질 수 있는 최고의 재산이다.

MSNBC 방송국의 필 그리핀은 내 역량을 믿고 일주일에 네 시간이나 배정해주었고, 그 일은 내가 해본 일 중 가장 마음에 드는 일이다. 레이첼 매도우는 나의 동지이자 롤모델이다. 그녀의 관대함과 진실함은 감동을 준다. 〈업〉의 훌륭한 스텝들은 모두 이 책을 끝내기까지 여러 작업을 하느라 스트레스에 지치고 산만한 나를 너그럽게 봐줬다.

윌 리핀코트는 매우 헌신적이고 박식하며, 내가 만난 사람 중 가장 매력적인 사람이다. 다른 말로 하면 흠잡을 데 없는 출판 대리인이다. 그의 지혜와 판단력, 유머, 그리고 지원 덕에 이 모든 일을 할 수 있었다.

윌의 비범한 재능이 가장 두드러진 곳은 나를 바네사 모블리에게 소개해준 일일 것이다. 그녀는 그냥 편집자가 아니라 이 책을 전반적으로 추진하는 데 기여한 부조종사라 할 만하다. 처음 만나 이야기를 나눈 지 2분도 되지 않아 그녀는 로티를 언급했다. 그때 이미 우리는 똑같은 관점을 갖고 있었던 것이다. 계약서에 사인을 했을 때 그녀와 함께 일했거나 당시 일하고 있던 작가들이 내게 이메일을 보내 뉴욕 최고의 편집자를 만났다며 축하해주었다. 그 말이 맞았다. 몰리 스턴, 줄리 세플러, 페니 사이먼, 그리고 크라운 출판사 전체 팀이 놀랄 정도로 지원을 잘해주었고 이 책이 최대한 많은 독자들의 손에 들어갈 수 있도록 적극적으로 나서주었다.

가족들—부모님, 린다 숙모님, 알렉스, 다이아나, 쉴라, 돈 삼촌, 빌리, 그리고 로니—은 이 책의 핵심 주제와 주장을 펼칠 때 가장 중요하게 생각한 독자들이었다. 그래서 그들에게 이 책의 주제와 방향, 주장, 사연들을 먼저 들려준 다음, 그들의 반응을 보고 내용을 구성했다. 아내의 형제자매들인 메리, 앤디, 에밀리와 EB 쇼, 그리고 짐 퍼먼은 지치지 않고 나를 응원해주며 우리 딸을 돌보는 일부터 지혜로운 조언까지 무엇이든 도와주었다. 날마다 점잖게, 유머를 잃지 않고, 즐겁고 열정적으로, 힘들지만 꼭 해야 하는 임무를 시민의 한 사람으로서 수행하는 내 동생 루크가 존경스럽다.

열여덟 살 때 나는 그 누구보다 아름답고 매력적이고 영리해 보이는, 그래서 가슴을 뛰게 만드는 여학생을 만났다. 지난 14년 동안 그녀와 함께 삶을 보낸 건 나에게 축복이었고, 그녀의 진가를 여전히 다 파악하지 못했음을 하루하루 느낀다. 내가 하는 일, 글 쓰는 방식, 그리고 지금의 내 모습은 아내 케이트 덕분이다. 케이트의 끝없는 열정, 배려심, 능력, 그리고 열린 마음은 나에게 더 나은 사람, 더 완전한 사람이 되는 법을 가르쳐주었다. 이 책의 문장 하나하나에는 그녀의 흔적이 담겨 있다.

이 책을 써야겠다고 생각했을 때, 우리의 소중한 딸 라이언은 아직 태어나기 전이었지만, 인간의 잉태 기간은 책의 잉태 기간보다 짧아서 라이언이 책보다 먼저 세상의 빛을 보았다. 라이언, 우리에게 너보다 소중한 건 없단다. 그리고 미안한데 너는 이미 시카고 컵스 팬으로 정해졌단다.

크리스토퍼 헤이즈

옮긴이의 말

한때 우리는 모두 엘리트를 선망하고 존경했다. 그들은 똑똑하고 공정하고 무엇보다도 복잡한 이 사회를 이끌어갈 혜안이 있었으니까. 우리가 길을 잃었을 때 방향을 알려주는 선지자였으니까.

하지만 엘리트는 언제부턴가 부끄러운 이름이 되었다. 대중의 눈에 그들은 출발선보다 한참 앞에서 시작하여 온갖 반칙으로 그 자리에 오른 사람들일 뿐이다. 그래서 존경은커녕 그들이 하는 주장마저 모두 의심의 대상이 된다. 바로 이 나라에서도 소위 엘리트들이 적극 가담한 대사기극은 우리의 기대(?)를 배반하지 않았고, 2016년부터 드러난 조직적 범죄는 1년이 지난 지금도 전체적인 규모를 가늠할 수 없을 정도로 나날이 추악한 모습을 드러내고 있다.

저자 크리스토퍼 헤이즈는 사회시스템을 붕괴시키는 이러한 엘리트들의 배신이 명석함에 대한 엄청난 보상 때문이라고 말한다. 평범한 사람들과 비교도 안 될 정도의 막대한 보상은 그 자리를 어떻게든 지키기 위한 부정행위를 낳았고, 새로운 능력자들의 유입이 차단된 사회는 공멸의 길로 가고 있다는 것이다. 이를 바로잡기 위해 저자는 시작의 평등함뿐 아니라 결과의 평등함도 중요시해야 한다고 역설한다. 이는 능력주의라는 원칙으로 사회를 운영하더라도 그 간극이 너무 벌어지지 않게 조절하자는 것이다. 능력주의를 신봉하는 사람들은 이러한 조절이 능력주의의 정신을 해친다며 반대하겠지만, 생각해보면 결과의 평등은 지극히 당연한 주장이다.

먼저, 명석함은 유전자가 중요한 역할을 한다는 것을 누구도 부인할 수 없을 것이다. 성장 환경도 어떤 부모를 만났느냐가 크게 좌우한다. 좋은 유전자를 물려받고―정확히 말하면 사회에서 인정해주는 유전자를 물려받고―좋은 환경에서 자란 사람들은 사회에서 성공하기가 상대적으로 수월하고, 그래서 자연스럽게 계층사다리의 꼭대기를 차지할 것이다. 다소 거칠게 말하면 우리 사회는 운 좋게 태어났다는 이유로 돈과 권력을 쉽게 차지하는 사회다.

둘째, 사회에 기여한다는 이유로 엘리트는 큰 보상을 받지만, 우리가 목격했듯 엘리트는 사회에 심각한 병폐를 남기기도 한다. 게다가 사회에 기여한다는 기준도 애매하다. 매일 쓰레기를 치우는 환경미화원과 유명 연예인 중 사회에 더 기여하는 사람은 누구인가. 환경보호 활동가와 기업 소속 변호사 중 사회에 더 기여하는 사람은 누구인가. 농부와 대학교수는 어떤가. 관점에 따라 다를 것이다. 하지만 전자와 후자의 사회적 대우는 천지차이다. 나름의 방식으로 사회에 기여하고 있는데도 말이다. 그러니 부질없이 사회의 기여도를 세세히 따지기보다는 모두가 능력껏 양심에 따라 살아간다는 것을 전제로 평등한 대우를 해주는 것이 인간적일 뿐 아니라 사회정의에도 맞지 않겠는가.

국세청 자료에 의하면 2016년을 기준으로 배우 상위 1퍼센트인 158명은 연평균 20억 800만원을 벌었다. 반면 하위 90퍼센트인 1만 4,283명의 연평균 수입은 620만원으로 매달 52만원 수준이었다. 상위 1퍼센트와 하위 90퍼센트의 연평균 수입 격차는 무려 324배에 달했다.

한 분야에서 가장 뛰어난 사람이 그 분야의 평범한 사람보다 얼마나 더 많은 보상을 받아야 하는지 공식적인 기준은 없다. 하지만 324배라니! 이 정도는 아니지만 기업도 마찬가지다. 2016년 기준 시가총액 상위 30대 기업 가운데 연봉을 공개한 28곳을 조사한 결과 CEO 연봉은 일반직원 평균의 최고 62.6배였다. 다시 말하지만, 최저가 아니라 평균과 비교해서다.

혹자는 막중한 임무를 맡은 인재들에게 돈으로 보상하지 않으면 그런 일을 맡을 사람이 없을 거라고 우려할 것이다. 하지만 사회에 기여하는 것 자체에서 기쁨을 느끼는 사람도 있고, 그런 기여에 대한 인정을 충분한 보상으로 여기는 사람도 분명 있다.

백번 양보해서 명석한 사람들에게 돈으로 보상하는 것이 합리적이라고 하자. 그런데 그 보상액이 평범하지만 성실한 동료보다 300배나 많을 때—아니 30배라 해도—그는 떳떳하게 동료들을 바라보며 그것을 정당한 자기 몫이라고 주장할 수 있을까. 평범한 동료들은 모욕감을 느끼지 않고 그 몫을 인정할 수 있을까.

능력껏 성실하게 일하는 사람들이 서로 입장 바꿔 생각했을 때 부끄러움이 없고 억울함이 없는 사회, 너무나 당연한 이런 사회를 이루기까지는 아직 갈 길이 먼 것 같다. 부디 미국만큼 너무 멀리 가지 않고 제자리를 찾길 바랄 뿐이다.

2017년 10월

한진영

주

1장 똑똑한 사람들? 알고 보니 벌거벗은 임금님!

1. "Income and Poverty Rate at 1990s Levels", *New York Times*, September 23, 2011.

2. Elizabeth Mendes, "In U.S., Optimism About Future for Youth Reaches All-Time Low," Gallup.com, May 2, 2011.

3. 미군의 사망자 수는 다음을 참조했다. Department of Defense, http://www.defense.gov/news/casualty.pdf, December 27, 2011. 이라크 국민의 사망자 수는 다음을 참조했다. "AP Exclusive: Secret Tally Has 87,215 Iraqis Dead," Associated Press, April 23, 2009. 이 기사에 의하면 2003년 미군 주도의 침략 이후 이라크인 11만 명 이상이 사망했다. 전쟁 비용에 관한 내용은 다음을 참조했다. Amy Belasco, "The Cost of Iraq, Afghanistan, and Other Global War on Terror Operations Since 9·11," Congressional Research Service, March 29, 2011.

4. p. 13 of *Meeting on Priorities for the Next Administration: Use of TARP Funds under EESA*, Committee on Financial Services, U.S. House of Representatives, 11th Congress, (Washington, D.C.,: U.S. Government Printing Office, January 13, 2009)에서 재인용.

5. "Annual Average Unemployment Rate, Civilian Labor Force 16 Years and Over (percent)," Bureau of Labor Statistics, http://www.bls.gov/cps/prev_yrs.htm, January 17, 2012.

6. David Carr, "Olbermann, Impartiality and MSNBC," *New York Times*, November 8, 2010에서 재인용.

7. 2010년 11월 3일, 백악관 이스트룸에서 열린 대통령 기자회견 참조. http://www.whitehouse.gov/the-press-office/ 2010/11/03/ press-conference-president, December 28, 2011.

8. 저자 인터뷰.

9. 저자 인터뷰.

10. Thomas L. Day, "Penn State, My Final Loss of Faith," *Washington Post Guest Voices* blog, http://www.washingtonpost.com/blogs/guest-voices/post/ penn-state-my-final-loss-of-faith/2011/11/11/gIQAwmiIDN_blog.html, January 17, 2012.

11. 저자 인터뷰.

12. 저자 인터뷰.

13. 저자 인터뷰.

14. 아지키웨이에 대한 더 자세한 사항은 다음을 참조할 것. Mike Wilkinson, "Nearly Half of Detroit's Workers Are Unemployed," *Detroit News*, December 16, 2009.

15. Charles Simic, "The New American Pessimism," *New York Review of Books*, March 10, 2011, http://www.nybooks.com/blogs/nyrblog/2011/mar/10/new-american-pessimism/, January 18, 2012.

16. 저자 인터뷰.

17. "Le Hameau de la Potomac," http://digbysblog. blogspot.com/2009/10/ le-hameau-de-la-potomac-by-digby-i-have.html, January 18, 2012.

18. 저자 인터뷰.

19. 저자 인터뷰.

20. 저자 인터뷰.

21. James Reston, "The Hypocrisy of Power," *New York Times*, April 8, 1970.

22. "Americans' Confidence in Congress at All-Time Low," Gallup.com, June 21, 2007, and "Confidence in Congress: Lowest Ever for Any U.S. Institution," Gallup.com, June 20, 2008.

23. Lawrence Lessig, *Republic, Lost: How Money Corrupts Congress - and a Plan to Stop It* (New York: Hachette Book Group, 2011), p. 247.

24. "Distrust, Discontent, Anger, and Partisan Rancor: The People and Their Government," Pew Research Center for the People & the Press, April 18, 2010, http:// www .people-press .org / 2010 / 04 / 18 / distrustdiscontent-anger-and-partisan- rancor/, April 5, 2012.

25. "Survey of Young Americans' Attitudes Toward Politics and Public Service: 17th Edition," Institute of Politics, Harvard University, Key Findings& Highlights presented at The Brookings Institution, March 9, 2010, http:// www.iop.harvard.edu/var/ ezp_site/storage/ fckeditor/file/010308_IOP%20 Spring%202010_powerpoint.pdf, January 19, 2012.

26. 저자 인터뷰.

27. "Confidence in Institutions," Gallup, http://www.gallup.com/poll/1597/ confidence-institutions.aspx, January 19, 2012.

28. 2008년 1월 31일 CNN 민주당 경선 토론에서의 오바마 발언.

29. Transcript: Barack Obama's Inaugural Address, *New York Times*, January 20, 2009, www.nytimes.com/2009/01/20/us/politics/20text-obama.html, February 22, 2012.

30. Peter Baker, "Education of a President," *New York Times Magazine*, October 12, 2010.

31. 저자 인터뷰.

32. Paul Krugman, *The Great Unraveling* (New York: W. W. Norton Company, 2004), p. xxxii.

33. Edmund Burke, *The Works of the Right Honorable Edmund Burke*, vol. 5 (London: F. and C. Rivington, 1801), pp. 57 and 59.

34. David Brooks, "What Life Asks of Us," *New York Times*, January 26, 2009.

35. "Farewell Address by Senator Christopher Dodd, The Senate Chamber," Federal News Service, December 29, 2010.

36. Matthew Dalton, "A Banker's Plaintive Wail," Davos Live, *Wall Street Journal Blogs*, January 27, 2011, http://blogs.wsj.com/davos/2011/01/27/

a-bankers-plaintive-wail/, January 19, 2012.

37. David Brooks and Dick Cavett, "In Whom Can We Trust?" *Opinionator: Exclusive Online Commentary from The Times*, http://opinionator.blogs. nytimes.com/2010/03/05/in-whom-can-we-trust/, January 19, 2012.

38. Jonathan Alter, *The Promise: President Obama*, Year One (New York: Simon & Schuster, 2010), p. 64.

39. Christopher Lasch, *The Revolt of the Elites and the Betrayal of Democracy* (New York: W. W. Norton, 1996), p. 41.

40. 저자 인터뷰.

41. 저자 인터뷰.

42. Rong-Gong Lin II and Sandra Poindexter, "Drop in Vaccinations Raises Risk at Some California Schools," *Los Angeles Times*, March 29, 2009에서 재인용.

43. "Pertussis(Whooping Cough)," Centers for Disease Control and Prevention, http://www.cdc.gov/pertussis/outbreaks.html, January 19, 2012.

44. "Fewer Americans See Solid Evidence of Global Warming," Pew Research Center for the People & the Press, October 22, 2009, http://pewresearch.org/ pubs/1386/cap-and-trade-global-warming-opinion, January 19, 2012.

45. "Science Scorned," *Nature*, September 9, 2010에서 재인용.

46. Shira Ovide, "More Evidence Wall Street Pay at Near or Record Levels," *Deal Journal*, February 23, 2011, http://blogs.wsj.com/deals/ 2011/02/23/ more-evidence-wall-street-pay-at-near-record-levels/, January 18, 2012.

47. Joe Weisenthal, "Senator Admits That Bankers Own Capitol Hill," *The Business Insider*, May 1, 2009에서 재인용.

2장 하버드는 썩어도 준치이니 우대하라?

1. "Why Goldman Sachs?" http://www2.goldmansachs.com/careers/why-goldman-sachs/ourculture/index.html, January 5, 2012.

2. 헌터 중고등학교 입학 처장 카일라 쿠퍼스타인 토레스가 제공한 정보.

3. 연설문 전문은 〈뉴욕 타임스〉 웹사이트에서 볼 수 있다. www.nytimes.com/packages/pdf/speech.pdf.

4 Katharine Davis Fishman, "The Joyful Elite," *New York*, January 18, 1982.

5. 저자 인터뷰.

6. Sharon Otterman, "Diversity Debate Convulses Elite High School," New York Times, August 4, 2010에서 재인용.

7. 저자 인터뷰.

8. 저자 인터뷰.

9. Belinda Zhou, "Graduation Speech Ignites Heated Debate," *What's What*, October 26, 2010에 실린 Chnthia Bau의 발언 재인용.

10. Nicholas Lemann, *The Big Test: The Secret History of the American Meritocracy*, rev. pbk. ed.(New York: Farrar, Straus & Giroux, 2000), p. 344.

11. 저자 인터뷰.

12. 다니엘 핑크가 분석한 ETS 자료. http://www.danpink.com/archives/2012/02/how-to-predict-a-students-sat-score-lookat-the-parents-tax-return.

13. Javier C. Hernandez, "The Big Cram for Hunter High School," *New York Times*, January 3, 2009.

14. Elizabeth Stone, *The Hunter College Campus Schools for the Gifted: The Challenge of Equity and Excellence* (New York: Teachers College Press, 1992), p. 3

15. Hunter College Campus Schools 2009 Basic Educational Data Systems Report http://hces.hunter.cuny.edu/BasicEdDataSysReport_2009.pdf.

16. Michael Young, *The Rise of the Meritocracy* (1958 repr, New Brunswick, N.J.: Transaction Publishers, 1994), p. 11.

17. Michael Young, "Down with Meritocracy," *Guardian*, June 28, 2001.

18. Alexis de Tocqueville, *Democracy in America*, vol. 1 (London: Longmans, Green, and Co., 1875), p. 321.

19. *The Essential Jefferson*, ed. Jean M. Yarbough (Indianapolis: Hackett Publishing, 2006), p. 215.

20. *The Tocqueville Reader: A Life in Letters and Politics* (Malden, Mass.: Blackwell Publishers, 2002), p. 67.

21. C. Wright Mills, *The Power Elite* (New York: Oxford University Press, 1956), p. 21.

22. Joseph V. Femia, *Pareto and Political Theory* (New York: Routledge, 2006), p. 71에서 재인용

23. Ben Bernanke, "The Level and Distribution of Economic Well-Being," speech before the Greater Omaha Chamber of Commerce, Omaha, Nebraska, February 6, 2007, http://www.federalreserve.gov/newsevents/speech/bernanke20070206a.htm, January 5, 2012.

24. Young, *Rise of the Meritocracy*, p. 11.

25. Edmund Burke, *Reflections on the Revolution in France, and on the Proceedings in Certain Societies in London Relative to That Event* (London: J. Dodsley, 1790), p. 72.

26. Lori Cox Han, *A Presidency Upstaged: The Public Leadership of George H. W. Bush* (College Station, Tex.: Texas A&M University Press, 2011), p. 181에서 재인용.

27. Bill Clinton, "Remarks at the Opportunity Skyway School-to-Work Program in Georgetown, Delaware," September 3, 1993, *Public Papers of the Presidents of the United States, William J. Clinton, 1993, Bk. 2, August 1 to December 31, 1993* (Washington, D.C.: United States Government Printing Office, 1994), p. 1434.

28. Barack Obama, Address to Joint Session of Congress, February 24, 2009, http://www.whitehouse.gov/the_press_office/Fact-Sheet-Expanding-the-Promise-of-Education-in-America, January 6, 2012.

29. George W. Bush, "Remarks on Signing the No Child Left Behind Act of 2001 in Hamilton, Ohio," January 8, 2002, *Public Papers of the Presidents of the United States, George W. Bush, 2002, January 1 to June 30, 2002* (Washington, D.C.: U.S. Government Printing Office, 2005), p. 23.

30. Andrew Carnegie, *The Empire of Business* (New York: Doubleday, 1913), pp.

3-4. 이 연설은 1885년 피츠버그 커리 상업대학 학생들에게 한 것이다.

31. Karen Zouwen Ho, *Liquidated: An Ethnography of Wall Street* (Durham, N.C.: Duke University Press, 2009), pp. 43-44.

32. Ho, *Liquidated*, p. 44.에서 재인용. 하버드대학교의 수치에 대해서 호는 그 대학 취업 담당국의 자료를 이용했는데, 그 자료에 의하면 하버드 대학 학생들의 거의 절반이 '투자 은행과 컨설팅 회사'의 신입사원 채용에 응시했다.

33. Benjamin Wallace-Wells, "The Romney Economy," *New York*, October 23, 2011.

34. Belinda Zhou, "Graduation Speech Ignites Heated Debate," *What's What*, October 26, 2010.에서 재인용.

35. Amartya Sen, "Merit and Justice," *Meritocracy and Economic Inequality*, ed. Kenneth Arrow et al. (Princeton, N.J.: Princeton University Press, 2000), p. 5.

36. Ho, *Liquidated*, p. 57.

37. Michael J. Graetz and Ian Shapiro, *Death by a Thousand Cuts: The Fight Over Taxing Inherited Wealth* (Princeton, N.J.: Princeton University Press, 2006), pp. 213-14에 인용된 대화.

38. John Kilcullen, "Robert Michels: Oligarchy," http://www.humanities.mq.edu.au/Ockham/y64l11.html, January 6, 2012에서 재인용.

39. Robert Michels, *Political Parties: A Sociological Study of the Oligarchical Tendencies of Modern Democracy*, trans. Eden and Cedar Paul (New York: The Free Press, 1962), p. 65.

40. 같은 책, p. 65.

41. 같은 책, p. 70.

42. 같은 책, p. 342.

43. 같은 책, p. 365.

44. 같은 책, p. 368.

45. Daniel Golden, *The Price of Admission: How America's Ruling Class Buys Its Way into Elite Colleges - and Who Gets Left Outside the Gates* (New York: Three Rivers Press, 2007), p. 6.

46. 같은 책, pp. 6~10.

47. Paul Krugman, "Introducing This Blog," http://krugman.blogs.nytimes.com/2007/09/18/introducing-this-blog/, January 7, 2012.

48. Emmanuel Saez, "Striking It Richer: The Evolution of Top Incomes in the United States," March 15, 2008, http://www.econ.berkeley.edu/~saez/saez-UStopincomes-2006prel.pdf, January 7, 2012 and Arloc Sherman and Chad Stone, "Income Gaps Between Very Rich and Everyone Else More Than Tripled in Last Three Decades, New Data Show," Center on Budget and Policy Priorities, http://www.cbpp.org/cms/?fa=view&id=3220, January 7, 2012.

49. Jacob S. Hacker and Paul Pierson, *Winner-Take-All Politics: How Washington Made the Rich Richer - and Turned Its Back on the Middle Class* (New York: Simon & Schuster, 2010), p. 16.

50. 같은 책, p. 16, 경제학자 토마 피케티와 이매뉴얼 사에즈의 연구 재인용.

51. Alan B. Krueger, "The Rise and Consequences of Inequality in the United States," January 12, 2012, http://www.americanprogress.org/issues/2012/01/curbing_inequality.html, April 5, 2012.

52. Daniel Aaron son and Bhashkar Mazumder, "Intergenerational Economic Mobility in the U.S, 1940 to 2000," Federal Reserve Bank of Chicago, revised February 2007, http://www.chicagofed.org/ digital_assets/publications/working_papers/ 2005/wp2005_12.pdf, January 7, 2012.

53. Katherine Bradbury and Jane Katz, "Trends in U.S. Family Income Mobility, 1967.2004, Boston Federal Reserve, http://www.bostonfed.org/economic/wp/wp2009/wp0907.htm.

54. Tom Hertz, "Understanding Mobility in America," Center for American Progress, http://www.americanprogress.org/kf/hertz_mobility_analy-sis.pdf, January 8, 2012.

55. 저자 인터뷰.

56. "Collateral Costs: Incarceration's Effect on Economic Mobility," The Pew Charitable Trusts, http://www.economicmobility.org/assets/pdfs/EMP_Incarceration. pdfaccessed, January 8, 2012.

57. Isabel Sawhill and John E. Morton, "Economic Mobility: Is the American Dream Alive and Well?" Economic Mobility Project, http://www. economicmobility.org/assets/pdfs/EMP%20American%20Dream%20 Report.pdf, January 8, 2012.

58. "Ever Higher Society, Ever Harder to Ascend: Whatever happened to the belief that any American could get to the top?" *The Economist*, December 29, 2004.

59. CBS News/New York Times Poll, "The American Dream," Monday, May 4, 2009, 6:30 p.m., and Peter L. Callero, *The Myth of Individualism: How Social Forces Shape Our Lives* (Lanham, Md.: Rowman & Littlefield, 2009), p. 93.

60. Michels, *Political Parties*, 355. 마이클의 저서는 1915년에 처음 출간되었다.

3장 책임은 힘없는 사람이 지고 용서는 힘있는 사람이 받는다

1. James Oliphant, "Biden Likens Occupy Wall Street to Tea Party, Blasts BofA," *Los Angeles Times*, October 6, 2011에서 재인용.

2. 앤드류 조셉 스택 사건에 관한 정보는 "Pilot's Communication with Tower Before Crash into Office Building," *Austin Statesman*, February 20, 2010을 비롯하여 몇몇의 언론 보도를 참고했다.

3. Jonathan Capehart, http://voices.washingtonpost. com/postpartisan/2010/02/_joseph_stack_was_angry.html, January 8, 2012.

4. Premiere Radio Networks' *The Rush Limbaugh Show*, February 19, 2010, http://mediamatters.org /mm텔레비전/201002190029, January 8, 2012.

5. David Cay Johnston, "Tax Law Cited in Software Engineer's Suicide Note," *New York Times*, February 18, 2010.

6. 저자 인터뷰.

7. John Micklethwait and Adrian Wooldridge, *The Company: A Short History of a Revolutionary Idea* (New York: Random House Digital, Inc., 2005), p. 74에서 재인용.

8. Christopher J. Goodman and Steven M. Mance, "Employment Loss and the

2007-2009 Recession: An Overview," *Monthly Labor Review*, April 2011, pp. 3-12, http://www.bls.gov/opub/mlr/2011/04/art1full.pdf, January 9, 2012.

9. Colin Barr, "BofA CEO: $53 Million Retirement Score," CNNMoney, October 2, 2009, http://money.cnn.com/2009/10/01/news/newsmakers/ lewis.payout. fortune/index.htm, January 9, 2012.

10. Lucian A. Bebchuk et al., "The Wages of Failure: Executive Compensation at Bear Stearns and Lehman 2000 - 2008," *Yale Journal on Regulation* 27 (2010): 257 - 82. 이 기사에 의하면 딕 펄드는 리먼 브라더스 주식 1200만 주를 매각 하여 4억 6,100만 달러를 벌어들인 것으로 추정된다.

11. Adam Liptak, "Inmate Count in U.S. Dwarfs Other Nations'," *New York Times*, April 23, 2008에서 재인용.

12. Kurt Eichenwald, *Conspiracy of Fools: A True Story* (New York: Broadway Books, 2005), p. 49.

13. Richard Foster and Sarah Kaplan, *Creative Destruction: Why Companies That Are Built to Last Underperform the Market - and How to Successfully Transform Them* (New York: Doubleday, 2001), p. 150에서 재인용.

14. 순위를 매기는 과정에 관해서는 Richard C. Grote, *Forced Ranking: Making Performance Management Work* (Cambridge: Harvard Business Press, 2005), pp. ix-xiii 참조.

15. Timothy Bleakley, David S. Gee, and Ron Hulme, "The Atomization of Big Oil," *McKinsey Quarterly*, May 1997, http://www.mckinseyquarterly.com/ The_ atomization_of_big_oil_217, January 9, 2012. 저자들은 '혁신적 석유 기업' 엔론에서 행하는, 실적에 등급을 매겨 성적이 좋은 사원을 우대하는 새 로운 정책을 높이 평가했다.

16. 저자 인터뷰.

17. 저자 인터뷰.

18. 셰론 왓킨스가 2001년 8월 15일 켄 레이에게 보낸 메모, http://cdm15017. contentdm.oclc.org/cdm4/document.php?CISOROOT=/p15017coll21&CI SOPTR=4319&REC=1, January 19, 2012.

19. 저자 인터뷰.

20. 저자 인터뷰.

21. 저자 인터뷰.

22. Jim Salisbury, "Phillies Get Warning from Fehr," *Philadelphia Inquirer*, March 1, 2009에서 재인용.

23. David Wells, *Perfect I'm Not: Boomer on Beer, Brawls, Backaches, and Baseball* (New York: William Morrow, 2003), p. 54.

24. 같은 책, p. 54.

25. 같은 책, p. 136.

26. Eric D. Gould and Todd R. Kaplan, "Learning Unethical Practices from a Co-worker: The Peer Effect of Jose Canseco," Institute for the Study of Labor, Discussion Paper No. 3328, January 2008, http://ftp.iza.org/dp3328. pdf, January 10, 2012.

27. Kirk Radomski, *Bases Loaded: The Inside Story of the Steroid Era in Baseball by the Central Figure in the Mitchell Report* (New York: Hudson Street Press, 2009), pp. 3-4. 라돔스키는 FBI 조사를 받는 동안 도청 장치를 이용해 관련 사건의 공식 조사관인 조지 미첼 상원의원에게 약물 복용 선수들의 목록을 유출한 것으로 많은 비난을 받았다.

28. 같은 책, chapter 4.

29. Jeff Pearlman, *Love Me, Hate Me: Barry Bonds and the Making of an Anti-Hero* (New York: HarperCollins, 2006), p. 213.

30. Radomski, *Bases Loaded*, p. 59.

31. Tom Verducci, "Totally Juiced," *Sports Illustrated*, June 3, 2002.

32. 저자 인터뷰.

33. Canseco, *Juiced*, p. 199.

34. George J. Mitchell, "Report to the Commissioner of Baseball of an Independent Investigation into the Illegal Use of Steroids and Other Performance Enhancing Substances By Players in Major League Baseball," December 13, 2007, http://extras.mnginteractive.com/live/media/ site36/2007/1213/ 20071213_120215_mitchrpt.pdf, January 19, 2012.

35. Dylan Hernandez, "Dodgers Deeply Implicated," *Los Angeles Times*,

December 14, 2007에서 재인용.

36. Michael K. Ozanian and Kurt Badenhausen, "The Business of Baseball," Forbes.com, April 16, 2008, http://www.forbes.com/2008/04/16/baseball-team-values-biz-sports-baseball08-cx_mo_kb_0416baseballintro.html, January 19, 2012.

37. Brian A. Jacob and Steven D. Levitt, "Rotten Apples: An Investigation of the Prevalence and Predictors of Teacher Cheating," *Quarterly Journal of Economics*, August 2003, p. 843.

38. 같은 출처.

39. Jack Gillum and Marisol Bello, "When Standardized Test Scores Soared in D.C., Were the Gains Real?" *USA Today*, March 27, 2011.

40. Henry Dunning Macleod, *The Theory and Practice of Banking* (London: Longmans, Green, Reader & Dyer, 1866), p. 219에서 재인용.

41. 저자 인터뷰.

42. Steve Wilstein, "McGwire Legend Grows in Season-Long Home Run Derby," Associated Press, August 15, 1998, and " 'Andro' OK in Baseball, Not Olympics," Associated Press, August 22, 1998.

43. 이 증언이 담긴 비디오는 다음에서 볼 수 있다. http://www.c-spanvideo.org/appearance/598024924, January 19, 2012.

44. Securities and Exchange Commission v. Angelo Mozilo, David Sambol, and Eric Sieracki, United States District Court, Central District of California (filed June 4, 2009), p. 10.

45. March 28 and April 13, 2006, e-mails in "Excerpts of E-Mails from Angelo Mozilo," U.S. Securities and Exchange Commission, http://www.sec.gov / news /press/2009/2009-129-email.htm, February 22, 2012.

46. Adam Michaelson, *The Foreclosure of America: Life Inside Countrywide Home Loans and the Selling of the American Dream* (New York: Penguin, 2010), p. 182.

47. Joel Roberts, "Enron Traders Caught on Tape," *CBS Evening News*, December 5, 2007, http://www.cbsnews.com/stories/2004/06/01/

eveningnews/ main620626. shtml, January 19, 2012에서 재인용.

48. Canseco, *Juiced*, p. 211.

49. Jack Abramoff, *Capitol Punishment: The Hard Truth About Washington Corruption from America's Most Notorious Lobbyist* (Washington, D.C.: WND Books, 2011), p. 65.

50. Maurice Mullard, *The Politics of Recession* (Northampton, Mass.: Edward Elgar Publishing), p. 119에서 재인용.

51. Steve Eder and Kary Wutkowski, "Goldman's 'Fabulous' Fab's conflicted love letters," Reuters, April 26, 2010.

52. Ho, *Liquidated*, p. 106.

53. Mark Zachary v. Countrywide Financial Corporation, Plaintiff's Second Amended Complaint.

54. Michael Lewis, *The Big Short: Inside the Doomsday Machine* (New York: W. W. Norton, 2011), p. 158.

4장 책상머리 엘리트를 못 믿겠다

1. Jonathan Martin and John F. Harris, "A New Era of Innuendo," *Politico*, April 28, 2011에서 재인용.

2. Daniel R. Levinson, "Adverse Events in Hospitals: National Incidence Among Medicare Beneficiaries," Department of Health and Human Services, November 2010, http://oig.hhs.gov/oei/reports/oei-06-09-00090.pdf, January 19, 2012.

3. 2009년에는 음주운전으로 인한 교통사고로 1만 839명이 숨졌다. 관련 자료는 다음과 같다. "Impaired Driving: Get the Facts," Centers for Disease Control and Prevention, http://www.cdc.gov/motorvehiclesafety/impaired_driving/impaired-drv_factsheet.html, January 19, 2012.

4. Paul A. Offit, *The Cutter Incident: How America's First Polio Vaccine Led to the Growing Vaccine Crisis* (New Haven: Yale University Press, 2007), pp. 16-17.

5. Kevin McCoy, "Tenet to Pay $395M to Former Patients," *USA Today*,

December 21, 2004.

6. Russell Hardin, "Democratic Epistemology and Accountability," *Social Philosophy and Policy* 17, no. 1(2000).

7. The Editors, "Time Out," *New Republic*, January 30, 2003.

8. David Remnick, "Making a Case," *New Yorker*, February 3, 2003.

9. Danny Hayes and Matt Guardino, "Whose Views Made the News? Media Coverage and the March to War in Iraq," *Political Communication* 27, no. 1 (Routledge, 2010): 59-87.

10. "Remarks by Chairman Alan Greenspan at the Annual Convention of the Independent Community Bankers of America, Orlando, Florida," March 4, 2003, http://www.federalreserve.gov/board docs/speeches/2003/20030304/, January 19, 2012.

11. Norman Williams et al., "In Focus This Quarter: Housing Bubble Concerns and the Outlook for Mortgage Credit Quality," FDIC Outlook, 2004, www.fdic.gov/bank/analytical/regional/ro20041q/na/infocus.html, February 22, 2012.

12. Nell Henderson, "Bernanke: There's No Housing Bubble to Go Bust," *Washington Post*, October 27, 2005에서 재인용.

13. Testimony of Ben S. Bernanke, "The Economic Outlook: Before the Joint Economic Committee, U.S. Congress," March 28, 2007.

14. "U.S. House Prices Rose 13 Percent Over Year," Associated Press, September 1, 2005에서 재인용.

15. "Meeting of the Federal Open Market Committee, December 13, 2005," http://www.federalreserve.gov/monetarypolicy/files/FOMC20051213meeting.pdf, January 19, 2012.

16. S&P/Case-Shiller Home Price Indices, http://www.standardandpoors.com/indices/sp-caseshiller-home-price-indices/en/us/?indexId=spusa- cashpidff--pus----, January 19, 2012.

17. Rich Miller and Josh Zumbrun, "Green span Takes Issue with Yellen on Fed's Role in House Bubble," Bloomberg, March 27, 2010에서 재인용.

18. Charles Layton, "Miller Brouhaha," *American Journalism Review*, March/April 2003.

19. Bob Drogin and John Goetz, "How U.S. Fell Under the Spell of 'Curveball,'" *Los Angeles Times*, November 20, 2005.

20. 짐 크레이머의 이 동영상 두 편은 다음에서 볼 수 있다. http://bigpicture. typepad.com/ comments/2007/08/cramer-pleads-f.html, January 19, 2012.

21. Jon Talton, "Journalism's Culpability in the Economic Crisis," *Encyclopedia Britannica Blog*, March 4, 2009, http://www.britannica.com /blogs /2009/03/ journalisms-culpability-in-the-economic-crisis/, February 23, 2012.

22. Dean Starkman, "How Could 9,000 Business Reporters Blow It?" *Mother Jones*, January/February 2009.

23. Letters to the Editor, *New York Times*, October 4, 1973.

24. Letter of Luciano Storero, January 31, 2007, http://graphics8. nytimes.com/ packages/pdf/world/ Ireland-Catholic-Abuse.pdf, January 19, 2012.

25. 저자 인터뷰.

26. 저자 인터뷰.

27. 저자 인터뷰.

28. John Stucke and Benjamin Shors, "Cover-Up at Gonzaga: Leary Left after '69 Police Ultimatum," *Spokesman Review*, September 9, 2006.

29. Harry Markopolos, "The World's Largest Hedge Fund Is a Fraud: November 7, 2005 Submission to the SEC, Madoff Investment Securities, LLC," November 7, 2005, www.scribd.com/doc/9189340/The-Worlds-Largest-Hedge-Fund-Is-a-Fraud, February 22, 2012.

30. 저자 인터뷰.

31. 저자 인터뷰.

32. "Top Secret America: A *Washington Post* Investigation," http://projects. washingtonpost.com/top-secret-america/, January 19, 2012.

33. Dana Priest and William M. Arkin, "A Hidden World, Growing Beyond Control," *Washington Post*, July 19, 2010.

34. "BIS Releases Latest Statistics on OTC Derivatives," Futuresmag.com,

November 15, 2010.

35. Zoltan Pozsar, et al., "Shadow Banking," *Federal Reserve Bank of New York Staff Reports*, no. 458 (July 2010): p. 65.

36. Raffi Khatchadourian, "No Secrets," *New Yorker*, June 7, 2010.

37. Jim Garamone, "Pentagon Prepares for Possible WikiLeaks Publication," *Armed Forces Press Service*, October 22, 2010에서 재인용.

38. 동영상은 다음에서 볼 수 있다. http://www.ellsberg.net/archive/daniel-ellsberg-on-colbert-report, January 19, 2012.

39. "WikiLeaks on 'Climategate,'" YouTube, www.youtube.com/watch?v=w17dw_aJEWU, April 5, 2012.

40. 같은 출처.

41. "Beck's 'Brand-New Reality' on Climate Change Relies on Distorting Apparently Stolen E-Mails," *Media Matters for America*, November 23, 2009 에서 재인용.

42. Justin Gillis, "British Panel Clears Scientists," *New York Times*, July 7, 2010 에서 재인용.

43. David Roberts, "What We Have and Haven't Learned from 'Climategate,'" *Grist*, March 1, 2011.

44. Steve Doughty, "Global Warming Skepticism Doubles in U.K.," *Daily Mail*, January 29, 2011에서 재인용.

45. "Energy Update: 30% Say Global Warming a Very Serious Problem," Rasmussen Reports, January 7, 2012, http://www.rasmussenreports.com/public_content/politics/current events/environment energy/energy_update, January 20, 2012.

46. Gene Roberts and Hank Klibanoff, *The Race Beat: The Press, the Civil Rights Struggle, and the Awakening of a Nation* (New York: Random House, 2007), p. 7.

47. 같은 책, p. 6.

48. 촘스키 인터뷰, "Peak Oil and a Changing Climate," Videonation, www.youtube.com/watch?v=UUmwy0VTnqM&feature=player_embedded,

February 22, 2012.

49. http://cryptome.org/0002/ja-conspiracies.pdf, January 19, 2012.

50. "Frost Over the World: Julian Assange Interview," Aljazeera, http://www.aljazeera.com/programmes/frostovertheworld/2010/12/201012228384924314.html, January 19, 2012.

5장 우리가 그 1 퍼센트다

1. "Board of Trade Has a Message for Occupy Chicago," Chicagoist, http://chicagoist.com/2011/10/05/board_of_trade_has_a_message_for_oc.php, January 22, 2012.

2. William F. Buckley, *Rumbles Left and Right* (New York: Putnam, 1963), p. 134.

3. Charles Schutz, *Political Humor: From Aristophanes to Sam Ervin* (Madison, N.J.: Farleigh Dickinson University Press, 1977), p. 35.

4. "The Vice Presidency: Agnew Unleashed," Time, October 31, 1969, http://www.time.com/time/magazine/article/0,9171,839090,00.html, January 22, 2012.

5. Geoff Nunberg, "Where the 'Elites' Meet," *Fresh Air*, NPR, April 25, 2008에서 재인용.

6. 같은 출처.

7. Will Durant, *The Story of Philosophy* (New York: Simon & Schuster, 1961), p. 65에서 재인용.

8. Jose Ortega y Gasset, *The Revolt of the Masses* (1930 repr., New York: W. W. Norton & Company, 1994), p. 65.

9. Mills, *Power Elite*, p. 18.

10. Zaid Jilani, "Hedge Funder John Paulson Earns More Hourly Than Most Americans Do in a Lifetime and Pays a Lower Tax Rate," *ThinkProgress*, May 13, 2011에서 재인용. http://thinkprogress.org/politics/2011/05/13/166068/

hedge-funder-john-paulson/, January 22, 2012.

11. Sherwin Rosen, "The Economics of Superstars," *American Economic Review* 78, no. 1: 845.

12. Victor Ginsburgh, ed., *Handbook of the Economics of Art and Culture*, vol. 1(Amsterdam: Elsevier, 2006), p. 684에서 재인용.

13. Nathan Koppel and Vanessa O'Connell, "Pay Gap Widens at Big Firms as Partners Chase Star Attorneys," *Wall Street Journal*, February 8, 2011.

14. Table 3 of Carola Frydman and Raven E. Saks, "Executive Compensation: A New View from a Long-Term Perspective," http://web.mt.edu/frydman/www/trends_frydmansaks_rfs.pdf, April 5, 2012.

15. 같은 출처.

16. C. Edwin Baker, *Media Concentration and Democracy: Why Ownership Matters* (New York: Cambridge University Press, 2007), p. 199에서 재인용.

17. Jeffrey A. Winters, *Oligarchy*, (New York: Cambridge University Press, 2011), p. 213.

18. Larry M. Bartels, "Economic Inequality and Political Representation," http://www.princeton.edu/~bartels/economic.pdf, January 22, 2012.

19. Martin Gilens, "Inequality and Democratic Responsiveness," *Public Opinion Quarterly* 69, no. 5 (2005): 788, http://poq .oxford journals .org / content/69/5/778.full.pdf, January 22, 2012.

20. 마이클 해리슨의 추정치와 그 근거는 다음을 참고했다. Paul Farhi, "Limbaugh's Audience Size? It's Largely Up in the Air," *Washington Post*, March 7, 2009.

21. http://www.facebook.com/press/info.php?statistics, January 22, 2012.

22. C. Wright Mills, *The Power Elite* (New York: Oxford University Press, 2000), p. 170.

23. Jill Zuckman, "Conservative Operative Is in the Right Place at the Right Time," *Orlando Sentinel*, June 15, 2003에 실린 존 피트니의 발언 재인용.

24. James K. Galbraith, "Inequality, Unemployment, and Growth: New Measures for Old Controversies," UTIP Working Paper no. 48, p. 39, http://

utip.gov.utexas.edu/ papers/utip_48.pdf, February 23, 2012.

25. 저자 인터뷰.

26. Eric Lichtblau, "Economic Downturn Took a Detour on Capitol Hill," *New York Times*, December 26, 2011, and Peter Whoriskey, "Growing Wealth Widens Distance between Lawmakers and Constituents," *Washington Post*, December 26, 2011.

27. pp. 5-6 of Jordi Blanes i Vidal, Mirko Draca, and Christian Fons-Rosen, "Revolving Door Lobbyists," Centre for Economic Performance: London School of Economics, http://cep.lse.ac.uk/pubs/download/dp0993.pdf, April 5, 2012.

28. Michael Barbaro and Louise Story, "Merrill Lynch Guaranteed Ford Annual Pay of at Least $2 Million," *New York Times*, February 25, 2010.

29. Matthew Mosk, "Sarah Palin Has Earned an Estimated $12 Million Since July," ABC News, April 23, 2010.

30. Michael Luo, "In Banking, Emanuel Made Money and Connections," *New York Times*, December 3, 2008.

31. Daniel Halper, "New Chief of Staff: Former Hedge Fund Exec. at Citigroup, Made Money Off Mortgage Defaults," *Weekly Standard*, January 9, 2012에서 재인용.

32. Louise Story, "U.S. Economy Chief Had Inside View of Wall Street," *International Herald-Tribune*, April 7, 2009 재인용.

33. "All the President's Millionaires: Disclosure Reports Show That Many in Barack Obama's Inner Circle Have More Than Just a City in Common," *Chicago Tribune*, April 9, 2009에서 재인용.

34. "White House Wealth: President Barack Obama's Team Virtually All Chicago Millionaires," *Chicago Tribune*, April 9, 2009.

35. Desmond Tutu, *No Future Without Forgiveness* (New York: Doubleday, 1999), p. 103.

36. Anya Schiffrin, "Jealous Davos Mistresses," Reuters, January 25, 2011.

37. C. S. Lewis, *Weight of Glory* (New York: HarperCollins, 2001), pp. 145-46.

38. "Fidelity Survey Finds Millionaires' Outlook for Economy at Highest Level Since 2006," Fidelity.com, March 14, 2011, http://www. fidelity.com/inside-fidelity/individual-investing/millionaire-outlook-2011, January 23, 2012.

39. Helen Kearney, "Oddly Enough: U.S. Millionaires Say $7 Million Not Enough to Be Rich," Reuters, March 14, 2012.

40. "Republican Presidential Candidates Participate in a CNN-Sponsored Debate," *Political Transcript Wire*, January 20, 2012.

41. Tom Junod, "Why Does Roger Ailes Hate America?" *Esquire*, January 18, 2011.

42. Steve Fishman, "The Madoff Tapes," *New York*, February 27, 2011.

43. Jean M. Twenge et al., "Egos Inflating Over Time: A Cross-Temporal Meta-Analysis of the Narcissistic Personality Disorder," *Journal of Personality* 76, no. 4 (2008): 878.

44. Kate Pickett and Richard Wilkinson, *The Spirit Level: Why Greater Equality Makes Societies Stronger* (New York: Bloomsbury), p. 37.

45. Jeffrey Rosen, "The Case Against Sotomayor," *New Republic*, May 4, 2009.

46 Ho, *Liquidated*, p. 57.

47. 저자 인터뷰.

48. Matthew L. Siegel, "Dress for Success: The I-Banker Has No Clothes," *Harvard Crimson*, October 30, 2003.

49. Chitra Ragavan, "Cheney's Guy," *U.S. News and World Report*, May 21, 2006.

50. Jane Mayer, *The Dark Side: The Inside Story of How the War on Terror Turned into a War on American Ideals* (New York: Random House, 2009), p. 57.

51. 같은 책, p. 64.

52. Joshua Micah Marshall, "The Reluctant Hawk: The Skeptical Case for Regime Change in Iraq," *Washington Monthly*, November 2002.

53. Bill Keller, "The I-Can't-Believe-I'm-a-Hawk Club," *New York Times*, February 8, 2003.

54. Matthew Yglesias, "Four Reasons for a Mistake," *ThinkProgress*, August 19,

2010.

55. Ho, *Liquidated*, p. 40.

56. Lessig, *Republic, Lost*, p. 245.

57. Jane Jacobs, *Systems of Survival: A Dialogue on the Moral Foundations of Commerce and Politics*, (New York: Vintage, 1992).

58. Thomas Ferguson and Robert Johnson, "When Wolves Cry 'Wolf': Systemic Financial Crises and the Myth of the Danaid Jar," http://andrew gelman. com/movabletype/mlm /Ferg-John%20INET%20Conf%20Cambridge %20 UK %20April %202010 %20final %20 %20pdf-1.pdf, January 23, 2012.

59. Annie Lowrey, "The Economics of Economists' Ethics," Slate, January 5, 2011, http://www.slate.com/articles/business/moneybox/2011/01/the_ economics_of_economists_ethics.html, January 23, 2012.

60. Janine R. Wedel, *Shadow Elite: How the World's New Power Brokers Undermine Democracy, Government, and the Free Market* (New York: Basic Books, 2009), p. 14.

6장 다수의 대중이 어떻게 소수자가 되었나

1. Andrew Rosenthal, "Bush Encounters the Supermarket, Amazed," *New York Times*, February 5, 1992.

2. William F. Levantrosser and Rosanna Perotti, eds., *A Noble Calling: Character and the George H. W. Bush Presidency* (Westport, Conn.: Greenwood Publishing Group Inc., 2004), p. 122.

3. Robin Toner, "Poll Shows Price Bush Pays for Tough Economic Times," *New York Times*, January 10, 1992.

4. Jonathan Martin and Mike Allen, "McCain Unsure How Many Houses He Owns," *Politico*, August 21, 2008.

5. Spokesman Hari Sevugan, "Dems Pounce on McCain Admission He Doesn't Know How Many Houses He Owns," washingtonpost.com, August 21, 2008 에서 재인용.

6. "FOX News Poll: Obama's Edge Over McCain Narrows," October 30, 2008.

7. http://www.archives.gov/exhibits/charters/declaration_transcript.html, January 23, 2012.

8. http://www.constitution.org/afp/fedfar07.htm, January 23, 2012.

9. Matthew Hall et al., "Racial and Ethnic Residential Segregation in the Chicago Metropolitan Area, 1980-2009," in Institute of Government & Public Affairs, University of Illinois, *Changing American Neighborhoods and Communities Report*, Series 2, p. 2.

10. Bill Bishop, *The Big Sort: Why the Cluster of Like-Minded America Is Tearing Us Apart* (Boston: Houghton Mifflin Harcourt, 2009), p. 9.

11. "A Look Back at the Collapse of Lehman Brothers," PBS NewsHour, http://www.pbs.org/newshour/bb/business/ july-dec09/solmanlehman_09-14.html, January 23, 2012.

12. Stephen Splane, "'Dear President Obama': The President Reads 10 Letters a Day from the Public, with Policy Ramifications," ABC News, February 23, 2009.

13. Adam Galinsky et al., "Power and Perspectives Not Taken," *Psychological Science* 17, no. 12 (2006): 1069, http://www.kellogg.northwestern.edu/faculty/galinsky/power %252520and %252520perspective-taking%252520 psych%252520 science %2525202006.pdf, January 23, 2012.

14. Michael W. Kraus et al., "Social Class, Contextualism, and Empathic Accuracy," *Psychological Science* 20, no. 10 (2010): 2, http://www.rotman.utoronto.ca/facbios/file/Kraus%20C%C3%B4t%C3%A9%20Keltner%20 PS%20in%20press.pdf, January 13, 2012.

15. "The Nature and Scope of the Problem of Sexual Abuse of Minors by Catholic Priests and Deacons in the United States: A Research Study Conducted by the John Jay College of Criminal Justice," http://www.jjay.cuny.edu/churchstudy/main.asp, January 23, 2012.

16. Jason Berry and Gerald Renner, *Vows of Silence: The Abuse of Power in the Papacy of John Paul II* (New York: Free Press, 2004), p. 51.

17. Walter V. Robinson and Michael Rezendes, "Crisis in the Church: Law Recalls Little on Abuse Case, Says Under Oath He Delegated Geoghan Matter to Other Bishops," *Boston Globe*, May 9, 2002에서 재인용.

18. Steven Erlanger, "Belgian Church Leader Urged Victim to Be Silent," *New York Times*, August 29, 2010.

19. Transcript, "New Orleans Mayor, Louisiana Governor Hold Press Conference," CNN Breaking News, August 28, 2005.

20. Countdown, MSNBC, March 5, 2007.

21. Frank Bass, "Katrina's Worst-Hit Victims Much Poorer Than Rest of America, Census Analysis Shows," Associated Press, September 4, 2005.

22. *Morning Edition*, National Public Radio, September 2, 2005.

23. Alan Berube et al., "Economic Difference in Household Automobile Ownership Rates: Implications for Evacuation Policy," pp.7-8, http://socrates.berkeley.edu/~raphael/BerubeDeakenRaphael.pdf, January 23, 2012.

24. U.S. House of Representatives, *A Failure of Initiative: Final Report of the Select Bipartisan Committee to Investigate the Preparation for and Response to Hurricane Katrina* (Washington, D.C.: U.S. Government Printing Office, 2006), p. 106. http://www.gpoaccess.gov/serialset/creports/pdf/hr109-377/evac.pdf, February 23, 2012.

25. 뉴올리언스 대피 계획에 관한 이 대목은 다음 자료에서 재인용했다. *A Failure of Initiative*, p. 109, http://www.gpoaccess.gov/serialset/creports/pdf/ hr109-377/evac.pdf, February 23, 2012.

26. Eric Klinenberg, *Heat Wave: A Social Autopsy of Disaster in Chicago* (Chicago: University of Chicago Press, 2002).

27. Sharon Cohen, "Chicago's Heat Tragedy: 'I've Never Seen So Many Dead People,'" Associated Press, July 22, 1995.

28. Elisabeth Bumiller, "Gates Fears Wider Gap Between Country and Military," *New York Times*, September 29, 2010.

29. 물가 인상을 감안한 뉴딜정책 비용은 약 5천억 달러였다. 이에 관해서는 다음을 참고했다. Katrina vanden Heuvel and Eric Schlosser, "America Needs

a New New Deal," *Nation*, September 27, 2008. 물가 인상을 감안한 마셜 플랜의 실행 비용은 1,153억 달러였다. 이는 다음을 참고했다. "Big Budget Events," CNBC.com, http://www.cnbc.com/id/27717424/Big_Budget_ Events, January 24, 2012.

30. http://www.defense.gov/news/casualty.pdf, and Hannah Fischer, "U.S. Military Casualty Statistics: Operation New Dawn, Operation Iraqi Freedom, and Operation Enduring Freedom," September 28, 2010, http://www.fas. org/sgp/crs/natsec/RS22452.pdf, January 23, 2012.

31. 걸프전 파병 통계는 다음을 참고했다. Richard Thomas et al., "Particulate Exposure During the Persian Gulf War," May 2000, http://www.dtic.mil/cgi-bin / GetTRDoc?AD=ADA382643, January 23, 2012. 현재의 파병 통계는 다음을 참고했다. Samuel G. Freedman, "Ministering to Soldiers, and Facing Their Struggles," *New York Times*, July 1, 2011.

32. Michael O'Hanlon, "U.S. Military Check-Up Time," *Washington Times*, May 4, 2008에서 재인용.

33. "U.S. Military Stretched Dangerously Thin by War: Poll," Reuters, February 19, 2008.

34. Robert D. Hormats, *The Price of Liberty: Paying for America's Wars* (New York: Times Books), p. xix.

35. "Armed Forces Strength Figures for November 30, 2011," http://siadapp. dmdc.osd.mil/personnel/ MILITARY/ms0.pdf, January 24, 2012.

36. Amy Lutz, "Who Joins the Military?: A Look at Race, Class, and Immigration Status," *Journal of Political and Military Sociology* 36, no. 2 (2008): 167-88.

37. Charley Keyes, "Joint Chiefs Chair Warns of Disconnect Between Military and Civilians," CNN, January 20, 2011에서 재인용.

38. 저자 인터뷰.

39. Michael Nelson, "Warrior Nation," *Chronicle of Higher Education*, October 24, 2010.

40. 저자 인터뷰.

41. "Rangel Will Push to Bring Back the Draft," Associated Press, February 11,

2009.

42. 저자 인터뷰.

43. Colin Powell with Joseph E. Persico, *My American Journey* (New York: Ballantine Books, 1995), p. 561.

44. Lewis, *Big Short*, pp. 98-102.

45. 저자 인터뷰.

46. Ellen Schloemer et al., "Losing Ground: Foreclosures in the Subprime Market and Their Cost to Homeowners," Center for Responsible Lending, December 2006, http://www.responsiblelending.org/mortgage-lending/ researchanalysis/foreclosure-paper-report-2-17.pdf, January 24, 2012.

47. 저자 인터뷰.

48. Debbie Gruenstein Bocian et al., "Lost Ground, 2011: Disparities in Mortgage Lending and Foreclosures: Executive Summary," Center for Responsible Lending, p. 2, http://www .responsiblelending.org/mortgage-lending/research-analysis/Lost-Ground-exec-summary.pdf, January 25, 2012.

49. David Leonhardt, "Greenspan and Bernanke: Evolving Views," *New York Times*, August 22, 2007에서 재인용.

50. 저자 인터뷰.

51. 저자 인터뷰.

52. "Influence of Total Consumer Debt on Bankruptcy Filings, Trends by Year 1980-2010," http://www.abiworld.org/statcharts/Consumer%20Debt-Bankruptcy2011FINAL.pdf, January 25, 2012.

7장 종교가 된 능력주의에서 벗어나려면

1. Alexander Stille, "The Paradox of the New Elite," *New York Times*, October 22, 2011.

2. Michael Wachter, "The Rise and Decline of Unions," *Regulation*, Summer 2007, p. 27에서 재인용.

3. "Ratio of Average CEO Total Direct Compensation to Average Production Worker Compensation, 1965-2009," Economic Policy Institute, May 16, 2011, http://www. stateofworkingamerica.org/charts/view/17, January 25, 2012.

4. "Family Income Growth in Two Eras," Economic Policy Institute, http:// stateofworkingamerica.org/charts/real-annual-family-income-growth-by-quintile-1947-79-and-1979-2010/, January 25, 2012.

5. 같은 출처.

6. "When Income Grows, Who Gains?" Economic Policy Institute, http:// stateofworkingamerica.org/who-gains/#/?start=1979&end=2008, January 25, 2012.

7. Brink Lindsey, "Liberaltarians," *New Republic* online, December 4, 2006.

8. "The Gender Wage Gap: 2010," Institute for Women's Policy Research, http://www.iwpr.org/publications/pubs/the-gender-wage-gap-2010-updated-march-2011, January 25, 2012.

9. "Distribution of Household Income by Race," *U.S. Census Bureau: Income, Poverty and Health Insurance Coverage in the United States: 2006*, http://www. infoplease.com/ipa/A0104552.html, January 25, 2012. 여기서 10만 달러는 2006년도 물가 수준을 기준으로 추정한 액수다.

10. Steven F. Lawson, *One America in the Twenty-first Century* (New Haven: Yale University Press, 2009), p. xxiii.

11. Tara Siegel Bernard, "For Gay Employees, an Equalizer," *New York Times*, May 20, 2011에서 재인용.

12. Tony Judt, "Meritocrats," *New York Review of Books*, August 19, 2010.

13. "The Land of Less Contrast: How Brazil Reined in Inequality," *Newsweek*, November 27, 2009.

14. Perry Anderson, "Lula's Brazil," *London Review of Books* 33 (March 31, 2011).

15. Revenue Statistics - Comparative Tables, "Tax Revenue as Percentage of GDP," Organization for Economic Cooperation and Development, http://

stats.oecd.org/Index.aspx? DataSetCode=REV, January 26, 2012.

16. Martin J. Daunton, *Just Taxes: The Politics of Taxation in Britain* (Cambridge: Cambridge University Press, 2002), p. 124에서 재인용.

17. The full text of Carnegie's speech in "Wealth Tax Views in Notable Talks," *New York Times*, December 14, 1906.

18. "Inheritance and Estate Taxes," http://topics.nytimes.com/top/reference/timestopics/subjects/i/inheritance_and_estate_taxes/index.html, January 25, 2012.

19. David Cay Johnston, "9 Things the Rich Don't Want You to Know About Taxes," Association of Alternative News Media, April 14, 2011, http://www.altweeklies.com/aan/9-things-the-rich- dont-want-you-to-know-about-taxes/Story?oid =3971382, January 25, 2012.

20. 저자 인터뷰.

21. Michael I. Norton and Dan Ariely, "Building a Better America - One Wealth Quintile at a Time," *Perspectives on Political Science* 6, no. 1 (2011): 9, http://www.people. hbs.edu/mnorton/ norton%20ariely.pdf, January 26, 2012.

22. NBC News/Wall Street Journal Survey, February 2011, p. 16, http://issuu.com/wsj.com/docs/wsj-nbcpoll03022011. pdf, January 26, 2012.

23. "The Dean Activists: Their Profile and Prospects," Pew Research Center for People & The Press, April 6, 2005, http://www.people-press.org/2005/04/06/the-dean-activists- their-profile-and- prospects/, January 26, 2012.

24. http://www.quantcast.com/firedoglake.com과 http://www.quantcast.com/dailykos.com, February 22, 2012에 제시된 인구 통계를 참고했다.

25. Kate Taylor, "Bloomberg, on Radio, Raises Specter of Riots by Jobless," *New York Times*, September 16, 2011.

26. Kate Zernike and Megan Thee-Brenan, "Poll Finds Tea Party Backers Wealthier and More Educated," *New York Times*, April 14, 2010.

27. http://mediamatters.org/mmTV/ 201106300012, January 26, 2012.

28. 저자 인터뷰.

29. Edwin Amenta, *When Movements Matter: The Townsend Plan and the Rise of*

Social Security (Princeton, N.J.: Princeton University Press, 2006), p. 1.

30. Jonathan Rauch, "Group Think: Inside the Tea Party's Collective Brain," *National Journal*, September 11, 2010.

31. "You're Creating the Sort of Society You Want to Have in Miniature," Ezra Klein's Wonkblog, *Washington Post*, October 3, 2011.

참고문헌

—Akerlof, George A., et al. "Looting: The Economic Underworld of Bankruptcy for Profit." *Brookings Papers on Economic Activity 1993*, no. 2: 1-73.

—American Society of Civil Engineers Hurricane Karina External Review Panel. *The New Orleans Hurricane Protection System: What Went Wrong and Why*. Reston, Va.: American Society of Civil Engineers, 2007.

—Arrow, Kenneth, Samuel Bowls, and Steven Durlauf, eds. *Meritocracy and Economic Inequality*. Princeton, N.J.: Princeton University Press, 2000.

—Baker, Dean. *False Profits: Recovering from the Bubble Economy*. Sausalito, Calif.: PoliPointPress, 2010.

—Baltzell, E. Digby. *The Protestant Establishment: Aristocracy & Caste in America*. 1964. Reprint, New Haven, Conn.: Yale University Press, 1987.

—Bottomore, Tom. *Elites and Society*. 2nd ed. London and New York: Routledge, 1993.

—Brooks, David. *Bobos in Paradise: The New Upper Class and How They Got There*. New York: Simon & Schuster, 2000. (『보보스』, 동방미디어, 2001)

—Canseco, José. *Juiced: Wild Times, Rampant 'Roids, Smash Hits, and How Baseball Got Big*. New York: HarperCollins, 2005.

—Doyle, Thomas P. *Sex, Priests, and Secret Codes: The Catholic Church's 2000-Year Paper Trail of Sexual Abuse*. Los Angeles: Volt Press, 2006.

—Eichenwald, Kurt. *Conspiracy of Fools: A True Story*. New York: Broadway

Books, 2005.

—Fainaru-Wada, Mark, and Lance Williams. *Game of Shadows: Barry Bonds, BALCO, and the Steroids Scandal That Rocked Professional Sports*. New York: Gotham, 2006.

—Feaver, Peter D., and Christopher Gelpi. *Choosing Your Battles: American Civil-Military Relations and the Use of Force*. Princeton, N.J.: Princeton University Press, 2004.

—Frank, Robert H., and Philip J. Cook. *The Winner-Take-All Society: Why the Few at the Top Get So Much More Than the Rest of Us*. New York: Penguin, 1995. (『승자독식사회』, 웅진지식하우스, 2008)

—Golden, Daniel. *The Price of Admission: How America's Ruling Class Buys Its Way into Elite Colleges - and Who Gets Left Outside the Gates*. New York: Three Rivers Press, 2007. (『왜 학벌은 세습되는가』, 동아일보사, 2010)

—Heclo, Hugh. *On Thinking Institutionally*. Boulder, Colo.: Paradigm Publishers, 2008.

—Heerden, Ivor Van. *The Storm: What Went Wrong and Why During Hurricane Katrina - the Inside Story from One Louisiana Scientist*. New York: Viking, 2006.

—Ho, Karen Zouwen. *Liquidated: An Ethnography of Wall Street*. Durham, N.C.: Duke University Press, 2009. (『호모 인베스투스』, 이매진, 2013)

—Investigative Staff of the *Boston Globe*. *Betrayal: The Crisis in the Catholic Church*. New York: Little, Brown and Company, 2002.

—Jacobs, Jane. *Systems of Survival: A Dialogue on the Moral Foundations of Commerce and Politics*. New York: Vintage, 1992.

—Jones, Thomas M. "Ethical Decision Making by Individuals in Organizations: An Issue-Contingent Model." *Academy of Management Review* 16, no. 2 (April 1991): 366-95.

—Judis, John B. *The Paradox of American Democracy: Elites, Special Interests, and the Betrayal of Public Trust*. New York: Routledge, 2001.

—Lasch, Christopher. *The Revolt of the Elites and the Betrayal of Democracy*.

New York: W. W. Norton, 1996. (『엘리트의 반란과 민주주의의 배반』, 랜덤 하우스코리아, 1999)

—Lemann, Nicholas. *The Big Test: The Secret History of the American Meritocracy*. New York: Farrar, Straus & Giroux, 1999.

—McNamee, Stephen J., and Robert K. Miller Jr. *The Meritocracy Myth*. Lanham, Md.: Rowman & Littlefield Publishers, Inc., 2004.

—Michaelson, Adam. *The Foreclosure of America: Life Inside Countrywide Home Loans and the Selling of the American Dream*. New York: Penguin, 2010.

—Michels, Robert. *Political Parties: A Sociological Study of the Oligarchical Tendencies of Modern Democracy*. Translated by Eden and Cedar Paul. New York: The Free Press, 1962.

—Mills, C. Wright. *The Power Elite*. New York: Oxford University Press, 1956. (『파워 엘리트』, 부글북스, 2013)

—Moynihan, Daniel Patrick. *Secrecy: The American Experience*. New Haven, Conn.: Yale University Press, 1998.

—Pareto, Vilfredo. *The Rise and Fall of Elites: An Application of Theoretical Sociology*. 1968. Reprint, New Brunswick, N.J.: Transaction Publishers, 1991.

—Putnam, Robert D. *The Comparative Study of Political Elites*. Englewood Cliffs, N.J.: Prentice Hall, Inc., 1976.

—Schleef, Debra J. *Managing Elites: Professional Socialization in Law and Business Schools*. Lanham, Md.: Rowman & Littlefield Publishers, Inc., 2006.

—Specter, Michael. *Denialism: How Irrational Thinking Hinders Scientific Progress, Harms the Planet, and Threatens Our Lives*. New York: The Penguin Press, 2009.

—Trevino, Linda Klebe. "Ethical Decision Making in Organizations: A Person-Situation Interactionist Model." *Academy of Management Review* 11, no. 3 (July 1986): 601-17.

—Victor, Bart, and John B. Cullen. "The Organizational Bases of Ethical Work

Climates." *Administrative Science Quarterly* 33, no. 1 (March 1988): 101-25.

—Weber, Max. *From Max Weber: Essays in Sociology.* 1946. Translated, edited, and with an introduction by H. H. Gerth and C. Wright Mills. Reprint, New York: Oxford University Press, 1972.

—Wedel, Janine R. *Shadow Elite: How the World's New Power Brokers Undermine Democracy, Government, and the Free Market.* New York: Basic Books, 2009.

—Wilson, James Q. *Bureaucracy: What Government Agencies Do and Why They Do It.* New York: Basic Books, 1989.

—Young, Michael. *The Rise of the Meritocracy.* 1958. Reprint, New Brunswick, N.J.: Transaction Publishers, 1994.

똑똑함의 숭배
엘리트주의는 어떻게 사회를 실패로 이끄는가

1판 1쇄 인쇄 2017년 10월 27일
1판 1쇄 발행 2017년 11월 3일

지은이 크리스토퍼 헤이즈 │ 옮긴이 한진영
기획 임병삼 │ 편집 백진희 김혜원 │ 표지 디자인 가필드

펴낸이 김경수 │ 펴낸곳 갈라파고스
등록 2002년 10월 29일 제13-2003-147호
주소 121-897 서울시 마포구 토정로 13-1(합정동) 국제빌딩 5층
전화 02-3142-3797 │ 전송 02-3142-2408
전자우편 galapagos@chol.com

ISBN 979-11-87038-24-5 (03300)

이 도서의 국립중앙도서관 출판예정도서목록(CIP)은 서지정보유통지원시스템 홈
페이지(http://seoji.nl.go.kr)와 국가자료공동목록시스템(http://www.nl.go.kr/
kolisnet)에서 이용하실 수 있습니다.(CIP제어번호: CIP2017027331)

갈라파고스 자연과 인간, 인간과 인간의 공존을 희망하며, 함께 읽으면 좋은 책들을 만듭니다.